KB272702

1

초판 1쇄 찍은날 2026년 1월 22일
초판 1쇄 펴낸날 2026년 1월 29일

글 박미현
펴낸이 서경석
총괄 서기원 | **편집** 배현아, 손다인
기획·마케팅 박문수 | **디자인** 권서영 | **제작** 이문영
사진 제공 SLL Copyright ⓒ All Rights Reserved.

펴낸곳 도서출판청어람
출판등록 1999년 5월 31일(제38-7-1999-000006호)

주소 서울특별시 구로구 디지털로272, 404호
전화 02-6956-0531
팩스 02-6956-0532
메일 chungeoram_book@naver.com

ISBN 979-11-04-20011-3 04680
　　　979-11-04-20010-6 (세트)

※ 파본은 구입하신 서점에서 교환하여 드립니다.
※ 저자와 협의하여 인지를 붙이지 않습니다.
※ 이 책은 저작권법에 따라 보호받는 저작물이므로 무단전재와 무단복제를 금지하며, 이
　　책 내용의 전부 또는 일부를 이용하려면 반드시 저작권자와 도서출판청어람의 서면동의
　　를 받아야 합니다.

에스콰이어

ESQUIRE

1

일러두기

1 이 책은 박미현 작가의 집필 방식을 최대한 살려 만들었습니다.

2 드라마 대사는 글말이 아닌 입말이기 때문에 한글맞춤법과 다르더라도 입말을 최대한 살렸습니다.

　그 외의 지문은 한글맞춤법을 따랐습니다.

3 대사와 지문에 나오는 문장 부호(물음표, 쉼표, 말줄임표 등)도 작가의 집필 방식을 따랐습니다.

4 이 책은 작가의 최종 대본으로, 실제 방송과 다를 수 있습니다.

용어정리

S# 장면(Scene)을 뜻하며, 같은 장소나 같은 시간 안에서 이루어지는 행동이나 대사가 한 씬을 구성한다.

Insert 화면의 특정 동작이나 상황을 강조하기 위해 삽입한 화면을 뜻한다. 인서트 화면이 없어도 장면을 이해하는 데에는 큰 지장이 없으나 인서트를 삽입하면 상황이 명확해지는 한편 스토리가 강조된다. 인서트 화면에는 대개 클로즈업을 사용한다.

cut to 한 장면에서 다른 장면으로 특별한 효과 없이 넘어가는 것.

flashback 과거의 사건이나 기억을 회상 편집.

zoom in / out 특정 대상에 초점을 맞춰 다가가는 것. / 더 넓은 장면을 보여주기 위해 거리를 벌리는 것.

(E) 효과음(Effect)을 뜻하며, 보통 등장인물이 보이지 않고 소리만 나는 경우에 사용한다.

(N) 내레이션. 등장인물이 화면 밖에서 상황을 해설하거나 극의 전개를 설명할 때 사용한다.

(O.L) 오버랩. 화면이 겹치며 전환되는 효과를 주며 한 장면이 완전히 사라지기 전에 다음 장면이 겹쳐 들어올 때 쓰인다.

C.U 클로즈업. 얼굴이나 손 등 인물 일부를 강조하는 샷.

몽타주 따로따로 촬영한 화면을 적절하게 떼어 붙여서 하나의 긴밀하고 새로운 장면으로 만드는 것을 뜻한다.

Contents

몸에 상처가 나면 병원에 가지만 마음에 상처가 나면?
사람들은 상처가 극에 달하면 '소송'을 생각한다.
극에 다다른 상황에서 최후의 수단으로 법이 자신의 행복을,
그리고 행복할 권리를 지켜줄 거라 기대하는 것이다.

에스콰이어는 바로 그 순간에 선 사람들, 가장 극단적인 마음의 상처를 입고
소송이라는 이름의 치유를 선택한 이들의 이야기다.
그리고 그들을 대리하는 변호사들 역시, 타인의 상처를 들여다보며 결국 자
신 안의 오래된 상처와 마주하게 된다.
그렇게 이 드라마는, 법정이라는 무대에서 펼쳐지는 치열한 변론과 함께,
조금씩 치유되고 성장해 가는 사람들의 여정을 따라간다.

특히, 이 드라마 속 소송들은 대부분 사랑에 관한 이야기다.
연인 간의 사랑, 부부 간의 사랑, 부모와 자식 간의 사랑, 반려동물에 대한
애정, 타인에 대한 연민까지,
다양한 형태의 사랑이 갈등의 끝에서 법정에 선다.

이러한 소송을 맡아 해결해 나가면서 드라마 속 우리의 열혈 변호사들은 법
정에서 사랑을 고민하고 배우며,
또 각자의 현실에서 사랑을 싹틔우며 그렇게 성장하고 변화해 간다.

에스콰이어는 사랑이라는 가장 인간적인 감정을,
법정이라는 가장 비인간적인 공간 위에 올려놓고 해체하고 재조립한다.
그 여정에서 법이 감정과 충돌할 때 어떤 모습이 되는지,
또 때로는 그 감정을 어떻게 감싸안을 수 있는지를 탐색한다.

이를 통해 '사랑'이란 무엇인지 시청자와 함께 깊이 고민해 보고자 한다.

윤석훈 | 율림 송무팀 파트너 변호사(팀장)

석훈은 창의적인 변호사다. 법의 도그마에 갇혀 창의성이 떨어지는 고리타분한 법조인들을 상대로 늘 신선하고 그럴듯한 논리를 펼친다. 그로 인해 새로운 법리를 시험해 볼 기회를 제공하는 인물로 평가받으며 화제를 몰고 다니지만, 법원 밖의 석훈은 말이 없다. 사담, 잡담, 여담, 사족 일체 없다.

석훈은 단기간에 상대를 파악하고 그 사람의 마음을 꿰뚫어 볼 수 있는 능력이 있다. 그 능력으로 자기 사람은 깊은 내면까지 보듬어 치유해주는 반면 공격 대상이라 생각되면 그 사람의 가장 약한 내면을 잔인하게 물어뜯어 멘탈을 가차 없이 붕괴시킨다. 하지만 맡은 소송들을 효민과 함께 해결해 나가며 그 안의 사랑에 대한 고찰을 통해 한층 성숙한 사람이 되어간다.

강효민 | 율림 송무팀 신입변호사

효민은 언어에 천재적인 재능을 지녔다. 속독을 하면서도 높은 이해력과 습득력을 자랑할 만큼 비상하다. 한 번 무언가에 집중하면 주변 세계와 단절될 정도로 몰입하는 성향이 강하다. 그 탓에 자주 지각하고, 덤벙대며 물건을 빠뜨리거나 흘리고 다니는 등 칠칠맞은 모습을 보이곤 한다. 율림 면접일에도 역시 지각을 하고 마는데, 철저한 시간관념을 가진 면접관 윤석훈 변호사는 처음에 그녀를 탈락시킬 생각까지 한다.

그러나 효민은 특유의 순발력과 진심으로 위기를 넘기고 결국 율림의 신입 변호사로 합격해 송무팀을 지원한다. 팀장인 윤석훈은 처음엔 효민을 탐탁지 않게 여기지만, 그녀는 송무팀에 배정된 후 여러 시행착오를 겪으며 윤석훈의 멘토링 아래 점차 다듬어지고, 결국 유능한 변호사로 성장해나간다.

이진우 | 율림 송무팀 어쏘 변호사

율림에서 없어서는 안 될 중간 실무자 역할. 석훈을 직장 상사로, 인생 형으로, 진심으로 따르고 존경한다. 석훈이 시시콜콜 확인하지 않아도 알아서 척척 업무를 해낸다. 그렇게 점점 업무적으로 석훈이 가장 의지하는 사람이 되어간다. 신입 변호사들에게도 선배로서 잘 지도하며 모든 업무의 축이 된다. 3남 3녀 중 막내로 부모님 친지들까지 하면 백 명 가까이 되는 대가족이다. 사랑을 많이 받아 사랑을 줄 줄 아는 멋있는 남자. 전반적으로 어른들에게 잘한다. 무난하고 둥글둥글한 성격 덕분에 주변 사람들에게 인기가 많다.

허민정 | 율림 송무팀 어쏘 변호사

홀어머니 밑에서 외동딸로 자란 민정은 늘 외로움을 안고 살았다. 민정의 엄마는 오직 딸 하나 잘 키우겠다는 일념으로 온갖 고생을 마다하지 않았고, 민정은 그 기대에 보답하듯 서울대 법대에 입학했다. 하지만 2학년 때, 최악의 남자와 엮이며 인생이 뒤틀렸다. 이혼 상담을 받기 위해 율림을 찾았고, 그곳에서 석훈을 만났다.

석훈은 민정의 가능성을 알아보고 후원을 제안했고, 그의 지원 덕분에 민정은 로스쿨에 진학할 수 있었다. 이후 오랫동안 방치했던 '자신을 사랑하는 법'을 다시 배우기 시작했고, 그렇게 스스로를 회복한 민정은 로스쿨을 졸업한 뒤 율림에 변호사로 입사해 눈부신 성장과 성과를 이어간다.

 ———————————

〈율림 소속 변호사들〉

지국현 | 율림 송무팀 신입변호사

효민의 대학교 동기이자 로스쿨 동기. 명문대 출신에 성적도 나쁘지 않고 활달하고 성격 좋고, 무난하다. 자신의 단점이 무색무취.. 평범함에 있다고 생각한다. 효민의 든든한 조력자.

최호연 | 율림 송무팀 신입변호사

한 마디로 흙수저. 10대 미혼모 딸로 버려져 할머니 손에 컸지만 바르디 바른 성품으로 잘 자랐다. 낮에는 공부하고, 밤에는 아르바이트하며 힘들게 힘들게 로스쿨을 졸업한다. 그리고 변호사 시험에 합격하고 율림에 취직한다.

오상철 | 율림 송무팀 신입변호사

한 마디로 금수저. 동림산업 회장의 막내아들로 부모와 형들의 사랑을 독차지하고 자랐다. 태생적으로 머리가 안 좋고 이해력이 부족해 부모와 형들의 걱정거리기도 하다. 그런 그가 로스쿨 졸업한 것도 신기한데, 세 번 만에 변호사 시험에 합격했다. 율림의 큰 고객인 동림산업 회장 아들이라는 이유로 자리를 얻어낸 '낙하산'. 열심히 해보려 노력하지만 뒤처진다. 하지만 누구보다도 선한 성격의 소유자.

권나연 | 석훈의 사수

석훈의 멘토로 석훈을 트레이닝시켰다. 탁월한 실력을 갖췄지만 정무 감각
이 다소 부족해 사내 정치 싸움에 밀려 한때 중견기업 사내 변호사로 파견되
었다. 그러나 다시 율림으로 복귀하며 화려하게 재입성한다.

고승철 | 율림 네임드(창립) 파트너

율림을 설립한 세 명 중 한 명으로, 로펌의 영문 명칭 'Shin, Ko&Kim'에서
'Ko'를 맡고 있다. 율림을 국내 1위 로펌으로 만들기 위해 수단과 방법을 가
리지 않는 인물.

고태섭 | 율림 파트너

승철의 아들. 변호사로서 능력은 떨어지지만 율림 대표가 되고자 하는 야망
을 가지고 권모술수를 일삼는 인물.

김율성 | 율림 네임드(창립) 파트너/ 송무 부문장

법무법인 '율림'의 창립 멤버. 한때 대통령과 나란히 사진을 찍을 만큼 화려
한 커리어를 자랑했지만, 지금은 눈에 띄지 않게 조용히 사무실을 지킨다.
화려한 이력 뒤에는 따뜻한 인품이 자리하고 있으며, 후배 변호사들에게는
늘 다정하고 인내심 있게 조언을 아끼지 않는다.

최희철 | 율림의 에쿼티 파트너, 기업팀 1팀장

고태섭의 오른팔이자, 단순한 부하가 아니라 태섭과 결이 비슷한 인물. 태섭이 결정을 내리면 주저 없이 따르며, 그의 입지를 위해 적극적으로 움직인다. 율림에서 자신의 자리를 보장받기 위해 태섭과의 유대를 철저히 유지하며, 태섭에게 자신이 대체 불가능한 존재임을 각인시키려 한다. 남자들끼리의 의리를 중시하며, 율림 내 남성 권력 집단의 중심 멤버로 자리 잡고 있다.

홍도윤 | 율림의 파트너 변호사, 기업팀 2팀장

고태섭과 달리, 목동 출신으로 개천에서 용이 된 인물. 부모님의 희생적인 지원을 받으며 어렵게 변호사가 되었지만, 기득권층 출신이 아니라는 열등감을 내면 깊숙이 품고 있다. 검·판사가 되어 혼테크(혼인+재테크)에 성공하는 것이 목표였으나, 성적이 부족해 뜻을 이루지 못했다. 사법고시 준비 시절부터 고태섭과 어울리며 그의 도움을 받아 율림에 입사했고, 이를 발판 삼아 결국 부유한 집안의 여성과 결혼하며 신분 상승의 꿈을 이뤘다.

정지웅 | 공정거래팀 팀장

공정거래 분야에서 실력과 전문성을 인정받는 변호사. 하지만 율림 내부에서는 고태섭 라인에 밀려 정치 싸움에서 소외되고, 에쿼티 파트너 승진도 좌절된 채 묵묵히 일만 하며 시간을 보내고 있다. 그러던 중 권나연의 복귀 소식을 듣고, 윤석훈과 함께 율림에 새로운 바람을 일으키기 위해 조용히 힘을 보탠다. 나연과 석훈의 든든한 숨은 조력자.

율림 금융팀의 팀장급 변호사. 전형적인 워킹맘의 고충을 안고 살아간다. '충성된 일꾼'으로 율림에 뼈를 갈아 넣으며 팀장 자리에 올랐지만, 집에서도 일터에서도 늘 반쯤 걸친 삶. 두 세계 어디에서도 완전히 소속되지 못한 채 균열 위에 서 있는 아픔이 있다.

그는 바란다. 특별한 누군가만 살아남는 구조가 아닌, 평범한 직장인 엄마도 배려가 아닌 제도화된 권리 속에서 보호받고 성장할 수 있는 조직. 그렇게 일과 삶의 균형이 '예외'가 아닌 '기본값'이 되는 세상을.

〈강효민 관련 인물들〉

강일찬 | 부장판사

효민의 아버지.

최은희 | 로스쿨 교수

효민의 어머니.

한설아 | 효민의 어릴 때 친구/룸메이트

정의감이 넘치는 의사. 효민을 늘 응원하고 지지하지만 'T'성향이라 직설 화법으로 효민/지은과 투닥거리기도 한다.

이지은 | 효민의 어릴 때 친구/룸메이트

유명한 작사가. 극 'F'성향으로 효민을 엄마처럼 감싸주고 응원해주지만 때론 과잉 감정으로 효민/설아를 힘들게 하기도 한다.

한성찬 | 리앤서 파트너 변호사, 기업송무 1팀장

대한민국 최고 로펌 리앤서의 젊은 파트너. 원래는 기업 송무를 전담하지만, 율림과 맞붙기 위해 개인 송무 사건에 발을 들인다. 누가 봐도 전형적인 엘리트. 완벽한 스펙과 논리로 움직이며, 감정보다는 이성과 판단을 앞세운다. 겉보기와 달리, 그의 내면은 의외로 단단하지 않다. 타인의 인정을 통해 자신을 확인하고, 사랑조차 세상의 기준에서 평가 받아야 하는 사람.

〈그 외 인물들〉

설연아 | 미술가/석훈의 전 아내

석훈의 전 아내. 늘 뜨거운 사랑을 갈망하는 여자. 연아는 권태라 말하고 석훈은 오래된 연인이 겪는 자연스러운 과정이라 말한다. 아이를 낳아 다음 단계로 넘어가자 하지만 연아는 석훈과 이혼한다. 몇 년 후 재혼을 하지만 결국 사랑은 다양한 색이 있다는 것을 깨닫게 된다.

정원준 | 연아의 현 남편

석훈/연아와 고등학교 때 친구이자 현재 연아의 남편. 연아/석훈이 이혼하고 2년 지나 우연한 자리에 연아를 다시 만나 결혼까지 하게 된다. 석훈과 투닥거리지만, 마음으로 석훈을 참 좋아한다.

1화 | 인덕션

S#1. 율림 대회의실 안 (낮)

윤석훈(남, 39세, 율림 파트너 변호사, 남자 주인공)/고승철(남, 67세, 대표 변호사)/홍도윤(남, 39세, 기업팀 팀장)/서연수(여, 45세, 금융팀 팀장)/정지웅(남, 42세, 공정거래팀 팀장)이 면접관으로 나란히 앉아 있고. 그들 앞에 앉아 있는 신입 변호사 지원자들 4명.
현수막 "법무법인 율림 2025년 신입 변호사 채용 면접" 보여지고.

S#2. 율림 대회의실 앞 (낮)

면접자들, 긴장되는 듯 앉아 무언가 중얼중얼.
면접 진행자 1이 대회의실에서 나오며 큰소리로.

진행자1　김서연, 이대훈, 강효민, 성진명 지원자들 들어와 주세요.

그러자 지원자 1, 2, 3이 일어서 들어가는데 한 명이 부족하다. 진행자 1, 손에

든 서류를 확인하고 두리번.

진행자1   강효민 지원자? (하고 면접자들 앞으로 걸으며 두리번) 강효민 지
          원자? (부르는데 아무도 대답하지 않고. 고개 갸우뚱하다, 대회의실
          안으로 들어가고)

그때 저 멀리서 신발 벗은 채 뛰어오는 강효민(여, 28세, 여자 주인공).
〈*하얀 셔츠에 검은 정장 바지에 검은 핸드백, 셔츠가 삐져나와 있고, 한 손에
는 검은 펌프스 힐을 들고 있고, 맨발. 스타킹 구멍 나 있고, 하얀 셔츠에 김치
자국을 화이트로 쓱쓱 문지른 듯한 자국.〉
사람들, 시선 집중.

효민   (가쁜 숨을 내쉬며) 혹.. 혹시, 강효.. 강효민 불렀나요?
지원자4   ..네. 방금.
효민   네? 으악. (하다 호흡을 가다듬으며, 황급히 신발을 신으며, 땀을 손
          으로 대충 닦으며, 대회의실 안으로 뛰어가는데)

S#3. 율림 대회의실 안 (낮)

지원자 1, 2, 3, 나란히 착석.
앞에 나란히 앉아 있는 석훈/승철/도윤/연수/지웅.
웅장한 분위기. 진행자 1, 들어오며.

진행자1   강효민 지원자는 안 온 것 같습니다.

하는데, 뛰어 들어오는 효민. 일동, 효민에게 시선 집중.

                                                    에스콰이어

효민	(헐떡이며) 죄송합니다.
승철	뭐죠?
효민	지, 지원자 강효민입니다. (하면서 튀어나온 흰 셔츠를 검은 바지에 구겨 넣으며, 땀을 닦는데)

석훈, 효민을 한번 쓱 보는데. 효민의 흰 셔츠의 김치 얼룩은 화이트로 덮여 있고. 효민, 석훈의 시선을 의식한 듯, 화이트로 덮은 김치 얼룩을 손으로 어루만지며 회상.

#-1. 선호역 안 (낮) - 효민 회상

〈*면접 2시간 전 상황〉
효민, 지하철 안 전신 거울을 지나가다 다시 돌아와 자기 모습을 보는데. 셔츠 카라 근처에 김칫국물 자국 발견.

| 효민 | 아이, 정말.. 아, 어떡하지? (생각하다) 아~ |

하더니 검은 핸드백에서 세월의 흔적이 있는 허름한 필통을 꺼내, 그 안에 화이트 수정액을 꺼내, 김칫국물 자국에 대충 찍어 바른다.
〈*회상 끝〉

석훈, 효민을 살펴보는데. 효민의 손에 들린 핸드폰 액정은 깨져있고, 구두굽은 까져있다.

석훈	(인상 쓰며 효민을 보다) 나가세요.
효민	..네?
석훈	변호사는 해당 업무를 처리하는데 쓴 시간을 5분 단위까지 쪼개 시간을 청구하는 사람입니다. 그런 직업을 가진 사람이 시간 개념 없

으면 안 되죠. 나가세요.

효민, 당황.. 일동, 고요..

승철   뭐, 급한 사정이 있었을 수도 있으니 왜 늦었는지 들어나 볼까요?
효민   ...지하철 안에서 책 읽다.. 역을 놓쳤습니다.

일동, 당황.

승철   (효민을 보며) 솔직한 건 마음에 드는데 사정의 정당성이 부족해서
내가 도와줄 수가 없네요. (진행자 1을 보며) 밖으로 안내해 드리고
면접 진행하시죠.
진행자1   네 (효민에게 안내하며) 가시죠.
효민   (아쉬운 듯 문으로 나가며) 저.. 우선 밖에서 대기하고 있겠습니다.
혹시 마음 바뀌시면.. (하고는 정중히 인사)

석훈, 무표정. 승철, 피식.

cut to
석훈/승철/도윤/연수/지웅만 남은 상황.

도윤   (승철에게) 대표님, 아까 그 지각한 친구, 누군지 아시죠?
승철   누구더라?
도윤   (승철에게 효민의 이력서를 전달하며) 12회 전국 로스쿨 모의 법정
에서 우승했던.
승철   아.. 그 친구?

#-2. 모의법정 대회실 (낮) - 회상

"2024 제12회 모의 법정 대회" 현수막이 걸려 있고.

사회자   제12회 전국 로스쿨 모의법정 경연대회를 시작하겠습니다.

참가자들 얼굴이 비춰지고 그중 효민(1년 전 모습)도 있다.

cut to

효민   메리토크라시, 본래 공정한 체계입니다. 정당한 노력과 실력으로 서울대 갔음 잘돼야죠. 이건 보편적인 진리이자 상식입니다. 하지만 메리토크라시가 진정한 공정성을 가지려면 반드시! 반. 드. 시 출발점이 평등해야 합니다. 그렇지 않다면, 그건 더 이상 공정한 능력주의가 아닌 엘리티즘의 세습일 뿐입니다.

방청석에 승철/석훈/도윤(1년 전)이 비춰지고.

승철   (석훈에게) 저 친구가 우리 후원 거절했다고요?
도윤   (승철에게) 네, 리앤서 예정자랍니다.
석훈   …
승철   (아쉬운 듯) 우린 왜 저런 인재를 미리 확보를 못 하는 겁니까..
효민   (배심원들에게 다가가 눈을 마주치며) 여기 계신 분들 중엔, 본 사건을 가볍게 보고 계신 분도 있을 겁니다.

모의법정의 배심원들이 비춰지고.

효민   고등학교 선생이 부유한 집 자녀에게 고가 과외 한두 번 해준 게 뭐 감옥까지 갈 일인가 싶을 수도 있죠. 하지만!

일동, 집중.

효민　이러한 평등성을 무너트리는 교사의 비리는 우리 사회의 기반을, 뿌리를 흔드는 행위입니다. 우리는 공정하게 겨뤄야 합니다. 공정한 경쟁 끝에 피땀 흘린 자에게는 달콤한 보상을, 그렇지 못한 자에겐 아쉬움과 후회를 남겨야 합니다. 그래야 우리 사회가 퇴보하지 않고 앞으로 나아갈 수 있습니다. 이런 사회 발전을 막는 악의 축이 되는 교사의 비리는 반드시 뿌리 뽑아야 합니다.
이에 본 검사는 피고인에게 징역 3년을 구형하는 바입니다.

배심원들, 고개 끄덕끄덕.
〈*회상 끝〉

연수　아, 그래? (승철에게) 대표님, 저런 친구 놓치면 좀 아까울 것 같은데.

승철　(석훈을 보며) 그렇죠.. 아직 밖에 있음 들어오라고 할까요?

석훈　네, 뭐가 됐든 저는 이미 정했습니다.

승철　알지. 뭐가 됐든 윤 변호사는 시간 약속이 중요한 사람이잖아요.
(눈치 보며) 근데 마지막 지원자들 마침 딱 3명이네. 우리가 계속 4명씩 묶어서 봤는데 말이죠.

석훈　네, 그게 대표님 뜻이면 들어오라 하시죠.

승철, 얼른 진행자 1에게 눈짓으로 빨리 진행하라는 표시.
진행자 1, 알겠다고 고개 끄덕거리고 밖에 나간다.

cut to

지원자 5, 6, 7, 효민, 나란히 앉아 있고.

도윤　한 남자가 횡단보도를 건너다 차 사고를 당합니다. 그 충격으로 팔 한쪽이 떨어져 나갔죠.

　　　　　　　　　　　　　　　　　　　　　　에스콰이어

〈*도윤의 대사에 맞춰 도윤의 머리 위로 애니메이션이 그려진다.〉

#-3. 길거리 횡단보도 (낮)

사람 1이 차에 치여 붕~ 하고 날아올라 바닥에 툭 떨어지는데, 사람 1의 팔 한 쪽이 떨어져 나가 데구루루 구른다. 〈*잔인하지 않게〉

도윤　　　　남자의 한쪽 팔이 도로에 떨어져 있는데 그때 갑자기 지나가던 행 인이 그 팔을 집어 들고 도망칩니다.

지나가는 행인, 갑자기 떨어져 나간 팔 한쪽을 가지고 도망가는데.

도윤　　　　그 남자는 자신의 팔을 돌려받으려 반환 청구를 하지요. 과연, 법원 은 어떤 판결을 내렸을까요?

#-4. 법원 (낮)

판사에게 호소하는 사람 1.

사람1　　　(판사에게) 내 팔 돌려줘요!! 내 팔!!!
〈*판사가 고민하는 장면에서 애니메이션이 연기처럼 사라진다.〉

지원자5　　(피식) 당연히 원고 승소죠.
도윤　　　　이유는?
지원자5　　(피식 웃으며) 그 팔의 주인은 원고니까요. 돌려줘야죠.
도윤　　　　법률상 주인의 정의는?
지원자6　　소유권자입니다.

석훈, 지원자 6을 보는데.

지원자6   그 팔의 소유권은 원고에게 있고 피고가 점유를 침탈하였으므로 원
고는 반환 청구가 가능합니다. 승소할 수 있습니다. (하고는 뿌듯한
표정)

승철   다른 지원자들도 그렇게 생각합니까?

지원자 5/지원자 7, 고개를 끄덕이는데.

효민   아니요, 반환 청구가 기각될 수 있습니다.

일동, 효민을 보는데.
석훈도 효민에게 집중.

승철   왜 그렇게 생각하죠?

효민   팔의 소유권이 원고에게 있는지 불확실하기 때문입니다.

지원자5   (피식 웃으며) 그 팔이 원고 것이 아니면 누구 것이라는 거죠? 일반
상식 아닌가요?

효민   일반 상식과 법적 논리는 다르다고 생각합니다.

승철   계속해 보세요.

효민   법이 신체의 일부를 소유권의 대상으로 인정한다면, 그런 신체의
일부를 임의로 처분하거나 매매할 권리도 있어야 합니다. 즉, 법적
으로 자살할 권리도, 장기 매매할 권리도 인정돼야 하죠.

지원자들, 효민을 본다.
승철, 고개를 끄덕이고.
석훈, 효민을 본다.

효민   하지만 법은 신체의 일부나 생명에 대해 이런 권리를 인정하지 않
습니다. 따라서, 소유권을 근거로 한 반환 청구는 성립하기 어렵습

니다. 반환을 원한다면, 다른 법적 근거를 찾아야 합니다.

효민의 답변에 일동, 경청.

cut to
지웅   자, 그러면 다음 질문드리겠습니다. 김 모 씨가 운행하는 기차에
         100명의 승객이 타고 있습니다.

〈*지웅의 대사에 맞춰 지웅의 머리 위로 애니메이션이 그려진다.〉
#-5. 철로 (낮)

여러 명의 승객을 태운 기차가 빠른 속도로 달리고 있고.
기차를 운행하고 있는 김 모 씨가 화면 가득 비춰진다.

지웅   그런데 앞에 놓인 거대한 바위로 인해 기차가 곧 충돌하려 합니다.

경악스러운 표정의 김 모 씨! 앞에 거대한 바위가 가로막고 있다.

지웅   김 모 씨는 변환기의 스위치를 내려 기차의 방향을 오른쪽으로 바
         꾸려 하는데, 김 모 씨가 방향을 바꾸려는 철로에는 기술자가 한 명
         서 있습니다.

김 모 씨, 변환기 스위치를 내리려는데, 또 경악스러운 표정! 남은 한 방향의
철로에 기술자 한 명이 서 있다.

지웅   변환기 스위치를 내리면 기차의 방향이 오른쪽으로 바뀌고 철로에
         있는 기술자는 기차에 치여 죽게 됩니다. 하지만 스위치를 내리지
         않으면 전원 다 사망합니다. 김 모 씨는 결국 스위치를 내려 백 명을

살립니다. 하지만 철로에 서 있던 기술자는 기차에 치여 죽습니다.

김 모 씨, 변환기 스위치를 망설이다 내리지 못하고 기차는 그대로 직진해 거대 바위와 충돌!
기차, 콜라 캔 구겨지듯 구겨져 전원 사망.

상황, 다시 1분 전으로 돌아가고.
김 모 씨는 땀을 흘리며 고민하다 눈을 질끈 감고, 변환기 스위치를 내려 기차의 방향을 오른쪽으로 틀고.
기차가 자신을 향해 달려오자 놀라는 기술자.
그리고 비명소리.
바로 다음 장면, 무사하게 된 100명의 사람과 그의 가족들.
사람들, 김 모 씨에게 감사 인사.

지웅	그렇다면 김 모 씨의 행위가 살인죄로 성립될까요?
지원자6	아니요, 살인죄는 아닙니다.
지원자7	저도 그렇게 생각합니다. 다수를 살리기 위한 어쩔 수 없는 선택이었으니까요.
승철	다른 지원자들도 그렇게 생각하나요?

지원자 5, 고개 갸우뚱하다 끄덕인다. 그러다 효민을 쳐다보는데.
다른 지원자들도 효민을 본다.

효민	아니요, 살인죄가 성립됩니다.
승철	왜죠?
효민	살인죄의 구성요건이 충족됐기 때문입니다. 스위치를 내리는 행위가 있었고, 그 행위로 인해 기술자가 죽었고, 김 모 씨는 기술자가 죽을 것을 알고도 해당 행위를 했기 때문에 살인죄가 성립됩니다.

승철   백 명을 살리고도 살인죄로 처벌받아야 된다는 건가요? 그게 정의
       인가요?
효민   처벌을 받아야 한다고 하진 않았습니다. 질문은 살인죄가 성립하
       는가였고, 범죄의 구성요건이 충족되므로 살인죄는 성립합니다. 다
       만, 위법성 조각 사유가 인정되면 처벌은 면할 수도 있겠죠.

지원자들, 아차 하는 표정.

효민   도덕적으로 옳은 행동이라도 구성요건이 충족되면 범죄가 되고, 반
       대로 도덕적으로 잘못된 행동이라도 구성요건이 충족되지 않으면
       범죄가 아닙니다. 법은 완벽하지 않습니다. 도덕적 잣대와 법적 잣
       대가 늘 동일할 순 없습니다.

석훈을 제외한 면접관들, 끄덕인다.

효민   법조인에겐 그게 늘 숙제죠.

석훈, 효민을 무표정으로 본다.
석훈/효민, 같은 화면에 가득 보여지며, 타이틀 음악과 함께 타이틀 In.

인덕션

S#4. 효민 집 안/효민 방 (저녁)

침대에서 잠들어 있는 효민. 꿈을 꾸는 듯..

#-1. 효민 꿈 속, 과거 효민 집 내부 (밤) - 회상

5살 여자 일란성 쌍둥이 둘 중 한 명(강효민)이 다른 한 명(강효주)을 꼭 끌어 안고, 어두운 서재로 조용히 들어가 구석에 숨는다.

〈*효민과 효주는 일란성 쌍둥이로 구분할 수 없을 정도로 똑같이 생겼지만, 머리 스타일만은 다르다. 효민은 앞머리가 있는 짧은 단발이고 효주는 앞머리가 없는 중단발이다.〉

효민은 효주에게 '쉿..' 조용히 하라고 제스처를 취하고, 책상 위 가위를 발견하고 자신의 머리카락을 마구 자르기 시작한다. 그리고 나서 효주의 머리를 마구 자르는데. 효주는 청각 장애와 언어 장애가 있는 듯, 어떤 말도 소리를 내지 못하고 있고. 놀란 효주가 발버둥 치자 효민은 가위에 살짝 베인다. 피가 나지만 밖으로 소리가 들릴까 아파도 소리 못 내는 효민. 그때 효주가 후다닥 도망치고. 효민, 효주를 따라가는데. 그때 성인 남자가 효주를 들어 올리고. 성인 여자, 효민을 들어 올리는데. 효민, 울며 난리 피우고. 효주는 가만히 붙들려 있다.

〈*회상 끝〉

거친 숨을 내쉬며 꿈에서 깨어나는 효민.. 점차 안정을 찾으며 시계를 보는데. 9시 28분 pm.

S#5. 효민 집 안/거실 (저녁)

한설아(여, 28세, 효민의 룸메이트 겸 친한 친구)/이지은(여, 28세, 효민의 룸메이트이자 친한 친구), 거실에서 맥주 마시고 있는데 그때 방에서 하품하고 기지개를 켜며 나오는 효민.

설아	일어났어?
지은	배 안 고파? 라면이라도 끓여줘?
효민	아니 (하품) 배 안 고파.
설아	그래서 면접 잘 본 거야?

 ———————————————————————— 에스콰이어

효민　　　　망했어.

지은/설아　　(동시에) 왜?!

효민　　　　안 늦으려고 1시간이나 미리 나가 전철을 탔는데, 옆자리 남자가 급히 내리다 놓고 간 책을 주워 읽다 늦었어.

지은　　　　못 산다.

설아　　　　으이그, 그놈의 집중력. 뭐 하나에 꽂히면 시간이 어떻게 흐르는지도 모르게 몰두해서는.

지은　　　　얘 어릴 때부터 유명했잖아. 얘네 엄마 가출 신고 몇 번을 했는지 몰라. 우리도 식겁해서 얘 찾으러 다닌 게 한두 번이야.

설아　　　　아니, 리앤서 얼리컨펌 받고도 지각해서 못 간 건 세상 너밖에 없을 거다.

효민　　　　그래서 한 시간이나 일찍 출발했다니까..

지은　　　　그럼 뭐하니. 결론적으로 늦었는데.

효민　　　　아 몰라 몰라. (하면서 털썩 눕는데)

그때 효민의 핸드폰 문자 띠링 울리자, 효민, 핸드폰을 보는데.

Insert-문자

[법무법인 율림] [Web발신] "안녕하세요, 법무법인 율림입니다. 먼저 저희 신입 변호사 채용 과정에 지원해 주신 것에 깊이 감사드립니다. 귀하는 법무법인 율림 신입 변호사 채용 전형에 최종 합격하셨음을 알려드립니다. 합격을 진심으로 축하드리며, 앞으로의 일정 및 준비 사항에 대한 자세한 안내는 이메일을 통해 별도 안내 드릴 예정이오니 확인 부탁드립니다. 율림의 새로운 일원으로서 함께할 미래를 기대하며, 다시 한번 축하드립니다. 감사합니다."

효민, "악!" 소리를 지르며 핸드폰을 집어 던지고.

지은	아우 정말 핸드폰 좀 그만 던져. 그니까 맨날 깨지지.
설아	근데 왜?
효민	(얼빠진 듯) 됐어..
지은	어?
효민	율림 됐다고!!!
설아	(감동한 표정으로 지은/효민에게 이리로 오라고 손짓하며) 그룹허 그 그룹허그.

지은/설아/효민, 셋이 감싸 안으며 덩실덩실.

S#6. 율림 대회의실 (낮)

"율림 신입 변호사 인덕션" 현수막이 있고.

중간쯤 어쏘 변호사들 쫙 앉아 있고, 그중에 이진우(남, 32세, 율림 3년 차 어
쏘 변호사)/허민정(여, 42세, 율림 3년 차 어쏘 변호사)/나동수(남, 29세, 율림
2년 차 어쏘 변호사)도 있다.

앞자리에는 파트너들 앉아 있고, 그중에 최희철(남, 42세, 율림 파트너 변호
사) 및 석훈/도윤/연수/지웅도 있다.

뒷자리에는 신입들(총 32명) 쫙 앉아 있고, 그중에 지국현(남, 28세, 율림의 신
입 변호사)/최호연(여, 30세, 율림의 신입 변호사)/오상철(남, 30세, 율림의 신
입 변호사)도 있다. 그때 국현 옆에 앉는 효민.

국현	오, 강효민. 여기 왜 있어? 리앤서에 있어야 하는 거 아냐?
효민	그렇게 됐다.
국현	왜 왜? 너 사고 쳤지?
효민	(귀찮다는 제스처) ..
국현	어찌 됐건 대학 동기에 입사 동기까지

(느끼하게) 우린 인연인가 봐앙~ (하고 팔로 어깨를 툭툭)

효민　　아, 왜 이래.

사회자　(마이크에 대고) 법무법인 율림, 신입 변호사 소개 및 인덕션을 시
　　　　　작하도록 하겠습니다. 신입 변호사들, 앞으로 나와주세요.

신입들 우르르 앞으로 나가고, 그중에 효민도 있다.

cut to

국현　　안녕하십니까, 서울대 로스쿨 졸업한 14회 변호사 지국현입니다!
　　　　　제 취미가 랩이라서 랩으로 오늘 제 각오와 심경을 표현해 보도록
　　　　　하겠습니다. 요, 드랍다 비트.

파트너들, 웃음.

화면, 중간 자리에 앉아 있는 진우/민정을 비추고.

진우, 다리를 떨며 긴장되는 듯.

민정　　(진우에게 속삭이며) 떨려?

진우　　(시선은 앞에 고정, 속삭) 어, 겁내.

민정　　설마 올해도 1지망이 0명은 아니겠지.

진우　　하, 설마.

화면, 석훈을 비춘다.

민정　　윤석훈 변호사님은 뭐래.

진우　　뭐라긴. 여전히 '올 놈은 온다'지. 이따 말이라도 좀 예쁘게 하셨음
　　　　　좋겠다.

민정　　(피식) 마음에 드는 사람은 있어?

진우　　저기.

하는데, 화면, 효민을 비춘다.

진우   강효민. 서울대 로스쿨 수석.

민정   욕심이 지나치다. 아까 들어보니 기업팀, 금융팀, 공정거래팀 전부 다 강효민 찍었던데.

진우   하긴, 우리 같은 비주류팀에 들어오겠어.

화면, 다시 강단 앞, 신입들 비추고.

호연   저는 잘 부탁드린다는 말은 하지 않겠습니다. 제 노력으로 실력으로 제 가치를 증명해 보이겠습니다! 열심히 하겠습니다. (하고는 마이크를 옆에 있는 효민에게 넘기는데)

효민   안녕하세요, 서울대 로스쿨 졸업생 14회 변호사 강효민입니다.

화면, 둘째 줄의 도윤/연수 비춘다.

희철   (속삭) 저 친구가 강효민이구만.

연수   저 친군 우리가 찜했어요.

도윤   (옆에 희철/연수 얘기를 듣다 피식) 찜하면 뭐 해요. 저 친구 1지망이 우리 기업팀일 건데?

연수   뭐예요 그 자신감은?

도윤   늘 그랬잖아요. 신입들 반이 우릴 1지망으로 꼽잖아요.

연수   글쎄요, 올해도 그럴까요?

도윤, 입술 삐죽.

cut to

사회자   자, 그럼 이제 각 팀장님의 팀 소개가 있겠습니다. 팀 소개 이후, 신

     에스콰이어

입 변호사들의 팀 지망 선택이 있겠습니다. 지망이 T/O보다 많을
경우, 팀 배치는 HR 커미티의 결정으로 이루어지겠습니다.

cut to

도윤　우리 기업 법무팀은 명실공히 대한민국 최고의 M&A팀 변호사들로
　　　구성되어 있습니다. 우리 팀은 '로펌은 사람이다'라는 믿음으로 신
　　　입들이 빛을 발할 수 있도록 모든 지원을 다 하고 있고. 그중에서도
　　　특히.

cut to

지웅　말 많이 하지 않겠습니다. 우리 공정거래팀, 매출 터지면 대박으로
　　　터지는 거 아시죠? 해서 우리 신입이 성과급 제일 많을 겁니다.

cut to

연수　성과급이 많으면 뭐 합니까. 워라밸이 중요하지. 돈 많이 벌면 뭐
　　　해요. 쓸 시간이 없는데. 우리 금융팀은 워라밸 좋기로 유명한 팀입
　　　니다.

cut to

석훈　안녕하세요. 송무팀 팀장, 윤석훈 파트너 변호사입니다.
진우　(속삭이며) 제발, 제발.
석훈　송무팀은.. 워라밸...

신입들, 집중.

석훈　챙길 여유 없습니다.

진우, 당황.

민정, 피식.

석훈   1년 차가 들어오면 기본 아침 출근, 새벽 퇴근입니다.

신입들, 당황.
효민, 재미있다는 듯 석훈을 본다.

석훈   물론 주어진 일만 잘하면 칼퇴? 가능하죠. 근데 1년 차가 그게 가능하겠습니까? 삽질할 시간, 필요하잖아요. 성과급? 글쎄요. 1년 차가 뭐 할 줄 알겠습니까? 처음엔 똥오줌 못 가리지.
신입1   헐…

진우, 망했다는 표정으로 손으로 얼굴 감싸고.
지웅, 웃음 피식.

도윤   (연수에게 속삭) 올해도 송무팀 지원자 빵명 확정.
연수   (피식) …

cut to
사회자   자, 그럼 Q&A 시간을 갖도록 하겠습니다.

신입 2, 손 든다.

사회자   네.
신입2   (일어서서 마이크 잡으며) 대기업 인하우스 변호사는 유연근무제도 있고, 복리후생도 좋습니다. 이제는 로펌과 연봉 차이도 크지 않고요. 설사 차이가 있어도 삶의 질이 더 중요하다고 생각합니다. 각 팀의 유연근무제나 복리후생에 대해 구체적으로 설명해 주시겠어요?

지웅   아시는 것처럼 율림에선 변호사 5~6년 차에 해외 유학 보내주는데
       다 보내주진 못하고 잘나가는 어쏘만 보내줍니다. 비율로 따지면
       한 50%? 근데 우리 팀! 한 명의 낙오자 없이 다 갔습니다, 해외 유
       학. 왜? 매출 좋으니까.

cut to

도윤   우리 팀은 팀 자체적으로 각종 경조사 지원해 주고 있습니다.

cut to

신입2   송무팀은 뭐 없으신지요?

일동, 석훈을 보는데.

진우   (속삭) 있다고 하세요. 제발. "앞서 언급된 모든 복리후생에 대해 내
       년 초 실행 목표로 내부 전략 수립 중입니다."라고 제발.
석훈   없습니다.

신입들, 웅성웅성.

석훈   아, 그리고 아까 말하지 못한 게 있는데. 시간 개념 없는 사람, 지원
       하지 말아 주세요.

효민, 뜨끔.
진우, 고개 절레절레.

석훈   그리고 하나 더. 관련 질문 없는 것 보니 아직 고용계약서 꼼꼼히 안
       봤나 본데, 여기 모두가 소속 변호사로 확정되진 않습니다. 수습 기
       간 후, 평가를 통해 확정될 소속 변호사는 딱 절반입니다. 그 뜻은

둘 중 하나는 수습 기간 끝나면 아웃.

그때 신입들 귀에 "아웃, 아웃! 아웃!!!" 울리는 메아리.
신입들 일동, 웅성웅성, 경악스러운 표정!

신입3   아, 그 소문이 사실이었네. 한방에 몰아 놓고 서바이벌한다는 게.
신입4   다른 데도 그렇게 한대.. 어쩌겠냐, 받아들여야지.. 변호사 3만 명
         시대에.
신입3   근데 너 1지망 어디야?
신입4   아직 안 정했는데 뭐가 됐든 송무팀은 아니야.
신입3   나도, 나도.

cut to

사회자   자, 그럼 신입 변호사들은 각자의 1지망 팀 앞에 서주시길 바랍니
         다. 각 팀의 T/O가 4명인 점 참고 부탁드립니다.

신입들, 우르르 몰려 나가 앞에 서는데.
기업팀, 형사팀, 금융팀, 공정거래팀, 노무팀, 조세팀, 해상팀, 에너지팀, 송무
팀 등에 우르르 줄 선다. 적게는 3명 많게는 12명까지 서 있는데. 단 한 팀, 송
무팀에만 아무도 서 있지 않다.
그때 효민이 자리에서 일어서는데, 슬로우모션으로 모든 사람들의 시선 집중.
효민, 덤덤한 표정으로 송무팀에 줄 선다.
사람들, 웅성웅성.

국현   (속삭이지만 소리치는) 효민아, 이리 와. 강효민!

효민, 무표정으로 서 있고.
진우, 놀란 표정으로 효민을 본다.

석훈, 뭐야 하는 표정으로 효민을 보다 고갯짓으로 '저리 가'하는 제스처.

그러자 효민, '싫어'하듯 고개 절레절레.

석훈, 팔짱을 끼고 효민을 본다.

도윤   뭐야, 강효민. 팀 이름 잘못 본 거 아냐?

연수   (속삭이듯) 왜 저기로 갔대?

사회자   (마이크 대고) 지원자들의 수와 팀의 T/O가 맞지 않은 경우 HR 커
          미티에서 결정하여 통보하도록 하겠습니다.

진우, 효민을 보고 싱글벙글.

S#7. 율림 복도 (낮)

진우, 석훈을 쫄래쫄래 쫓아가며.

진우   아 왜요?! 왜? 왜? 아니 또로로 굴러온 복댕이를 왜 안 받겠다는 거
          예요?

석훈   (서류 보며) …

진우   아, 형!

석훈   업무시간에는 '형' 카드 쓰지 말랬지.

진우   (한숨) 아니, 지각한 것도 알겠고, 형 시간에 민감한 것도 알겠는데.
          아, 2분 늦었다면서요.

석훈   리앤서 얼리컨펌 됐는데 노쇼로 컨펌이 취소가 됐다면서.

진우   그래서 우리한테 또로로 굴러온 거 아니에(요 하는데)

석훈   (말 자르며) 휴대전화는 깨져있고, 옷의 얼룩은 대충 화이트로 문지
          르고, 구두굽은 까져있고.

Insert-

석훈의 대사에 맞춰 S#3에서 효민의 깨져있는 휴대폰 C.U. 효민의
셔츠 얼룩 화이트 자국 C.U. 효민의 구두굽 까진 것 C.U.

진우   좋아요. 많이 양보해서 칠칠치 못한 사람이라 해두죠. 그래도 그게
       업무 능력을 말해 주는 건 아니잖아요.

석훈   준비성의 문제야. 최현철 변호사도 수석에 실력 좋았어. 근데 실력
       좋으면 뭐 해. 매번 기한 놓치고, 변론 기일 불출석에. 변호사야 징
       계 두어 달 받고 끝나지만 그걸로 피해 본 의뢰인은 어떻게 할 건데.
       그들에겐 소송은 마지막 수단이라고. (하고 앞으로 걸어가는데)

진우   아, 형.. 제발. (하면서 졸졸 쫓아가고)

S#8. 율림 석훈 사무실 안 (낮)

석훈, 업무 중.
노크 소리.
진우, 빼꼼 고개 내밀고.

진우   (석훈에게) 바쁘세요?

석훈   (진우를 보다) 아니, 들어와.

진우, 급히 누군가에게 손짓하자
효민, 방으로 진우와 함께 쏙 들어온다.

석훈   (진우/효민을 보는데) ..

진우   아까 나한테 한 얘기 해보세요.

효민   (해맑게) 아~ 저는 변호사 재밌으려고 합니다.

석훈, '뭐래'하는 표정.

진우   (당황) 아니, 그 얘기 아니잖아.
효민   (해맑게) 아~ (주먹 불끈) 저는 꼭 송무팀에서 일하고 싶습니다!
진우   그래, 그거. (석훈이 집중하고 있는지 눈치를 보며) 굳이 오라는 좋
         은 팀 다 제쳐두고 기업 송무도 아니고 비주류인 개인 송무팀에 들
         어오겠다는 이유가..
효민   ...사람들은 여러 다른 색의 사랑을 해요. (점점 빨리 랩 하듯) 이성
         애, 동성애, 모성애, 부성애, 치사랑, 형제애, 우정, 동료애, 인류애,
         자기애.
         (숨 돌리고 천천히) 그리고 그 사랑으로 상처도 받죠. 그리고 그 상
         처가 극에 달하면 소송을 생각해요. 극에 달한 상황에서 최후의 수
         단으로 법이 자신의 행복을, 그리고 행복할 권리를 지켜줄 거라 생
         각하죠. 전 그런 사람들, 대변하는 일을 하고 싶어요... 재밌으니까.

석훈, 펜을 놓고 효민을 가만히 본다.
효민, 미소.

S#9. 율림 복도 (낮)

효민   된 건가요? 왜 말씀이 없으시지?
진우   된 거라고 봐야지. 원래 말이 없어. 사담, 잡담, 여담, 사족 일절 없
         는 분이셔.
효민   (끄덕거리며) 그래 보여요. 사람이 생긴 거부터 군더더기가 없잖아.
         그리고 엄청 깔끔한가 봐요. 남자한테서 그런 향이 나나? 향수는 아
         닌 것 같고.
진우   깔끔하지. 성격이랑 외모만 깔끔한 줄 알아? 우리 율림의 전설의 어

쏘, 들어본 적 있어?

효민   (눈 반짝) 아니요.

진우   율림 1년 차가 아침 9시 출근 저녁 6시 퇴근. 단 1초도 일찍 안 오고
       1초도 늦게 안 가. 근데 업무는 완벽하게 다 끝내.

효민   에이, 거짓말. 그런 어쏘가 어딨어요.

진우   진짜. 그래서 한 파트너가 약 올라서 소장 첨부 자료를 (손으로 크
       게) 이~만큼 줬대. 이틀 꼬박 새워야 읽을 분량이었는데.

효민   (집중, 침 꼴깍) ..

진우   그날도 6시 칼퇴 하더래. 그래서 소장 다 썼냐 하니, "네, 이메일로
       보냈습니다" 하고 퇴근해서 이 파트너가 바로 확인해 보니…

효민   확인해 보니?

진우   군더더기 하~나 없이 간결하게 핵심만 담겨있더라는 거야. 그 서면
       이 아직도 모범 서면으로 회람되고 있지.

효민   우아.. 대단하다.

진우   그 사람이 바로

효민   ..윤석훈?

진우   빙고.

효민   와우...

S#10. 율림 송무팀 회의실 (낮)

진우가 비춰지고.
진우 앞에 일렬로 서 있는 효민/국현/상철/호연.

진우   (앞으로 천천히 걸으며) 송무팀의 신입으로 오게 된 걸 환영한다.
       이 중엔 우리 송무팀에 1지망으로 선택해 온 사람도 있고,

화면, 효민을 비춘다.

진우   2지망으로 선택해 온 사람,

화면, 상철을 비춘다.

진우   인사과 결정으로 어쩔 수 없이 오게 된 사람,

화면, 국현/호연을 비춘다.

진우   도 있지만
국현   (다급히) 제가 사실 송무팀을 1지망으로 하려

진우, '됐고' 하듯 손을 들어 올리고 국현의 말을 막으며.

진우   나 그렇게 쪼잔한 사람 아니에요. 어떻게 오게 된 게 뭐가 중헌디.
          뭐가 중허냐고.
국현   아, 그렇습니까? (하며 해맑게 웃고)

호연도 해맑게 웃는다.

진우   자, 그대들의 첫 업무다. (하면서 4개의 파일을 번쩍 들어 올리는데)
          네 개의 파일 중 두 개는 주주 총회 절차 관련 자문 건인데 내일 그
          냥 주총 가서 에어컨 바람 시원하게 맞으며 앉아 있다 오면 돼.

일동, 표정 좋다.

진우   또 다른 두 개의 파일은 저~~~ 시골 공사 현장 실사인데 중간에 도

로가 끊겨 현장까지 걸어 들어가야 한다. 저기 (하고 서류가 쌓여
있는 서류 박스를 가리키며) 저거 들고.

국현   헐..

진우   자, 그럼 대망의 업무 분장을 하도록 하겠다. 강효민 변호사!

효민   네!

진우   (아빠 미소) 이거 강동 도시가스 주총 절차 자문 건.

효민   (미소) 네!

진우   (아빠 미소) 배차 신청해서 다녀와. 배차 신청하면 기사 딸린 회장
           님 차가 나올 거야. 편안히 다녀와~

효민   (미소) 네.

진우   지국현 변호사~

국현   (기대) 네! (경례하며) 충성!

진우   아, 미안, 이름 잘못 불렀다. 오상철 변호사~

상철   아, 네!

진우   우리 팀을 2순위로 지망했던 우리 오상철 변호사.

상철   네, 그렇습니다. 저도 실은 1지망

진우   (다시 됐고 하듯 손들며) 자, 태평양 도시가스 주총 절차 자문 건.

상철   감사합니다!

진우   대신 오 변호사는 대중교통 이용하도록.

상철   (실망) 아.. 네..

진우   지국현, 최호연 변호사는

호연/국현, 긴장.

진우   현장 실사 다녀와.

호연, 입술 쭉 내밀고.
국현, 한숨 푹..

                                            에스콰이어

진우   저 파일 안에 지시 사항이 상세히 적혀 있으니 숙지하고.

국현/호연   네!

진우   자, 이제 인사 돌러 가시죠.

신입들   네!

진우, 앞으로 걷는다. 국현/효민/상철. 진우를 따라 앞으로 걷고. 호연, 국현/
효민 뒤를 따르며.

호연   (혼잣말로) '뭐가 중헌디'라더니..

국현   헐 좋겠다 강효민. 나의 로스쿨 동기이자 입사 동기인 강효민아.

효민   왜 지국현아.

국현   넌 늘 어려운 업무를 해내는 성취감으로 큰 행복을 느끼는 아이잖
            아. 그래서 말인데 우리 업무를 바꿔보지 않으련?

효민   아니, 그럴 생각 없는걸.

국현   그래, 아무래도 그렇겠지?

효민, 피식.

S#11. 율림 율성 사무실 안 (낮)

김율성(남, 58세, 율림 파트너 변호사), 난초를 정성스럽게 닦고 있다. 난초의
경조 리본에는 법무부 장관이 보낸 것으로 적혀 있고, 받은 지 오래되어 빛바랜
상태이다. 화면, 리본을 비추다 내부를 비추는데. 벽에는 율성이 젊은 시절 대
통령과 함께 찍은 사진이 큰 액자에 걸려 있고, 다른 액자에는 국회의원들과 함
께한 사진들, 신문에 실린 율성의 기사 등이 방 곳곳에 놓여 있다. 노크 소리.

율성   네.

진우, 율성 사무실 안으로 들어서며.

진우   신입들 인사드리러 왔습니다.
율성   (진우를 보며) 어, 그래그래.
진우   (신입들에게) 송무팀 부문장님이신 김율성 변호사님이세요.

신입들(호연/국현/효민/상철), 깍듯이 허리를 굽혀 인사한다.

율성   (신입들 보며) 어, 앉아 앉아. (하면서 난초 닦는 것을 마무리)

신입들/진우, 소파로 가서 앉는데.

율성   (소파로 천천히 이동하며) 이 난초 말이야, 한민규 전 법무부 장관
       이 나한테 준 건데, 보통 난초는 8년을 살거든. 그런데 이 아이는 벌
       써 8년이 넘었는데도 아주 건강하지?

율성이 자리에 앉으려 하자 진우가 일어서고, 신입들도 따라서 일어선다. 율성
이 앉자, 진우도 앉고, 신입들도 자리에 앉는다.

율성   누가 키우느냐에 따라 수명이 달라지기도 하지. (신입들을 보며) 자
       네들, 율림의 영어 명칭이 뭔지 아나?
국현   네! Shin, Ko&Kim(신, 코 앤 킴)입니다.
율성   신, 코 앤 킴에 '킴'이 누구지?
국현   (율성에게 예의 바르게 손을 뻗으며) 바로 여기 계신 김율성 변호사
       님이십니다!
율성   그렇지. 네임드 파트너가 부문장으로 있는 팀에 왔다는 건 (난초를
       가리키며) 저 아이처럼 운이 좋다는 얘기지. 좋은 팀으로 왔으니 열
       심히 하고.

  ———————————————

신입들	네!
율성	내가 앞에서 한번 열심히 끌어 볼라니까 다들 파이팅 넘치게 해보자고.
신입들	네!

하는데 노크 소리. 노크하자마자 들어서는 민정.

민정	(율성에게 날카롭게) 변호사님, 서면 아직 안 나갔던데요?

갑자기 율성, 주눅, 당황하면서.

율성	아, 그거? 지금 보내려고.. (진우에게 얼른) 그, 그만 나가봐.

진우, 신입들에게 나가자는 눈짓. 민정, 신입들/진우가 나가자.

민정	아니, 급하다 하셔서 밤새워 작업해 드린 건데, 왜 아직 쟁여 두고 계세요? 이 나이에 밤샘이 쉬운 줄 아세요?
율성	(민정에게) 아, 알았어. 아으, 왜 자꾸 나이 얘기를 해. 지금 해, 지금 볼게.

S#12. 율림 율성 사무실 앞 (낮)

율성 사무실에서 나온 진우/신입들, 앞으로 천천히 걸어가며.

상철	와, 저 여리한 외모에 장군 아우라를 풍기는 저분은 누구?
국현	파트너 변호사인가요?
진우	어쏘 변호사. 나랑 동기.

신입들   (놀라며) 네?!
진우   동기지만 나이는 나보다 10살 많지.

신입들, 놀란 표정.

국현   와우~ 최강 동안이다.
진우   그치?
상철   근데 아직 어쏘예요?
진우   응, 늦깎이야. 마흔 앞두고 변호사 됐거든.
국현/호연 아~~
효민   ..
진우   (신입들을 모으며) 모든 로펌에는 표면적 계층과 실질적 계층이 따
         로 있어.

신입들, 경청.

진우   우리 송무팀, 표면상 부문장은 김율성 변호사님이지만, 실세는 윤
         석훈과 허민정이야.
상철   오~~
호연   윤 변호사님이야 실력파로 유명하니까 이해가 가는데, 어쏘가 실세
         라고요?
진우   김율성 변호사님이 뭐로 유명한지 알아?
국현   율림 창업자?
진우   창업자이기도 하지만, 승률이 낮았던 걸로도 유명했지. 신 변호사
         님과 고 변호사님이 기업/금융 자문으로 율림의 명성을 키울 때, 김
         변호사님은 송무를 맡았는데 소송에서 자주 졌거든.
호연   어? 근래에는 승률이 높지 않으세요?
진우   맞아. 요새 승률 좋지. 그런데 그게 누구 덕분이라고 생각해?

　　　　　　　　　　　　　　　　　　　　　　

국현	설마.
진우	빙고. 허민정이지.
호연	와, 어쏘가 그런 실력이 있답니까?
진우	그러니까 어쏘인데도 큰소리 떵떵 치는 거야.
신입들	아..

S#13. 율림 회의실 (낮)

상철/국현/호연/효민/진우/석훈, 자리에 앉아 회의 중.

석훈	(국현에게) 아무리 신입이라도, 가압류랑 가처분을 헷갈려요?
국현	죄.. 죄송합니다.
석훈	그놈의 죄송합니다는... (하다 다음 서면을 보는데. 한 장 넘기고 또 한 장 넘기다) 이건 또 뭐죠?

국현/상철/호연/효민, 잔뜩 긴장.

| 석훈 | (서면을 들며) 이거 누굽니까? |

상철, 얼굴 하얗게 질린 상태로 손을 드는데.

석훈	소장 본문에 위자료 5천만 원 청구해놓고 정작 가장 중요한 청구 취지엔 5백만 원으로 씁니까? 이대로 나갔음 청구 취지 변경 신청해야 돼요. 그럼, 의뢰인한테 컴플레인 당했을 거고. 정신 안 차립니까?
상철	(바짝 긴장) 죄.. 죄송합니다.
석훈	죄송합니다는 신입들 유행업니까? 어떻게 유행어가 10년 내내 안 바뀝니까?

신입들, 긴장.

석훈   그리고 이거 (앞에 있는 서면 중 소장을 찾아 들며) 금전 지급 청구
          소장 누가 썼습니까?

호연, 조심스럽게 손을 드는데.

석훈   법리에 맞춰 논리정연하게 잘 썼는데.

호연, 표정 밝아지려는데.

석훈   최악의 서면입니다.

호연, 다시 긴장.

석훈   오타 3개나 났어요. 오타 하나는, 그래 인간이니까. 둘은, 그래 일이
          많나 보다. 셋부터는 성의 문제입니다. 청구액이 낮다고 소송의 무
          게가 달라집니까? 의뢰인에겐 소송 하나가 일생일대의 사건이에요.
          성의 없는 서면이 제일 최악입니다. 알겠습니까?
호연   (심각. 하지만 씩씩하게) 네, 명심하겠습니다.
석훈   (못마땅) 다음!
진우   네, 레퍼런스 넘버 231-73. 의뢰인이 피고에게 기지급한 매매대금
          반환을 청구하는 소송입니다.
석훈   네, 서면 초안은 누가
상철   (급히) 제가 썼습니다!
진우   강변이랑 오변에게 업무 분장 되었습니다.

석훈, 상철에게 서면 줘보라는 손짓.

 ————————————————————————

상철, 석훈에게 공손히 서면을 준다.

석훈	(서면을 보다) 이거 맞습니까?
상철	(긴장) 네?
석훈	여기 '피고는 원고에게 이 사건 계약에 따른 매매대금과 그 지급일로부터 다 갚는 날까지의 이자를 포함한 금액을 원상회복으로 지급할 의무가 있다.'라고 되어있잖아요.
상철	네.. (긴장)
석훈	(상철 보며 한숨 쉬다 효민에게) 초안. (달라는 제스처)

효민, 석훈에게 초안을 준다.

석훈	(초안을 읽으며 고개 끄덕끄덕) 잘 되어있네요. (진우에게) 정리해서 내보내세요.
진우	네.
상철	제 거는..
석훈	(한숨, 효민의 초안을 상철에게 건네며) 결론 읽어보세요.
상철	(효민의 초안 읽는다) '피고는 원고에게 매매대금과 이 사건 소장을 받은 다음 날로부터 완납일까지 소촉법 12%의 비율로 계산한 지연손해금을 부당이득으로 반환할 의무가 있습니다.'

상철, 아직 모르겠다는 표정.

| 석훈 | (효민에게) 설명해 보세요. |
| 효민 | 〈*1.5x 배속으로 빠르게〉 네, 계약을 해제한 경우, 민법 제548조에 따라 '원상회복 의무'가 발생하나, 의사표시를 취소한 경우 민법 제741조에 따라 '부당이득반환 의무'가 발생합니다. 따라서 '취소에 따라 원상회복 의무'가 발생한다는 것은 잘못된 표현입니다. 또한 반 |

환 범위도 매도인이 법정이자를 지급할 필요가 없습니다.

국현　　와우. (하면서 박수)

진우, 조용히 박수.
상철, 표정 어둡다.

석훈　　(상철을 보며) 일머리 없음 엉덩이라도 무겁게 책상에 붙이고 보고
　　　　또 보고, 생각하고 또 생각해서 아웃풋을 내야 할 거 아닙니까?
상철　　..죄송합니다.
석훈　　앞으로 신입들, 죄송합니다 금지. 죄송합니다가 만능 언어인 줄 아
　　　　는데 내가 제일 싫어하는 무책임한 말입니다.

분위기 엄숙.

석훈　　(진우를 보며) 다음.
진우　　마지막 안건이었습니다.

석훈, 신입들을 보는데.
신입들, 긴장.

석훈　　(신입들을 보며) 율림에서 뭐뭐 씨로 불리는 사람, 갓 입사한 비 변
　　　　호사 사원들밖에 없어요. 근데 내가 왜 신입들 변호사라 안 부르고
　　　　씨라고 부르는 줄 아세요? 변시 통과하면 다 변호사입니까? 법인 기
　　　　여도 측면에서 그 사원보다 나은 게 있어요?

신입들, 긴장.

석훈　　영미계에선 변호사 이름 뒤에 에스큐(Esq)를 붙입니다. 에스콰이

어, 변호사를 존중하는 의미의 존칭이죠. 그렇게 불리고 싶으면, 걸맞게 좀 합시다.

신입들　　(동시에) 네!

S#14. 몽타주 - 신입들 퇴근 (밤)

#-1. 호연 퇴근길 (밤)

호연, 길거리 통닭구이 한 마리를 산다. 해맑은 미소를 지으며, 따뜻한 통닭을 감싼 채 허름한 주택가의 가파른 골목을 힘차게 올라간다. 골목 끝에 다다른 호연, 낡은 주택의 문을 열며 밝게 외친다.

호연　　　서연! 미연! 언니 왔어!

호연의 목소리에 "언니~~!!" 하고 반가운 소리가 들리며, 쌍둥이 서연(7세)과 미연(7세)이 집 안에서 달려 나온다. 두 아이는 활짝 웃으며 호연에게 달려든다. 호연은 두 아이를 품에 안고 행복하게 웃는다.

#-2. 골프 연습장 (밤)

국현, 프로의 지도를 받으며 골프 자세를 교정 중.

#-3. 청담 고급 빌라 (밤)

넓고 고요한 고급 빌라의 거실. 소파 위, 상철이 하루의 피로를 이기지 못한 채 정장 차림 그대로 잠들어 있다.

#-4. 효민 집 (밤)

효민, 책상에 앉아 주총 자료를 꼼꼼히 살펴보는 중.

S#15. 서울 도시 전경 (오전)

S#16. 태평양 도시가스 주주 총회장 (오전)

부대표   다음 의안은 제7기 재무제표 및 연결 재무제표 승인 건입니다.

상철, 끝자리 뒤편에 앉아 꾸벅꾸벅 졸고 있고.

cut to

부대표   네, 원안대로 통과되었습니다. 다음은 이사 보수 한도의 승인 건입
니다.

상철, 팔짱 끼고 졸고 있다. 하품...

S#17. 강동 도시가스 주주 총회장 (오전)

CFO   다음은 2024년 영업 보고드리겠습니다.

효민, 초롱초롱한 눈으로 CFO를 응시하는데.

CFO   도시가스 판매량은 8억 400만㎥로 매출액은 4,929억 원, 당기순이

익은 31억 원의 실적을 올렸습니다.

효민, 고개를 갸우뚱, 손에 들고 있는 자료를 뒤적뒤적하다 무언가를 생각하는
표정.

cut to

CFO   이로써 제42기 정기 주주 총회를 마치도록 하겠습니다. 감사합니
         다.

하자 사람들, 분주하게 자리에서 일어나고.
효민, 주변을 두리번거리다 CFO에게 성큼성큼 다가가는데.
CFO, 자료들을 챙기며 나가려는데.

효민   저기요.
CFO   네.
효민   저 이거 (문서를 보여주며) 10년간의 매출액인데,
CFO   그런데요?
효민   7년 전부터 온평 지역에 매출이 떨어졌는데 왜 그런 건가요?
CFO   주주신가요?
효민   아니요.

CFO, '뭐지?' 하는 표정으로 효민을 본다.

효민   아 저 (하면서 명함을 꺼내며) 법무법인 율림의 강효민 변호사입니
         다. 주총 절차 자문 드리러 왔습니다.
CFO   (명함을 받으며) 아, 네.. 근데 그게 왜 궁금하신가요?
효민   그냥 좀 이상해서요.
CFO   뭐가요?

효민	그게...
CFO	(O.L) 저 죄송한데 다른 업무가 많이 밀려서, 뭐 주총 절차에 문제 있었습니까?
효민	아니요.
CFO	그럼, 그건 변호사님이 질문하실 사항이 아닌 거 같네요. 전 그럼 이만.
효민	아, 네.

CFO, 급히 자리를 뜬다.

효민, 약간 뻘쭘. 이내 밝은 표정으로 짐을 챙기다 진우에게 전화를 건다.

효민	선배님.
진우(E)	어.
효민	주총 끝났어요. 근데 조사할 게 좀 남아서...
진우(E)	(말 자르며) 조사?
효민	네, 그래서 사무실 복귀가 조금 늦을 거 같습니다.
진우(E)	뭔 조사? 절차에 문제 있었어?
효민	아니요, 자세한 건 조사 끝나면 말씀드릴게요.

S#18. 서울 동부고속터미널 (낮)

효민, 티켓 판매 부스에서.

| 효민 | 온평 온천마을 가려는데요, 어떻게 가나요? |

S#19. 온평 온천마을 목욕탕 안

효민, 목욕탕에서 옷을 벗으며 두리번.

cut to

효민, 목욕탕 온탕에 들어가 두리번.

cut to

효민, 매점에서 계란을 들고 카운터로 간다.

효민	여기 목욕탕 오래됐어요?
매점직원	응? 여기? 왜? 뭐 불편혀?
효민	아, 아니요. 그냥 전통이 느껴져서.
매점직원	이잉, 한 30년 넘었지.
효민	아, 그래요? 여기 24시간이죠?
매점직원	그럼.
효민	30년 내내 그랬어요?
매점직원	응, 그렇지.

효민, 끄덕거리다 생각.

S#20. 율림 외부 전경 (낮)

S#21. 율림 내부 전경 (낮)

S#22. 율림 사무공간 (낮)

국현/상철/호연, 심각한 표정으로 모여있다.

호연 (걱정스러운 표정) 이 정도면 실종 신고해야 되는 거 아니에요?

상철 그러게요..

국현 아우, 또 뭐에 꽂힌 거겠죠. 강효민이랑 로스쿨 같이 다녔잖아요. 그때도 그룹 과제 할 때 뭐 하나 꽂히면 삼 일 밤낮으로 그것만 파더 라고요.

상철 오늘도 안 나오면.. 징계 해고감인데..

그때 머리가 젖은 상태로 출근하는 효민. 국현/상철/호연, 우르르 효민에게 달 려가며.

국현 (효민에게) 왜 이제야 와?

효민 왜?

국현 전화는 왜 꺼져있어?

효민 아, 충전할 데가 마땅치 않아서.

국현 아우 미치겠네. 너 또 뭐에 꽂혔어?

효민 (얼떨떨하게) 어?

하는데 뒤에서.

진우(E) 강 변호사!

효민, 뒤를 돌아보는데.

진우 어디 갔었어? (머리를 보며) 얼레? 늦잠 잤어? 머리 말릴 시간도 없 었어?

효민 아 그게...

진우   (말 자르며) 얼른 윤석훈 변호사님한테 가봐.

효민, 진우를 본다.

진우   가서 무조건 죄송하다고 해.
효민   네?
진우   아니야, 같이 가자.

하면서 급하게 자리를 옮기는데.

효민   (의아) …

S#23. 석훈 사무실 앞 (낮)

진우, 석훈 사무실 앞에서 조심히 노크.

석훈(E)   네.

진우, 효민에게 들어가라는 제스처.
효민, 사무실 안으로 들어가는데.
진우, 한숨 쉬다 사무실 안으로 들어선다.

S#24. 석훈 사무실 안 (낮)

석훈   (서류에 눈 고정) 용건.
진우   아, 강 변호사 출근해서요.

석훈, 효민을 쓱 보는데.. 효민, 머리 젖어있다.

석훈   근데요?

진우   아까 찾으셨...

석훈   (말 자르며 서류에 시선 고정) 그건 3시간 전 얘기구요. 시작한 지 얼마나 됐다고 이틀 연속 무단결근에 머리도 못 말리고 지각한 신입한테 더는 할 말 없습니다.

효민   그게 아니고...

하자 석훈, 효민을 쳐다보는데.
진우, 효민을 말리는 제스처.

진우   죄송합니다. 제가 관리를 못 해서.

석훈   (효민을 보며) 리앤서 얼리컨펌 됐는데 노쇼로 컨펌이 취소가 됐다구요?

효민   아, 그게..

석훈   (효민을 못마땅한 듯 쳐다보다 다시 서류를 보며) 인사과에 무단결근 보고하고 원칙대로 처리하세요. 고용계약서 제4조 2항에 따라 실무 수습 기간 중 근무 태만 등을 사유로 징계해고 할 수 있으니 징계 절차 밟으라 해주세요.

진우   아.. 네..

효민   (당황) 무단결근 아닙니다.

석훈   할 말 있음 인사과랑 얘기하세요. 나가세요.

진우, 나가자는 손짓.

효민   외근 중이었습니다.

석훈   외근?

효민   강동 도시가스 주총 다녀왔는데...

석훈   (말 자르며) 주총이 며칠 걸리던가요?

효민   아니요, 주총은 두어 시간이었는데...

석훈   (말 자르며, 진우를 보며) 이걸 계속 들어야 됩니까?

진우   죄송합니다. (하고 효민에게 그만하고 나가자는 눈짓)

효민   그게 아니고..

하는데 진우가 효민을 잡아당기고.

효민, 진우 손에 이끌려 나가는 듯하다 석훈에게 홱 돌아서서는.

효민   아 좀 들어주시면 안 됩니까?!

석훈, 효민을 빤히 본다.

진우, 효민을 본다.

석훈   (효민을 보며) 지멋대로네?

효민   제 입장에선 변호사님이 그렇습니다만.

석훈, 손에 쥐고 있던 펜을 책상 위에 내려놓으며, 팔짱을 끼며 효민을 보는데.

진우, 안절부절.

효민   우리 다 변호사 아닌가요? 판결하기 전에 변론의 기회는 주셔야죠.

석훈   (피식, 효민을 보다) 2분 드리죠.

효민   강동 도시가스 주총에서 자료를 보는데 회사 매출이 온평 지역에만
       7년 전부터 급격히 떨어졌더라고요.

석훈   매출?

효민   네, 그래서 조사가 필요해서 외근했습니다.

석훈   그걸 왜 강효민 씨가 조사하죠?

효민   이상해서요.

석훈   …

효민   거기가 온천마을이라 도시가스 사용자들 대부분이 목욕탕인데 검
        색해 보니 30년 넘게 그대로 운영되고 있더라구요. 근데 매출이 떨
        어진 게 이상하잖아요. 그래서 현장 조사 다녀왔습니다.

진우, 황당한 듯 효민을 보고.

석훈   (역시 황당한 듯 효민을 보며) 그러니까 강동 도시가스의 그 어떤
        임직원도 이상하게 생각하지 않는데, 강효민 씨만 이상하단 생각이
        들어서 그 온천마을에 조사를 다녀오느라 출근을 못 했다?

효민   네, 그렇습니다.

석훈, 황당한 듯 효민을 본다.

효민   전 주총 절차에 대한 자문을 하러 갔지만 주총 내용도 면밀히 살펴
        봐야 한다고 생각합니다. 기업에서 변호사한테 멍이나 때리라고 자
        문받는 건 아닐 거잖아요.

진우   (석훈의 눈치를 살피다 효민 편을 들며) 그렇지. 그러라고 자문 맡
        긴 건 아니지. 그래서 조사해보니 뭐 나왔어?

효민   그 온천마을에 목욕탕을 가보니 24시간 오픈하고 탕도 24시간 뜨거
        웠어요. 30년 넘게 그렇게 운영됐답니다. 한 곳도 빠짐없이.

석훈   ..

효민   30년 전에도 24시간이었고, 7년 전에도 24시간이었는데, 7년 전부
        터 매출이 급격히 떨어진 게... (하더니 일어서서 칠판으로 향한다)

석훈/진우, 효민을 보는데.

효민   도시가스 납부 금액이 (칠판에 쓰며) (기본 요금 + 사용 열량 × 적
       용단가) × 1.1이거든요. 사용량은 검침량에 온압보정계수를 곱해
       구해지는 거고 단위 열량은

석훈   (말 자르며) 요점만 말하세요.

효민   … (칠판에서 돌아서며) 사용 열량이 조작된 거 같습니다.

석훈   …

진우   확실해?

효민   네.

석훈   ..

진우   (효민을 보며) 조사한 자료 있어?

효민   네!

cut to

석훈/진우/효민, 석훈 사무실 안 소파에 앉아 있다.

석훈/진우, 자료를 살펴보는데.

화면, 자료를 비추면 엑셀 파일로 도시가스 사용금액, 사용량, 금액 등이 정리
되어 있고 그래프도 그려져 있다.

진우   이야, 강효민..

석훈, 자료를 검토 중.

진우   (석훈에게) 이 정도면 고지해줘야 될 거 같은데요.

석훈   (진우에게) 강동 도시가스 담당자가 누구죠?

진우   김석진 대리요.

석훈   …부장급으로 미팅 잡아보세요.

진우   네.

석훈   (효민을 보며) 이 일로 무단결근과 지각이 무마됐다고 생각하지 마

세요.

효민   ..네.

석훈   한 번만 더 이렇게 멋대로 굴면 징계 처리하겠습니다.

효민   (시무룩) 네.. 알겠습니다. (입 삐죽)

S#25. 법원 복도 (낮)

효민, 양손에 분홍색 서류 보자기 들고 낑낑거리고 앞으로 걸어가는데.

S#26. 법정 (낮)

판사   피고인 변호인 출석했습니까.

그때 들어오는 석훈. 방청석 맨 뒷자리에 착석한다.

변호사   네, 김지운 변호사 출석했습니다.

판사   네, 그럼 시작하겠...

하는데, 검사석 바로 뒤편 방청석에 앉아 있는 효민, 분홍색 보자기 두 개를 무릎에 놓은 상태에서 그걸 감싸 안으며 힘겹게 반 정도 일어서며.

효민   (말 자르며) 피해자 강동 도시가스 변호사, 율림의 강효민 변호사도 출석했습니다.

효민, 얼굴 보자기에 가려 안 보이고.
판사, 효민의 얼굴을 보려 노력.

판사	그 보자기는 옆에 내려놓으시는 게.
효민	아~ (하더니 의자 옆 공간에 내려놓고 벌떡 일어서서) 출석 여부 조서에 남겨주십시오!
판사	(효민 보다) 피해자 법률 대리인이시라구요?
효민	(큰소리로) 네! 그렇습니다!
판사	소리는 안 지르셔도 됩니다.

검사/변호사, 웃음.

효민	아, 네..
판사	(실무관에게) 출석 여부 조서에 남겨주세요.
실무관	네.

cut to

검사	피고인은 사우나 기관실에서 보일러와 연결된 도시가스관과 계량기의 약 25cm 부분을 뜯고 그 부분에 가스 배관이 아닌 사제 동관 배관을 끼워 넣어 도시가스를 절취하였습니다.
판사	절취한 금액이 안 적혀 있는데 어떻게 되나요?
검사	그게.. 그러니까.. 아직 확인 중입니다.
판사	절취 규모를 알아야 재판을 하죠.
검사	아, 네, 그렇죠. 그런데 가스를 얼마를 사용했는지 계산하는 시스템을 조작했으니 절취 규모를 파악하는 데 시간이 걸립니다. 다음 기일에 제출할 예정입니다.
판사	아, 그렇겠네요. 옆에 정상적으로 돌아가는 계량기를 붙여놔서 같이 비교할 수 있는 것도 아니고.
효민	(속삭) 검사님~!

검사, 효민 쪽을 보는데.

효민   (속삭, 엑셀 파일을 들어 보이며) 절취액 추산 가능합니다.

검사   재판장님, 잠시 피해자 변호사와 얘기 나누어도 될까요?

판사   (효민을 보는데) 네, 좋습니다. 잠시 휴정하겠습니다.

검사, 효민에게 다가가는데.

석훈, 그런 효민을 본다.

효민   제가 계산해 본 바 7년간 절취한 도시가스는 2,486,839㎥ (세제곱미
        터)로 시가 13억 2천3백2십7만 원입니다.

검사   13억?? 어떻게 계산했죠?

방청석의 다른 피해 회사들, 효민을 본다.

석훈 역시 효민과 검사를 보는데.

효민, 결의에 찬 눈빛으로 목장갑을 끼고 보자기를 풀자, 서류 뭉치가 보여지고.

일동, 시선 효민에게.

석훈, 효민을 본다.

효민, 높게 쌓인 서류 뭉치를 쓱 보다 위의 서류 뭉치를 들어 옆 의자 공간에

내려놓고. 목장갑으로 쓰윽 서류를 훑다 (마치 서류를 훑으면 내용이 보이듯)

중간의 서류 뭉치를 꺼내어 쓱 보고 검사에게 건네며.

효민   우선 구내의 이 사건 절취가 일어난 사우나를 모두 다 돌아다니며
        보일러의 개수, 성능, 온탕 개수, 온탕 온도, 온탕 유지 시간과 영업
        시간 등을 고려하여 계산했습니다. 이러한 고려 사항들을 각 목욕
        탕별로 정리해 피해 회사와 함께 만든 산식을 대입시켜 계산한 합
        계입니다.

검사, 효민을 본다.

효민　　　우리 의뢰인만 13억이고 타지역에서 동일한 방식으로 절취했기 때
　　　　문에 다른 피해 회사들 것까지 합치면 38억 정도 되지 않을까 싶네
　　　　요. 그리고 저희가 계산한 절취액은 최 효율로 가동했을 때 나오는
　　　　가스 요금인데, 실제 운영할 때는 그렇게 최 효율로 가동되기 힘들
　　　　어서 실제 절취액은 더 클 것으로 예상되구요.

검사, 놀란 표정으로 효민을 본다.
석훈, 그런 검사와 효민을 본다.

cut to

검사　　　재판장님, 피해자 변호사 측에서 준비한 자료를 증거 자료로 제출
　　　　하고자 하는데 허락해 주시길 바랍니다.
판사　　　네, 일단 들어볼게요.
검사　　　피해자 변호사 측에서 준비한 자료에 의하면 강동 도시가스에 대한
　　　　절취액만 약 13억 원

하는데, 일동, 놀란다.

검사　　　으로 예상되고. 타지역에도 동일한 방식으로 절취했으므로 다 합치
　　　　면 약 38억 원 정도로 추정된다고 합니다.
판사　　　(놀라며) 38억 원이요?
검사　　　네, 그렇습니다. 절취액의 추정치가 커짐에 따라 피고인의 중대한
　　　　처벌이 요구되는 상황입니다.
피고인　　(벌떡 일어나며) 판사님! 말도 안 됩니다! (울먹이며) 저흰 그냥 영
　　　　세한 소상공인으로 가스비 조금 아껴볼라 한 거예요.

효민, 피고인을 보는데.

| 피고인 | 잘못한 거 알고 있습니다. 하지만 정말 살려고 발버둥 치다 어쩔 수 없는 선택을 한 겁니다. 독점적으로 가스를 공급하는 저 거대한 가스 회사에서 율림 같은 대형 로펌 변호사 붙여 우리처럼 힘없고 영세한 소상공인을 몰아붙이는데. 이건 정말이지 불공평합니다! |
| 판사 | 피고인, 진정하고 자리에 앉으세요. |

효민, 판사와 눈 마주치려고 노력하며, 들썩들썩.

판사	피해자 변호사 하실 말씀 있으신가요?
효민	(또다시 큰소리로) 네! 있습니다! (하면서 벌떡 일어선다)
판사	소리는 안 지르셔도 됩니다. 말해보세요.
효민	감사합니다, 제가 잠시 앞으로 나가도 되겠습니까?
판사	네, 그러세요.
효민	재판장님. 피고인은 마치 본 사건이 영세한 소상공인과 거대한 가스 회사의 소송으로 자신이 전형적인 힘의 불균형의 피해자인 양 행세하는데 피해자인 강동 도시가스는 피고인보다 더 힘든 환경 속에서 업무하는 소시민들의 집합체입니다. 눈이 와도 비가 와도 한여름에도 한겨울에도 집집마다 검침하러 돌아다니는 검침원들..

Insert-
한여름에 땀을 흘리며 집 안을 돌아다니는 도시가스 검침원들 비춰지고.

| 효민 | 뜨거운 한여름에 열기 가득한 보일러실에서 업무하는 엔지니어들. |

Insert-
한여름에 땀 흘리며 보일러실에 들어가 가스 배관을 고치고 있는 엔지니어.

효민	뿐만 아니라 누군가 이득을 봤으면 누군가는 손해를 보겠죠. 가스 회사가 피해 본 금액은 그야말로 영세한 소상공인의 주머니에서 부담되었습니다. 힘들지만 도둑질하지 않고 성실히 하루하루를 살아가는,

Insert-
열심히 생활하는 소상공인들 cut, cut으로 비춰지고.

효민	우리 법이 응당 보호해 줘야 마땅한 그런 영세한 소상공인들이요.
피고인	(효민을 향해 벌떡 일어서며) 당신 뭐야?! (하면서 삿대질)
판사	피고인, 앉으세요. 법원에서 삿대질하지 마세요.

피고인 변호사, 피고인을 말리는데..

피고인	이 재판 무효입니다. 저 국선 변호사 쓰지 않겠습니다. 대형 로펌 변호사로 교체하겠습니다!
판사	정숙하세요, 피고인!

효민, 당당히 돌아가 자리에 앉는다.
피해 회사들, 효민을 보는데.
석훈, 피식.

cut to
재판이 끝나고 다들 짐을 챙기고.

검사	(효민에게) 그럼 연락주세요.
효민	네, 검사님.

그때 효민에게 다가오는 서 대리/김 사원.

서대리　　안녕하세요, 변호사님, 아시아 도시가스에서 나왔습니다. (하면서
　　　　　명함을 건네고)
효민　　　아, 네. (하고 명함을 받으며 인사)
서대리　　본건 관련해서 저희도 의뢰를 맡기고 싶은데 어떻게 하면 되나요?
효민　　　아..
김사원　　저는 송주 도시가스인데 저희도 대리 맡기고 싶습니다.

그때 다가오는 다른 피해 회사 담당자, 이 과장.

이과장　　저는 서남 도시가스에서 나왔습니다. (하면서 명함을 내밀고)

한순간에 담당자들에게 둘러싸인 효민.
그 모습을 뒤에서 지켜보다 살며시 미소, 돌아서 나가는 석훈.

S#27. 레스토랑 (저녁)

한성찬(남, 33세, 리앤서 파트너 변호사)과 저녁을 먹고 있는 효민.

성찬　　　(미소 지으며) 대단하네, 우리 효민.
효민　　　(고개를 살짝 *끄덕이며*) 잘했지?
성찬　　　그러니까 더 아쉽네. 리앤서로 왔어야 했는데.. 일 잘한다는 소문
　　　　　나면 더 바빠질 텐데, 큰일이네.
효민　　　(미소) 바쁘면 좋지.
성찬　　　그러지 말고 우리 오늘부터 그냥 같이 살까?
효민　　　(웃으며) 뭐래.

　　　　　　　　　　　　　　　　　　　　　　에스콰이어

성찬   아니, 로스쿨 땐 공부하느라 바빴고, 변호사 되고 이제 리앤서로 오
          면 매일 보겠다 싶었더니, 경쟁 로펌으로 가버리고. 거기다 일까지
          잘해버리면 매일 야근 당첨인데.. 제대로 데이트나 하겠어?

효민   나 율림 이제 막 들어갔거든. 적응할 때까진 혼자 좀 놀아.

성찬   (입술 내밀며) 난 늘 효민이가 1순위인데, 난 도대체 언제 효민이의
          1순위가 되는 거야?

효민   (피식) ..

cut to

저녁식사 마치고 성찬/효민 나가려는데, 허진명(남, 58세)과 진명의 아내와 마
주친다.

성찬   (진명에게) 아, 변호사님! (하며 정중히 인사하며) 여기서 뵙네요!

진명   어, 한 변호사, 여기서 저녁 먹었어?

성찬   네. 곧 결혼할 친구랑.

효민   (뭐라는 거지? 라는 표정으로 성찬을 힐끗 보고) …

진명   오? 결혼? 듣던 중 반가운 소리네. 한 변호사 여자 보는 눈 까다롭다
          고 소문났던데, 대단하신 분인가 보네. (효민에게) 반가워요. 이름이?

성찬   아, 강. 효. 민 변호사예요. 이번에 율림 신입으로 조인했습니다.

진명   아, 변호사시구만. 율림도 훌륭한 로펌이지.

성찬   네, (손 하나를 얼굴에 대고 귓속말하는 제스처로) 강일찬 부장판사
          님 외동딸이에요.

효민   (미묘하게 불편한 표정) …

진명   (반가워하며) 오! 강일찬 판사님 따님이시구만.

성찬   어머니는 최은희 서울대 로스쿨 교수님.

효민   (불편한 듯) ..

진명   대단한 분이시네. (성찬을 보며) 어디서 이런 귀한 분을 만났어? 복
          터졌네.

성찬   제가 전생에 나라를 구했죠.

진명   (웃음) ..

효민   (불편한 미소) ..

S#28. 성찬 차 안 (밤)

효민, 생각에 잠겨있고. 성찬, 말 없는 효민을 보는데.

성찬   (효민에게) 괜찮아?

효민   (멍한 표정에서 깨어나며) 응?

성찬   아니, 아까부터 분위기가 무거워서. 말도 없고.

효민   아니야.

성찬   왜? 내가 뭐 실수했어?

효민   자기는 나 왜 좋아?

성찬   (피식 웃으며) 혹시 아까 너 소개한 것 때문에 그래? 조건 때문에 내
         가 너 좋아하는 것 같아서?

효민   그것보단..

성찬   아우 이 소녀 감성.

효민   ..

성찬   차갑게 들리겠지만 좋게 말해 소녀 감성이지, 그거 미성숙한 발상
         이야. 잘못하면 가진 자가 여유 부리는 거 같아서 꼬아 들릴 수도 있
         고. 조건도 너의 일부고, 그 조건 때문에 득 본다고 반감 가질 나이
         아냐. 조건 본다고 속물 취급할 나이는 더더욱 아니고. 결혼이 감정
         만 가지고 되진 않잖아.

효민   ...

성찬   솔직히 말하면, 내가 널 사랑하는 이유엔 네 집안 배경, 너의 우월한
         유전자도 포함되어 있어. 난 내 아이에게 우월한 유전자 물려주고

                                                              에스콰이어

싶어. 난 어디 내놔도 자랑스러운 아내와 좋은 환경에서 자랄 우리
아이들... 그 생각만으로도 가슴이 벅차.

효민   .. (말없이 창문 밖을 응시)
성찬   (운전대 한 손으로 잡고, 한 손은 효민의 머리를 쓰다듬으며) 난 너
          이런 소녀 감성도 좋긴 해.
효민   ..나 할 말 있어.
성찬   해.
효민   ..오늘 말고.. 나중에.
성찬   엥? 궁금하게..
효민   (창문을 본다) ..
성찬   (그런 효민을 보다 운전 집중) ..

S#29. 석훈 집 안 (밤)

석훈, 거실에 나와 커피를 내린다.

cut to
석훈, 커피를 음미하며 TV를 보는데.

〈*화면 속〉
TV 화면 속에 예쁜 강아지가 거실에 뛰어다니는.

연아(E)   해쉬야, 아빠 자잖아. 귀찮게 하지 마.

하는데 강아지, 소파에 잠들어 있는 석훈에게 가서 애교.
석훈, 환하게 미소 지으며 강아지를 쓰담.

연아(E)   깼어?

석훈   (끄덕) …

연아(E)   밥 먹을까?

석훈   (끄덕) ..

연아(E)   뭐 해줘?

석훈   내가 해줄게.

연아(E)   진짜?

석훈   (미소) ..

연아(E)   뭐 해줄 건데?

석훈   뭐 먹고 싶은데.

연아(E)   네 입술.

하면서 화면 덜커덕거리고 소리만 들리는데.

석훈(E)   아우..

연아(E)   해쉬야. 아빠한테 뽀뽀 공격!

석훈(E)   (웃음) ..

〈*화면 속 장면 끝〉

석훈, 화면을 정지시키고.. 멍..
그때 석훈 옆에 와 앉는 설연아(여, 39세).

연아   뭐해.

석훈   (연아를 보지 않고 앞을 보며) …

연아   (석훈을 바라보며) 밤엔 커피 마시지 말라니까.

석훈   (연아를 보지 않고 앞을 보며) 괜찮아. 그래도 잠 잘 와.

연아   해쉬 보고 있었어?

석훈   (연아를 보지 않고 앞을 보며) ..응

연아	해쉬 보고 싶구나?
석훈	(연아를 보지 않고 앞을 보며) 응..
연아	나는?
석훈	(연아를 보지 않고 앞을 보며) ...안 보고 싶어.
연아	거짓말..

옆에 있던 연아 사라진다.
석훈, 무표정으로 커피 한 모금.

-1화 끝-

2화 | 티백과 사랑의 강도는
뜨거운 물에 담가봐야 안다

S#1. 몽타주 – 호선 병원 (낮)

#-1. 화면, 호선 병원이 IVF(시험관 아기) 전문병원임이 드러나는 병원 내부 모습들이 cut, cut으로 비춰지고.

#-2. 화면, 빠르게 통로를 지나 상담실 안으로 들어가 보니, 부부가 상담을 받고 있다. 실장의 설명을 경청하며 고개를 열심히 끄덕이는 부부.

실장	우리 호선 병원은 1985년에 세계 최초로 미성숙 난자를 통한 시험관 아기 출산에 성공했고요. 난자, 정자, 수정란을 동결 보존할 수 있는 가임력 보존 클리닉은 명실공히 세계 최고입니다. 우리 병원은 국내에서 가장 많은 정자를 보관 중인
(E)	쨍그랑!
기범(E)	아아아아! 야이 사기꾼들아!!! 야야!!
부인	이게 무슨 소리야?
남편	밖에서 나는데?

실장, 당황.

#-3. 화면, 빠른 속도로 상담실을 빠져나와 밖의 소리가 나는 곳으로 움직이고. 병원 복도에 웅성대며 옹기종기 모여 있는 사람들, 그 시선을 따라가니 난동 피우고 있는 박기범(남, 32세),

기범   (옆에 물건들을 밀고 당기고 쓰러트리며) 내 정자 내놔!! 내 정자 내
          놓으라고!!! (하며 난동 부리는 중) 그게 어떤 정자인데! 그게 얼마
          나 귀한 건데!!!
실장1   박기범 씨, 진정하세요. 진정하시고 앉아서 얘기하시죠.

구경꾼들, 웅성웅성.

구경꾼1   정자? 남자의 그거?
구경꾼2   남사스럽게, 아니 자기 정자를 왜 여기서 찾아. 별일이네.
기범   이 사기꾼들! 최고라며! 장비며 뭐며 세계 최고라며!!!
실장1   속상하신 건 이해되는데 이러시면 안 돼요.
기범   우리한테 어떻게 이럴 수 있어! 어떻게!!
실장1   박기범 씨, 진정하세요. 진정하시고 앉아서 얘기하시죠.

구경꾼들, 웅성웅성.
그때 건장한 경비원 둘이 기범에게 다가간다. 그러자 긴장한 기범.

기범   오지 마! 오지 말라고~!

하며 난동을 피우다 고가의 의료기기를 넘어트리고.
의료기기 앞으로 넘어지며,

                                                        에스콰이어

(E)   쾅!! 쨍그랑!!

소리와 함께 파손되고.

놀라는 사람들.

기범, 놀라 멈칫.

경비원들, 기범에게 빠르게 다가가 기범을 벽면으로 밀쳐 제압하고.

기범   (경비원 둘에게 얼굴 눌린 채) 놔! 이거 놓으라고! 내놔.. 내놓으라
           고. (하며 울음이 터진다)

서정적인 음악과 함께 타이틀 In.

티백과 사랑의 강도는 뜨거운 물에 담가봐야 안다

S#2. CCTV/율림 회의실 (오후)

S#1의 마지막 장면에 이어 기범 얼굴 C.U.

화면 점점 멀어지면서, 기범의 얼굴이 CCTV 화면으로 전환되고, 화면 정지.

화면 점점 멀어지자, 그곳이 율림 회의실이었고 화면을 정지시킨 사람은 진우
였음이 드러난다.

진우   (CCTV 화면 안의 파손된 의료기기를 가리키며) 여기 보시는 파손된
           의료 기기 포함, 호선 병원에서 청구한 기물 파손 배상금은 4억 2천
           300만 원입니다.

진우의 브리핑을 듣고 있는 석훈.

석훈   청구액이 높네요?

진우   네, 여기 (CCTV 안의 파손된 의료기기를 가리킨다) 이 의료기기가
        시가 6억이 넘는답니다. (하면서 석훈에게 증빙 문서 내밀고)

석훈   (끄덕) 의뢰인이 배상금 지급할 능력은 되나요?

진우   아니요. 그리고 이건 경영진에서 특별히 신경 써달랍니다.

석훈   왜? 의뢰인이 내부 특수관계인입니까?

진우   아니요. 상대가 호선 병원입니다.

석훈   ?

진우   호선 병원이 예전에 기업팀 의뢰인이었는데. 뭐, 특정 건에서 기업
        팀이 법조인 양심 지킨다고 사임한 거 같아요. 그런데 그 뒤로 호선
        병원이 야비하게 나와서 병원 관련 클라이언트들이 다 떨어져 나가
        서 고 대표님이 벼르고 계셔요.

석훈   (끄덕) 근데 의뢰인이 난동은 왜 피웠대요?

진우   (고개 저으며) 아직 파악 못 했습니다. 의뢰인이랑 얘기해 봐야죠.
        다음 주 수요일에 사무실로 오시라 했습니다.

석훈   (끄덕) ..신입 2명 투입해서 검토시키세요.

진우   네. 강효민, 지국현 변호사 투입 시키겠습니다.

석훈   (끄덕) 네.

진우   아, 그리고 변호사님 그 관리단 결의하자 소송이요.

석훈   네.

진우   나동수 변호사한테 지시했는데, 일을 계속 깔고 뭉개네요. 한두 번
        도 아니고.

석훈   나동수면 홍도윤 변호사 어쏜?

진우   네. 2년 차인데, 달에 빌러벌 시간이 5시간도 안 나와서 우리 팀 업
        무에도 간간이 투입되는데.. 두어 시간이면 될 것도 일주일 걸리고
        결과물도 형편없고.

석훈   ...

진우   유명한 월급 도적이죠. 홍도윤 변호사님의 의뢰인 아들.

석훈	...
진우	(한숨) 우리 어쏘들은 빌러벌 시간이 달에 200시간도 넘게 나오는데.. 월급 도적 때문에 우리 어쏘들 사기 저하될 수 있어요.
석훈	(끄덕) ..
진우	조치 좀 취해주세요.
석훈	..알겠습니다.
진우	네!
석훈	(그러다 손목시계 보고) 전 그럼 퇴근합니다. (하며 급하게 앞으로 가는데)
진우	(혼잣말로) 아 오늘 금요일이지.

S#3. 율림 사무공간 (낮)

석훈에게 보고할 서류를 챙겨 석훈의 사무실로 향하던 효민. 그때 급히 어딘가로 가는 석훈. 외출하는 석훈을 본 효민, "변호사님!"하고 부르는데 석훈, 듣지 못하고 앞으로 가고.

| 효민 | 윤석훈 변호사님! (하다 급히 나가는 석훈을 보며) 어딜 저렇게 급하게 가신대.. |

그때 서류를 읽으며 사무공간 쪽으로 다가오는 진우.

효민	선배.
진우	어.
효민	윤 변호사님 어딜 저렇게 급하게 가신대요?
진우	아, 금요일은 조금 일찍 퇴근하셔.
효민	왜요?

진우   (서류를 보며) 애 데리러.

효민   애? 윤 변호사님 아이 있어요?

진우   (정신없는 듯 국현에게) 지 변호사, 부경법* 고소장 다됐어?

국현   아, 네, 업무상 배임도 추가해야 해서.

진우   (말 자르며) 아따마, 빨리 좀 하이소. 의뢰인 쪼고 난립니다이.

국현   아, 넵! 마무리 중입니다.

효민   (생각 중)...

S#4. 강아지 호텔 우쭈쭈 (오후)

1화 마지막 S#29에 나온 강아지(해쉬)가 뛰어노는 모습이 비춰지고. 석훈 급히 안으로 들어온다.

직원1   해쉬야, 아빠 왔다.

하자, 해쉬, 석훈에게 달려들고. 석훈, 좋은 듯 해쉬를 껴안는다.

S#5. 석훈 집 (밤)

해쉬 목욕을 시키고.

cut to

소파에서 잠옷 입고 편히 해쉬와 쉬고 있는 석훈. 행복해 보이는 표정의 석훈.

* 부경법: 부정경쟁방지 및 영업비밀보호에 관한 법률

S#6. 몽타주 (낮)

석훈, 공원에서 해쉬를 업고 인라인스케이트 타고.

cut to

석훈, 해쉬와 공놀이.

cut to

석훈, 돗자리를 깔고 앉아 해쉬와 피크닉을 즐기고.

S#7. 전망 좋은 카페 (낮)

산과 강이 보이는 경치 좋은 카페 전경이 비춰지고. 카페 안, 테이블에 앉아 있
는 성찬/효민.

효민　　(눈을 감으며 기분 좋게 숨을 들이마시며) 주중이랑 똑같은 공기인
　　　　데, 주말 공기는 늘 왜 이렇게 따스하고 상쾌할까? 음.. 좋다.

성찬, 효민 옆으로 다가와 앉는데. 효민, 그런 성찬을 본다. 성찬, 효민을 지그
시 보다 입술에 가볍게 뽀뽀. 그리고 주머니에서 작은 벨벳 상자를 꺼내는데.
효민, 깜짝 놀라는데. 성찬, 벨벳 상자를 열어 보인다. 하지만 상자 안에 반지
가 없고.

효민　　(궁금한 표정으로) 응?

성찬, 마술을 준비한 듯, 아무것도 없는 두 손을 먼저 보여주는데, 갑자기 손
에 반지가 나타난다. 그러나 서툰 마술 실력 탓에 반지를 놓치고, 반지가 테이

블 아래로 굴러간다. 성찬, 당황하며 허둥지둥 굴러가는 반지를 줍고. 효민, 그 모습이 귀여워 배시시 웃는다. 반지를 주워 다시 테이블로 돌아와 자리에 앉는 성찬. 긴장된 듯, 침 꿀꺽 삼키는데. 침이 목에 걸린 듯 기침이 터진다. 효민, 당황한 성찬을 보며, 웃음을 참고 물잔을 건넨다. 성찬, 물을 급하게 한 모금 마시고 가슴을 두드리며 진정하려 한다. 효민, 그런 성찬을 따뜻한 눈빛으로 바라본다.

성찬   2년간 구애했고, 고맙게도 네가 내 마음을 받아줘서 우리가 이렇게 함께할 수 있었어. 너와 함께한 지난 1년은 정말 행복했어. 예전에 너에게 고백했을 때도, 사귀면서도 수없이 했던 말 있지? '사랑해'라는 말. 그런데 오늘, 이 특별한 순간에 그 말을 하려니 문득 고민되더라. '사랑해'라는 말로 과연 이 모든 마음을 다 전할 수 있을까? 더 나은 표현은 없을까? 근데 결국, 내 진심을 담기에 가장 완벽한 말은 늘 그 말이더라.

효민   (성찬을 미소 지으며 보는데) …

성찬   사랑해. 이 단순한 세 글자가 너에게 전하고 싶은 내 모든 마음이야.

효민   (성찬을 본다) ..

성찬   사랑하는 강효민아. 나와 결혼해 줄래?

효민   (피식 웃으며) 갑자기 뭐야..

성찬   ..때가 되었지.. 우리 나이도 있고.. 1년이나 만났는데.. 당연한 수순 아니야?

효민   (잠시 머뭇거리며) …나 할 말 있어.

성찬   어? ..뭐야, 긴장되게. 뭔데?

효민   … (말을 삼키며 망설이는 듯한 표정)

S#8. 길거리 (저녁)

                                                    에스콰이어

석훈, 하네스 착용한 해쉬와 함께 터벅터벅 길을 걷다 멈춰 서서 해쉬를 한번
안으며.

석훈   보내기 싫다. (해쉬를 쓰다듬으며) 미안해.. 이렇게밖에 안돼서..
         (하다 다시 발걸음을 옮기는데)

S#9. 강아지 호텔 (저녁)

석훈, 아쉬운 듯 해쉬를 호텔에 맡기고. 힘들게 돌아서는데.. 석훈이 나가고
10분 정도 후, 호텔 안으로 들어오는 한 여자. 그 여자는 바로 1화 마지막 S#29
에서 연기처럼 사라진 (이 세상에 없는 사람인 듯 연출 되었던) 연아.

S#10. 호선 병원 원장실 (밤)

어두운 병원 내부.

기범, 스패너 들고 몰래 잠입해 뒤지는 중. 그러다 위에 놓인 물건을 툭 치고.

물건이 떨어지려는 걸 가까스로 받아 낸다. 그러다 팔 삔 듯 '아' 하며 아픈 표정.

그때 경비원 1이 순찰하는 듯한 인기척이 들린다.

기범, 인기척 느끼고 책상 밑으로 숨고,

화면, 긴장한 기범을 화면 가득 비춘다.

그때 문 열리는 소리,

경비원 1이 한 바퀴 돌아보는 소리,

그러다 경비원 1, 문 닫고 나가는 소리가 들리고.

기범, 휴.. 하고 긴장 풀린 듯.. 천천히 책상 밑에서 나오는데.

낌새가 이상해 나간 척하고 있던 경비원 1과 딱 마주친 기범.

기범/경비원 1, 서로 놀라.

경비원1   너 누..누구야!

기범   아이씨! (하며 어찌할 바를 모르고)

경비원1   (무전기에 대고) 원장실에 침입자 발견. 지원 바람. (하면서 기범에게 다가가는데)

기범   다가오지 마!! 아씨, 다가오지 말라고! (하면서 옆에 있는 스패너 휘두르는데)

경비원1   그거 내려놔.

경비원 1이 다가오자 당황한 기범, 스패너 휘두르다 실수로 옆에 있는 도자기를 치고.
도자기, 와장창 깨지고.
깨진 파편이 경비원 1의 얼굴로 튀어 볼이 긁히고 피가 살짝 비친다.
기범, 당황.
경비원 1, 놀라 멈칫.
기범, 정신 차리고 경비원 1이 놀란 틈을 타 재빨리 도망가고,
경비원 1, 기범을 쫓아간다.

S#11. 호선 병원 복도 (밤)

기범과 경비원 1/경비원 2의 추격전.
그때 앞에서 뛰어오는 경비원 3에게 태클 당하고.

기범   놔~!! 놓으라고~~!! 니들 복합 의료단지 비리 내가 다 밝혀내서 감방 보낼 거야!!

하는데, 경비원 1/경비원 2도 기범을 제압하는 걸 도와주며.

경비원3   가만히 계세요. 감방은 당신이 가게 생겼구만.
기범   다 망쳤어.. 니들이 다 망쳤다고~!!
경비원2   가만히 좀 있어요. 다쳐요.

화면 가득, 바닥에 엎드려 경비원 두 명에게 얼굴과 몸이 눌린 채 제압당하고 있는 기범의 얼굴이 비춰진다.

S#12. 율림 외부 전경 (아침)

S#13. 율림 내부 전경 (아침)

S#14. 율림 미팅룸 (아침)

진우/석훈/국현/효민, 앉아 있고.

진우   (시계를 보며) 왜 이렇게 안 오지? 전화 좀 다시 해봐.
국현   네. (하고 기범에게 전화 거는데) 아, 여보세요? 박기범 씨 휴대폰이
         죠? ..네? 경찰서요?

일동, 국현을 본다.

S#15. 경찰서 안 면담실 (오전)

석훈/진우, 기범 앞에 앉아 있고.

기범　돌아가세요. 변호사라면 지긋지긋합니다. 그 끔찍한 일 당하고 변호사들 여럿 찾아갔어요. 방법이 없답니다. 그래 놓곤 상담비는 오지게 많이 받고. 법? 변호사? 그딴 거 다 필요 없고. 나 스스로 해결할 겁니다. 그 병원 비리 다 찾아내서 내가 혼쭐을 내줄 거예요. 그러니까 가세요.

진우　선생님은 지금 상당히 심각한 범죄 행위를 저지르셨어요. 기물 파손, 업무 방해, 특수 손괴, 야간 건조물 침입에다가 호산 병원 경비원들에 대한 상해까지. 곧 구속 영장이 청구될 겁니다.

기범　(비웃으며) 어쩜 그렇게 변호사들 하는 얘기는 토씨 하나 안 틀리고 같나요?

진우, 뭔가 말하려는데

석훈　그럴 수밖에 없죠.

기범, 석훈을 본다.

석훈　사람이 법 공부를 하면 뇌에 지진이 나요. 지각 변동이 일어나죠. 그 후론, 모든 사안을 법조인 마인드로밖에 못 봐요. 법을 알았으니, 틀이 만들어지고, 그 틀 안에 갇혀 그 이상을 못 보게 되죠. 도그마에 갇힌 난쟁이들처럼.

기범　마치 당신은 아닌 것처럼 얘기하네요.

석훈　네.

기범　왜 아니죠?

석훈　선생님이 이제까지 만났던 변호사들 얘기, 모두 맞습니다. 선생님은 이길 수 없어요.

기범　들어보지도 않고 어떻게 알죠?

석훈　아니라면 그 변호사들이 수임했겠죠. 선생님 혼자 정의 실현 하겠

다고 야간에 병원에 몰래 들어가 경비원들과 몸싸움 벌이지도 않았
겠죠.

기범　..변호사님은 뭐 다른 수가 있나 보죠?

석훈　그건 들어봐야 알죠.

기범　...

석훈　확실한 건 전 링 안에서만 싸우진 않습니다. 링 안에서 불리하면 링
밖으로 끌고 나와 한판 붙어야죠.

기범　...

석훈　도그마에 갇힌 법률 기술자가 아닌 조력자가 되어 드리죠.

기범　...어디부터 말씀드리면 되죠?

석훈　이러시는 이유부터 듣죠.

기범　호선 병원에 제 정자를 맡겨 놨는데.. (생각만으로도 괴로운 듯) 그
귀중한 걸.. 병원 실수로 멸실했어요.

진우　정자요? 남자 정자 말씀하시는 건가요?

기범　네.. 제 정자를 멸실해 놓고 (울컥) 그 소중한 걸.. 그래 놓고 배 째
라는 식으로 나오니까... 제가 너무 억울해서 그랬습니다.

진우　네..

석훈　..

기범　병원도 배상 책임이 있는 거 아닌가요? 제가 오히려 병원한테 돈을
받아야 한다고요! 그 의료기기보다 제 정자의 가치가 훨씬 높습니
다! 제 정자를 돈으로 따지자면 한.. 한 100억은 된다고요!!

진우　100억? 왜 그렇게 높게 측정하셨죠? 정자가 멸실되었으면 다시 보
관하면 되죠. 선생님 나이가 (하면서 파일을 보다) 서른둘이시면 한
창이신데..

기범　(기어들어 가는 목소리) 불가능합니다...

진우　네?

석훈　..

기범　불가능하다고요. 저 불임입니다.

진우   불임인데 어떻게 정자를 보관하셨죠?

기범   그게... 1년 전에 고환암에 걸려 수술받았는데.... 불임 됐어요.

진우   아이구...

석훈   ...

기범   의사가 수술하면 불임될 수 있다고 미리 경고해줘서 수술 전에 정
        자를 보관한 건데, 시험관 아기로 임신하려고 보니

석훈   정자가 상한 거군요....

기범   네, 그래서 그랬습니다. 그래 놓곤 병원에선 재시술은 무료로 해준
        다나 뭐라나. 내 울화통이 터져서.

석훈/진우, 경청.

기범   사실 제 상황이.... 4억은커녕, 4백도 힘든 상황입니다.

석훈   네, 사실관계부터 확인해 보죠.

기범   ...제가 변호사한테 또 이런 말 할 줄은 몰랐네요. 잘 좀 부탁드립니
        다. 변호사님.

석훈   네, 알겠습니다.

S#16. 율림 외부 전경 (낮)

S#17. 율림 정문/ 엘리베이터

율림 정문에 들어서는 성찬, 민소라(여, 29세, 리앤서 어쏘 변호사). 정문에서
기다리고 있는 서정우(남, 40대 후반, 호선 병원 그룹 법무팀장). 서로 인사를
나누고 엘리베이터에 올라탄다.

정우	(성찬을 보며) 아, 이런 잡다구리한 일에 변호사님까지 나서주시고. 감사합니다.

정우 (성찬을 보며) 아, 이런 잡다구리한 일에 변호사님까지 나서주시고. 감사합니다.

성찬 (자본주의 미소) 아닙니다. 제가 당연히 처리해야죠. 의료 복합단지 사업 진행 중엔 조금의 잡소리도 없어야 하니까요.

정우 네. 너무 큰 사업이라 다들 초긴장 상태여서 사소한 잡음도 부담스럽다 하세요. 그래서 최대한 빨리 합의하고 마무리했음 합니다.

성찬 네, 그럼요. 펀딩 조성에 있어 투자심의 중엔 제일 중요한 게 노이즈 컨트롤이죠.

정우 네, 그러니까요.

성찬 (약간 뒤에 서 있는 소라에게 사선으로 시선 주며) 근데 회의가 왜 율림으로 잡혔어?

소라 그게...

성찬 (못마땅한 듯) 이런 게 다 기싸움이야. 잘하자 좀.

소라 (긴장) 네...

S#18. 율림 내부 – 리셉션 근처 엘리베이터 앞

성찬/소라/정우, 엘리베이터에서 내려 리셉션으로 걸어가는데. 소라/정우, 리셉션에게 용건을 말하고 있고. 그들과 조금 떨어져 서 있던 성찬, 멀리서 지나가는 효민을 발견하고 순간적으로 몸을 돌린다. 효민도 성찬을 발견하고, 한번 쳐다보다 무표정으로 지나쳐 간다.
그때 다가오는 소라/정우.

소라 대회의실이랍니다.

성찬 (소라를 보며) 응. 가시죠.

S#19. 율림 대회의실 (낮)

회의실 테이블 한쪽에 앉아 있는 정우/성찬/소라. 그때 화면, 들어오는 석훈을
비춘다. 성찬, 석훈을 본다. 석훈 뒤를 따라 들어오는 진우/국현/효민. 성찬,
효민을 보는데. 효민, 성찬을 보는 둥 마는 둥.

cut to

긴장감이 감도는데.

성찬　　　(효민에게 시선) 아시다시피 기물 파손, 업무 방해, 특수 손괴, (석
　　　　　훈을 보며) 야간 건조물침입, 상해 등으로 민·형사 조치 다 취하면
　　　　　손해배상액 배로 늘어나고 형사 책임도 바로 법정구속 나올 가능성
　　　　　도 있습니다. 하지만 박기범 씨 사정도 딱하고 좋은 게 좋은 거라고,
　　　　　병원에서 온정주의로 기물 파손에 대한 배상금 4억 원만 청구하고
　　　　　끝내려고 합니다. 이번 달 말일까지 4억 원 지급하고 접근하지 않겠
　　　　　다는 서약서에 서명하면 민·형사상의 조치는 더 진행하지 않는 것으
　　　　　로 하죠.
석훈　　　제 의뢰인도 손해본 건 아시죠? 제 의뢰인의 손해배상액이 더 큰데
　　　　　병원에서 상계 처리해 주시고 남은 금액은 바로 지급해 주시죠.
성찬　　　(어이없는 듯) 무슨 손해요? 남은 금액이요?
석훈　　　제 의뢰인 정자 멸실되었잖아요.
성찬　　　정자 보관 계약서 안 봤습니까?
석훈　　　봤습니다.
성찬　　　면책조항, 배상책임한도 조항 보셨죠?
석훈　　　네, 정교하게 잘 쓰여 있더군요.
성찬　　　네 룹홀(Loophole)도 전혀 없죠.
석훈　　　그런들. 그 책임 제한 조항 무효인 거 모르십니까?

성찬, 움찔.

| 석훈 | 모를 리 없지. 1년 차도 아는걸. (효민에게) 왜 무효죠?

효민   약관의 규제에 관한 법률 제7조 1호 따르면, 사업자, 이행 보조자 또는 피고용자의 고의 또는 중대한 과실로 인한 법률상의 책임을 배제하는 조항은 무효입니다.

성찬   (효민을 보다 석훈에게) 중대한 과실이었는지는 사실관계를 따져봐야죠.

정우   일단 손해 청구액이나 들어봅시다.

성찬   아니, 들어볼 필요도...

석훈   (말 자르며) 5억 원!!!

성찬/정우, 소리 내 비웃음.

성찬   (비웃으며) 블러핑도 어느 정도껏 해야지. 끝까지 한번 가 보자는 건가요? 바쁜 사람 불러 놓고 뭐 하자는 겁니까? (하면서 목소리 높이고)

석훈   (혼잣말하듯) 상계 처리하고도 1억이 남네. (성찬을 보며) 1억은 현찰로 받았으면 합니다.

성찬, 더 들어볼 필요도 없다는 듯, 일어서고.
소라/정우, 따라서 일어서고.

성찬   법원에서 봅시다.

석훈   네, 그러시죠.

성찬   (나가려다 석훈에게) 실력 좋다더니 허장성세네요.

석훈   (피식, 혼잣말하듯) 성급하네. 이제 시작인데.

성찬, 석훈을 한번 보고, 효민을 한번 보다 나간다.
성찬/소라/정우, 전부 나가고.

cut to
회의실에 석훈/진우/효민/국현만 남아있다.

국현 정말 5억 받을 수 있는 건가요?

석훈 (단호하게) 아니요, 불가능합니다. 정자의 가치가 그만큼 산정되기
는 어렵고 위자료도 많아야 특수한 상황을 고려해서 몇천만 원 선
에서 끝날 거예요. 블러핑입니다.

국현 네? 그럼 어떻게?

석훈 협상으로 끝을 봐야죠. 법리를 다투기보단 협상력을 키우는 게 관
건이에요.

국현 아 네..

석훈 협상력을 높일 수 있는 한 방이 필요합니다. 지금은 그걸 못 찾았으
니 블러핑이라도 해야죠.

국현 네, 역시 멋있으십니다. 정말 변호사님의 뛰어나신 처세술과...

효민 (말 자르며) 의뢰인이 형사 구속될 위험에 놓인 상황에서 이런 식으
로 블러핑 하는 건 아닌 것 같습니다.

진우/국현, 효민의 도발에 놀란다.
석훈, 효민을 날카롭게 보는데.

효민 저쪽에서 빡쳐서 '그래 진짜 갈 데까지 가자' 그럼 어떻게 하시려고
냅다 지르십니까?

국현/진우, '헐...' 하는 표정.

　　　　　　　　　　　　　　　　　　　　　에스콰이어

석훈   ...

#-1. 석훈 사무실 (낮) - 석훈 회상

석훈/기범, 소파에 앉아 얘기 중.

기범   (울음을 꾹꾹 참으며) 그러니까 제가 저자세로 나와야 한다는 건가
          요? 그놈들 제안하는 대로 다 받아들이고?
석훈   그런 얘긴 아니고, 여기서 더 자극하면 어떻게 나올지 모르니까 전
          략상 조심하는 게 좋다는 얘깁니다. 우선 협상 테이블엔 변호사들
          만 들어가겠습니다.
기범   법률 기술자가 아닌 조력자가 되어 준다면서요.
석훈   형사 책임이 불거지면 법정구속 가능성도 있어서 그래요. 다행히
          저쪽도 일 커지는 거 원치 않을 테니 톤다운 시키는 게
기범   (말 자르며) 저 그냥 감옥 갈게요.
석훈   ..
기범   계란에 바위 치기라도 좋습니다. 내 계란으로 바위 더럽히는 게 목
          적이니 계란 깨지지 말라고 살살 던지진 마세요.
석훈   ... (생각) 네, 알겠습니다. 아직 면밀히 검토한 건 아니니, 우리가
          계란인지 망치인지 아직 모르죠.
기범   네.
          〈*회상 끝〉

석훈   저쪽이 우리 블러핑에 끝까지 갈 거였음 여기까지 찾아오지도 않습
          니다.
효민   ..아무리 블러핑이라도 청구액이 너무 높습니다.
석훈   그래서 대안 있습니까?
효민   ...

석훈	솔루션 제시 없는 컴플레인은 쓸모없는 단어의 집합체예요.
효민	...
석훈	본건은 사실관계 싸움입니다. 송무 변호사는 디테일에 집착해야 돼요. 아직 뚜껑 안 열어 봤습니다. 링 안에서 안 될 거 같으면?
국현	링 밖에서 한 방 먹인다?
석훈	협상력 높일 수 있는 방안, 찾아오세요.
효민	(불만) ...
국현	네! 열심히 하겠습니다!

석훈, 효민을 보는데.

| 효민 | 네.. 알겠습니다. |

S#20. 율림 1번 회의실 안 (아침)

석훈, 회의실에 들어서고, 그 뒤를 따르는 효민/국현.
기다리고 있는 기범.

| 석훈 | 여긴 지국현, 강효민 변호사입니다. |

국현/효민, 기범에게 인사.
기범, 꾸벅 인사.

석훈	조금 더 구체적인 사실관계 파악을 위해 오시라고 했어요.
기범	아, 네.
석훈	전 다른 회의가 있어서 (하고 나가려는데)
기범	아 저..

석훈	...
기범	...(망설) 제가 성차별하는 건 아닌데.. 아무래도 주제가..
석훈	...
기범	여자 변호사님은 조금 불편한데..
석훈	...
기범	아. 오해는 마시고요.. 워낙 민망한 단어들이 오고 가야 하다 보니.. 제가 부끄러움이 좀 많아서.
석훈	..
효민	네, 전 나가 보겠습니다. 추후에 지 변호사한테 상세한 내용 전달받겠습니다.
기범	아, 네, 죄송합니다.
효민	아닙니다.

석훈/효민, 나간다.

S#21. 율림 1번 회의실 문 앞 (아침)

석훈, 효민을 차가운 표정으로 보고. 효민, 인사하고 가려는데,

석훈	의뢰인이 변호사를 변호사로 안 보고 여자로 보는데 그냥 그렇게 물러서요?
효민	...
석훈	자기 변호도 못 하는 사람이 남을 위해 변호한다? (피식하다 앞으로 걸어간다)
효민	(뒤통수에 대고 혼잣말) 아으 증말.. 의뢰인이 그렇게 나오는데 어쩌라고. (석훈 뒤통수를 째려보며 앞으로 걸어가니 앞을 보지 않은 상황)

앞에 서 있는 민정.

민정	왜?

민정   왜?

효민   (석훈 뒤통수 보느라 앞에 있는 민정을 못 봐서 깜짝 놀라며) 아, 선배.

민정   (미소) 까칠하시지?

효민   (입을 삐죽이며) 네.

민정   (미소) 겉만 그래. 속은 따뜻한 분이셔.

효민   설마요. 그냥 선배가 신입 때부터 잘해서 까칠함을 못 겪으셨던 거
         겠죠.

민정   그럴 리가. 나 로스쿨 다닐 때 윤 변호사님 패러리걸*로 3년 넘게 일
         했어.

효민   정말요?

민정   응. 연이 깊지. 윤 변호사님과는..

S#22. 율림 사무공간 (낮)

효민, 열심히 집중해서 일하고 있는데. 그때, 지친 기색으로 걸어오는 국현. 효
민, 국현을 보자 얼른 국현에게 다가가며.

효민   박기범 씨가 뭐래?

국현   (지친 듯 한숨) 아 몰라.. 뭐라는지 하나도 모르겠어.

효민   (시계를 보다) 거의 2시간 면담한 거 아냐?

국현   내 말이. 계속 쓸데없는 얘기만 하잖아.

효민   무슨?

국현   아니 뭐 복합 의료단지 조성에 비리가 있고, 병원이 어떤 힘 있는 사

* 패러리걸: 법률사무 보조원. 변호사의 법률적 업무를 지원하는 직책으로 법무사, 사무장과 직무
가 유사하다.

람이랑 유착이 되어있다는 등, 뭘 밝혀내야 한다는 등. 병원에서 사기를 쳤고, 나중엔 괴물이 어쩌고저쩌고.

효민 괴물?

국현 아.. 기 빨려.

효민 더 자세히 얘기해봐.

국현 녹음했으니까 너가 들어봐.

효민 오~! 지국현!

국현 동기를 위해 내가 힘 좀 썼다.

효민 고맙다!

국현 ('나 잘했지' 하는 표정을 짓다 힘든 듯 후.. 내쉬며 책상에 얼굴을 대고 눕는다) ..

cut to

효민, 노트에 낙서하며 녹음을 신중히 듣고 또 듣는데.. 그러다 어떤 한 구간에서 리플레이를 하고.. 다시 듣다가 갑자기 벌떡 일어선다. 그러다 어디론가 전화를 하는데.

효민 (전화기에 대고) 박기범 씨? 아, 네. 저 강효민 변호사입니다. 혹시 내일 잠시 뵐 수 있을까요?

S#23. 율림 3번 회의실 안 (아침)

효민/기범 나란히 앉아 있고.

기범 (두리번거리다가) 그 남자 변호사님은.. 안 오시나요?

효민 네, 오늘은 저랑 얘기하시죠.

기범 아.. 그게..

효민   저, 선생님.

기범   네, 변호사님.

효민   (또박또박, 기범을 빤히 바라보며) 섹스, 고환암, 불임, 정자.

기범   (당황) ..

효민   이런 건 무언가를 특정하고 구별하기 위한 명사일 뿐이에요.

기범   ...

효민   로스쿨 때 성범죄가 주제던 첫 강의 날 여교수님이 들어오자마자
          우리한테 뭐라 하신 줄 아세요?

기범   ?

효민   (또다시 또박또박) 페니스, 버자이너, 삽입, 구강 섹스, 항문 섹스.

기범   (놀라는 표정으로) ...

효민   그걸 3번 반복하시더니 이렇게 말씀하셨죠.

Insert-

여교수, 코, 입술만 보이고, 효민 목소리로 더빙.

효민(E)   이 강의실에선 이런 단어에 감정을 넣지도, 부끄러워하지도 마세
          요. 이건 사건을 묘사하기 위한 명사일 뿐입니다.

기범   ...

효민   ...

기범   제 생각이 좀 부족했네요.

효민   괜찮으시면 저랑도 얘기 나누실 수 있을까요?

기범   네, 그러시죠.

S#24. 율림 3번 회의실 (낮~저녁)

얘기를 주고받는 효민과 기범. 기범, 덤덤히 얘기하는 중. 효민, 집중해서 얘기

듣는 중.

효민, 기범의 얘기를 듣다 갑자기 놀란 표정. 그리고 기범이 뭐라 뭐라 말하면서 울고.

효민, 그 모습에 눈물 고이고.

S#25. 석훈 사무실 (아침)

석훈, 윗옷을 걸고 앉으려는데, 노크 소리.

석훈   네.

효민, 급하게 들어서며,

석훈   뭐죠?
효민   변호사님! 찾았어요! 한 방. 박기범 씨 정자 멸실 건!

석훈, 효민을 보는데.

S#26. 법원 외부 전경 (낮)

S#27. 법원 내부 전경 (낮)

S#28. 법원 안 (낮)

〈자막: 정자 멸실 사건 1차 변론 기일〉
피고석에 기범/석훈/진우, 앉아 있고. 원고석에 정우/성찬/소라, 앉아 있다.

판사 피고 대리인, 반소를 청구한다고요?

석훈 네, 그렇습니다. 원고는 피고의 정자를 선량한 관리자의 주의 의무에 따라 보관할 의무가 있었습니다. 하지만 원고의 선관주의 의무 위반으로 피고의 정자를 멸실시켰고 이에 따른 손해배상액으로 5억 원을...

하자, 바로 성찬이 티 나고 크게 콧방귀. 방청객, 웅성웅성.

판사 5억 원이요?

석훈 네, 5억 원을 청구합니다.

판사 원고대리인, 어떻습니까?

성찬 원고의 부주의로 정자가 멸실된 부분 인정합니다. 하지만 피고의 특수한 상황을 고려해도 위자료 많아야 일, 이천입니다. 그런데 피고가 반소로 5억 원을 청구하는 건 (석훈을 날카롭게 보며) 본 법정을 코미디 장으로 만들겠다는 개수작이 아니고서.

판사 (말 자르며, 카리스마 있게 성찬에게 눈빛 제압) 원고 대리인, 법원입니다.

성찬 (두 손을 모으며) 재판장님, 피고 측 주장 듣지 않으셨습니까? 청구 자체도 말이 안 되지만 5억 원이라는 금액도 터무니없고 타당하지 않습니다.

판사 피고가 반소로 5억 원을 청구하는 근거에 대해 더 부연해 보세요.

석훈 간단합니다. 임치계약에 따라 5억 원 가치의 물건을 보관하다 임치 기간 중 보관소의 귀책으로 그 물건이 멸실되었다면 보관소는 그 물건의 가액인 5억 원 상당의 손해배상 책임이 있습니다.

판사 그 말은 피고의 정자 가치가 5억 원이라고 주장하는 건가요?

석훈   네, 그렇습니다.

방청석, 웅성웅성.

판사   피고 대리인, 5억 원이라는 증거를 제시하세요.
석훈   네, 그러죠.

성찬, 콧방귀.

석훈   피고 박기범 씨에 대한 당사자신문을 신청합니다.

cut to
증인석에 앉아 있는 기범, 기범을 신문 중인 석훈.

석훈   피고는 왜 원고의 기물을 파손했죠?
기범   그건.. 제 정자가 상했다는 말에 억장이 무너져서. 정말이지.. 정
         말.. (울컥. 말을 잇지 못하고)
석훈   정자 상한 게 그렇게 상심이 큰일인가요? 정자는 계속 만들어질 수
         있잖아요.
기범   아니요. 저.. 불임입니다.

방청석, 술렁인다.

기범   제가 1년 전 고환암에 걸렸는데 병원에선 당장 수술받아야 한다고
         하더군요. 당시 의사 말론 수술하면 완치될 수 있지만, 불임이 될 수
         있다고.
석훈   그렇군요.
기범   그 얘기 들으니, 하늘이 노래지더군요. 제 아내, 그러니까 그때 당시

제 약혼자가 아이를 간절히, 정말 절실히 원했거든요.

석훈	부부가 아이를 원하는 건 당연하겠지만, 간절함을 강조하셨는데 뭔
	가 특별한 사정이 있나요?

기범	네.. 사실은..

하는데, 법정에 들어서는 한 여자. 바로 기범의 아내, 이예림(여, 32세).
〈*예림의 뒷모습만 보여지고, 예림의 앞모습 비춰지지 않는다.〉

기범	저기 지금 법정에 들어선 저 사람이 (예림을 가리키며) 제 아내입니다.

방청객 시선이 예림에게 쏠리고, 놀라서 웅성웅성.
성찬/소라/정우/판사, 역시 놀라고. 사람들, 놀라는 표정.
화면, 예림의 얼굴을 비추는데. 예림은 얼굴 전체와 온몸에 화상을 심하게 입
었다!!
〈*심하게 화상 입은 모습이 천천히 비춰진다.〉
사람들 시선에 예림, 부끄러운 듯 고개 푹 숙인다. 그러자 기범, 그런 예림을
의식한 듯,

기범	너무 예쁘고 소중한 제 아내.. 제 아내가 바로 저 사람입니다.

방청객, 웅성웅성.

판사	정숙하세요.

예림, 기범을 한 번 보다 석훈을 한 번 본다. 석훈, 예림을 본다.

#-1. 석훈 사무실 - 예림/석훈 회상

석훈, 일하고 있는데, 전화가 울리고. 석훈, 전화 받는다.

석훈   네, 윤석훈입니다.
기범(E) 변호사님.. 반소 취하하겠습니다. 개인파산을 하든, 감옥에 가든..
         그냥 알아서 하겠습니다.
석훈   ..무슨 일 있습니까?
기범(E) 예림이가.. 아무래도 예림이를 내세우는 게.. 나 살자고 예림이를
         구경거리 만드는 건 아닌 거 같아요.
석훈   (의자에 기대어 한숨. 그러다) 지금 어디십니까?

#-2. 예림/기범 집 안 - 예림/석훈 회상

기범   (문을 살며시 노크하며 부드러운 목소리로) 예림아, 잠깐이면 돼.
         먼 길 오셨는데.. 잠깐만 얘기하고 싶으시대.

방 안에 있는 예림이 아무 반응이 없자, 기범, 조용히 석훈을 바라보며 고개를
젓는다. 석훈, 이해한다는 듯 고개를 끄덕인다. 기범, 문 앞에 조용히 주저앉는
다. 잠시 후, 석훈도 기범 옆에 문에 등을 기대고 함께 앉는다.

석훈   예림 씨, 제 말 들리죠?
예림   (문에 기대어 앉아 숨죽이고 있다) ...
석훈   혹시 나서는 게 창피해서라면.. 진짜 창피한 건, 예림 씨 모습이 아
         닙니다.
기범   (석훈을 본다) ...
석훈   진짜 창피한 건.. 평생 다시 볼일도 없을 사람들 시선에 움츠러들
         고, 그 사람들이 배설하듯 내뱉는 말에 스스로를 가두는 겁니다.
예림   ...
석훈   사람들 시선.. 내뱉는 말들, 거기엔 아무런 의미도, 가치도, 책임도

없어요. 배설물 같은 소음일 뿐입니다. 겨우 그런 걸로 사랑하는 사
람을 혼자 싸우게 하지 마세요. 아무도 당신의 이야기를 대신해 줄
수 없습니다. 당신만이 할 수 있어요.

기범   …

예림   …

석훈   (일어선다) …

기범   (석훈이 일어서자 기범도 일어선다) ..

석훈   (기범을 보며 고개를 살짝 끄덕이다 가려는데) ..

그때 문을 열고 나오는 예림. 기범/석훈, 예림을 본다.
〈*회상 끝〉

예림/석훈, 짧지만 깊은, 신뢰의 눈빛 교환. 석훈, 예림을 보며 고개를 살짝 끄
덕인다.

cut to

기범   제 아내는 3년 전 불의의 사고로 얼굴과 몸에 심한 화상을 입었어
         요. 한창 결혼 얘기가 오갈 때 일어난 비극적인 사고였죠.

S#29. 몽타주 - 기범 회상

〈*기범의 내레이션에 맞춰 장면 비춰진다.〉

기범(N)   그때 당시 제 약혼녀였던 아내는 얼굴과 전신에 심한 화상을 입고
          많이 힘들어했어요.

#-1. 레스토랑 (저녁)

기범에게 프러포즈를 받고 좋아하는 예림. 행복한 기범과 예림.

#-2. 거리 (밤)

차 한 대 전복되어 있고. 그 안에 피 흘리며 기절해 있는 예림. 그때 차에 불이 붙고.

#-3. 세화 대학병원 응급실 (밤)

얼굴과 전신에 심하게 화상을 입은 예림을 급히 이송하는 중.

#-4. 예림 집 (낮)

화상을 입은 예림, 힘들어하는 모습.

#-5. 예림 집 앞 (낮)

자신을 찾아온 기범을 보자 숨어버리는 예림.
〈*마스크에 선글라스로 얼굴 안 보이게 꽁꽁 싸맸다.〉

예림을 찾아 헤매는 기범.

#-6. 예림 방 (밤)

예림, 수면제 과다 섭취로 자살 시도.

#-7. 세화 대학병원 입원실 (낮)

예림, 아무런 희망도 없는 표정으로 누워있고. 병원에서 우는 예림의 가족들.

#-8. 예림 집 (낮)

기범, 예림의 엄마에게 예림이 어디 있는지 묻고, 예림의 엄마가 대답을 안 해 주자 울고불고.

#-9. 시골 마을 (낮)

한적한 마을에서 예림을 발견한 기범. 도망가는 예림. 쫓아가는 기범. 도망가는 예림을 잡으며 울고불고 한바탕.

기범(N)   자신의 모습이 괴물 같아 견딜 수가 없다며 저랑 헤어지겠다 하고는 꼭꼭 숨어버렸어요. (울컥) 자살 시도도 하고, 하지만 전 저 사람을 놓을 수 없었어요. 제 눈엔 여전히 아름다운 내 사랑이었으니까요. 〈*회상 끝〉

S#30. 법정 안 (낮)

기범   전 제 아내를 놓치지 않으려 아주 끈질기게 따라다녔어요. 도망가면 다시 찾아가고, 또 찾아가고.. 그렇게 길고 긴 구애와 설득 끝에 결국 다시 만났죠.

S#31. 전망 좋은 카페 (낮)

〈*3년 전. 화면의 컬러감으로 과거임을 나타냄. S#7과 동일한 카페〉

산과 강이 보이는 경치 좋은 카페 전경이 비춰지고. 카페 안 테이블에 앉아 있는 예림/기범.

예림   (고개 푹 숙이고 있고) ..
기범   예림아..
예림   …
기범   예림아, 고개 들어.
예림   (여전히 고개 숙이고 있다) ..사람들이 쳐다보잖아.
기범   쳐다보면 좀 어때.
예림   나 좀 그냥 내버려 둬.
기범   이예림..
예림   …
기범   지금도 앞으로도 사람들은 널 쳐다볼 거야. 너 옆에 있는 나도. 그
         리곤 보겠지. 내가 널 어떤 눈빛으로 바라보는지. 그리고 부러워할
         거야. 자신들이 한 번도 누리지 못한, 그런 사랑 받고 있는 널.
예림   …
기범   그러니까 고개 당당히 들고 나 봐.
예림   (기범을 본다) …
기범   여기 아인슈페너 잘 만든대. 네가 유일하게 민감한 게 커피잖아. 아
         까 그 정신에도 인터넷을 얼마나 뒤졌나 몰라. 맛있는 데 데려가고
         싶어서.
예림   (미소 지으며) 응..

다정하고 애틋하게 서로를 바라보고 있는 예림/기범. 그런 기범/예림이 사르
륵 사라지며 그 자리에 앉아 있는 효민/성찬.
〈*3년이 지나 현재 시점임을 화면의 컬러감으로 나타냄〉

성찬   사랑하는 강효민아. 나와 결혼해 줄래?

효민   (피식 웃으며) 갑자기 뭐야..

성찬   ..때가 되었지.. 우리 나이도 있고.. 1년이나 만났는데.. 당연한 수
          순 아니야?

효민   (잠시 머뭇거리며) ...나 할 말 있어.

성찬   어? ..뭐야, 긴장되게. 뭔데?

효민   ... (말을 삼키며 망설이는 듯한 표정)

그때 마침 직원 1, 효민/성찬에게 다가가고.

직원1   주문하시겠어요?

효민   네, 따뜻한 홍차 주세요.

성찬   저도 홍차로, 따뜻하게요.

직원1   네.

직원 1, 주문서를 직원 2에게 건넨다. 직원 2, 티백 하나를 투명 컵에 넣고 뜨거
운 물을 붓는다. 효민의 내레이션과 함께 화면 가득 투명 컵에 티백이 우려지
는 게 비춰진다.

효민(N)   티백의 강도는 뜨거운 물에 담가봐야 안다. 눈으로 아무리 봐도 그
          티백의 강도는 알 수가 없다. 티백에 뜨거운 물을 붓는 순간 진한 오
          렌지빛이 뿜어 나오며 비로소 그 티백의 강도가 드러난다.

성찬   (홍차 한 모금 마시며) 그래서 하고 싶은 말이 뭔데.

효민   (홍차 한 모금 마시며) 나.. 외동 아니야.

성찬   어?

효민   일란성 쌍둥이 언니가 있어. 언니는 유전적으로 청각 장애를 가지
          고 태어났어.

성찬   (당황) ..농담.. 하는 거지?

효민   ..엄마는 3남 2녀고, 그중 이모랑 이모부가 청각 장애인이야. 언니

                                                    에스콰이어

는 이모한테 입양 보냈어. 5살 때. 건청인들 사이에서 자라는 것보다 이모가 키우는 게 낫다고 생각하셨나 봐.

#-1. 효민 집 내부 (저녁) - 효민 회상

효민의 父 강일찬(남, 그때 당시 36세)/효민의 母 최은희(여, 그때 당시 35세)/강일찬의 부모 강임환/서애숙이 거실에 앉아 얘기 중.

애숙	그래서 어떻게 할 거야?
은희	고민해 볼게요.
일찬	고민할 게 뭐가 있어? 청각 장애인이라고 버리기라도 하겠단 얘기야?
은희	무슨 말을 그렇게 해? 어머님 말씀도 일리가 있잖아. 언니네도 아이가 없으니, 입양을 간절히 바라고 있고, 건청인인 우리가 돌보는 것보다 언니네가 돌보는 게 나을 수 있잖아.
일찬	그러니까, 멀쩡한 효민이는 우리가 키우고, 장애가 있는 효주는 처형한테 버리겠다는 거잖아.
애숙	무슨 말을 그렇게 꼬아 들어? 효민이 또래보다 아이큐가 높아 천재 소리까지 듣고 있는데, 청각 장애가 있는 효주한테 모든 포커스가 맞춰지면 효민이 제대로 못 돌봐. 효민이 그저 그런 애로 키울 거면 내가 키우마.
일찬	어머니.
애숙	너네 알지? 나 장애인들 위해 봉사도 많이 하고 기부도 많이 해. 장애인에 대한 기본적인 리스펙트도 있고 동정심도 있어. 그렇지만 막상 내 가족 일이 되면 얘긴 달라지는 거야. (임환에게) 안 그래요?
임환	그래. 네 엄마 말도 맞는 말이야. 효주에게도 그게 더 나을 수 있고. 당장 효주 수화는 어떻게 가르칠 거고, 기본 생활에 필요한 것들, 건청인인 너희가 은희 언니네보다 더 잘 가르칠 수 있어?

어른들 이야기를 듣고 있는 5살 효민.

cut to

| 일찬 | 당신 엄마 맞어? |

일찬   당신 엄마 맞어?

은희   나한테 다 뒤집어씌우지 마. 난 우리 모두에게 최선의 선택을 하려는 것뿐이야.

일찬   양육을 포기하는 게 최선의 선택이라는 거야?

은희   효민이 영재인 거 당신도 알잖아. 선택과 집중이 필요해. 그리고 당신 내 커리어는 생각해봤어? 우리 둘 다 똑같이 고생해서 여기까지 왔는데.. 효주 키우면 둘 중 하나는 커리어 포기해야 돼. 당신이 포기할 거야? 당신 집에서 그걸 가만히 보고나 있고?

〈*1화 S#4-1과 이어지는 동일한 씬〉

5살 효민, 후다닥 방으로 뛰어가는데.. 5살 효주의 손을 낚아채 서재로 간다. 효민이 효주를 꼭 끌어안고, 어두운 서재로 조용히 들어가 구석에 숨는다. 효민은 효주에게 '쉿..' 조용히 하라고 제스처를 취하고. 책상 위 가위를 발견하고, 자신의 머리카락을 마구 자르기 시작한다. 그리고 나서 효주의 머리를 마구 자르는데. 효주는 청각 장애와 언어 장애가 있어 어떤 말도 소리를 내지 못하고 있고. 놀란 효주가 발버둥 치자 효민은 가위에 살짝 베인다. 피가 나지만 밖으로 소리가 들릴까 아파도 소리 못 내는 효민. 그때 효주가 후다닥 도망치고. 효민, 효주를 따라가는데. 그때 일찬이 효주를 들어 올리고. 은희가 효민을 들어 올리는데. 효민, 울며 난리 피우고. 효주는 가만히 붙들려 있다.

〈**회상 끝**〉

효민   나랑 언니가 정말 똑같이 생겨서, 엄마 아빠가 가끔 헷갈릴 때도 있었거든.

성찬   ..

효민   그나마 차이점이라면 난 앞머리가 있는 짧은 단발이었고, 언니는

앞머리 없이 중단발이었는데.. 아마도 엄마 아빠가 우리 헷갈리지
않으려고 머리 스타일을 그렇게 다르게 했던 것 같아.

성찬   ...

효민   그때 문득 언니랑 내가 머리 스타일이 같으면 구분이 힘들어서 언
니를 다른 데에 못 보내겠지 싶었나 봐. (약간 웃음) 그래서 언니랑
내 머리를 그렇게 마구잡이로 잘랐던 것 같아.

성찬   (차가운 말투) 정리해 보면, 너랑 일란성 쌍둥이 언니가 유전력으로
청각 장애가 있고 청각 장애가 있는 이모네로 입양되었다? 그리고
넌 그 사실을 지금에서야 나한테 얘기하는 거고?

효민   ..일부러 숨기려던 건 아니고.. 그냥, 말할 타이밍을 놓쳤어.

성찬   (한숨 쉬며) 생각을 좀 해보자.

효민   ...생각?

성찬   (짜증 섞인 말투) 나도 새로운 정보를 받아들이려면 시간이 필요하
잖아.

효민   (살짝 당황하다가, 이내 담담하게) 그래.

성찬   (시계 보면서) 차 막히기 전에 가자.

효민   ...

성찬   저녁은 다음에 먹자. 일이 밀려서.

효민   (차갑게) 그래 그럼.

효민(N)   사랑도 마찬가지다. 사랑의 강도는 뜨거운 물에 담가봐야 안다.

S#32. 법정 안 (낮)

예림, 눈에 눈물이 고여있고, 기범을 애틋하게 본다.
효민, 그런 예림을 본다.

기범   그렇게 절절한 구애 끝에 다시 결혼 얘기 오고 갔어요.

효민, 성찬을 보는데. 성찬, 효민과 눈이 마주치고, 눈을 피한다.

S#33. 몽타주 - 기범 회상

〈*기범의 내레이션에 맞춰 장면 비춰진다.〉

#-1. 드레스숍 (낮)

기범(N)　　하지만 결혼 준비를 하며 드레스를 입어볼 때도 저 사람은 거울 보
　　　　　는 것조차 힘들어했죠. 그런데...

예림, 드레스를 입어보지만, 아무에게도 보여주고 싶지 않아 커튼 밖으로 못
나온다.
그런 예림이 안쓰러운 기범.
결국 기범에게 드레스 입은 모습을 보여주기 싫다며 옷을 갈아입고 나와버리
는 예림.
기범, 그런 예림이 안쓰럽다.

#-2. 햇볕산부인과 병원 (낮)

기범(N)　　그런 아내가 점점 나아지기 시작했어요. 아마도 서연이, 그러니까
　　　　　제 아내 여동생의 딸이 태어나고부터인 거 같아요. 여동생을 꼭 닮
　　　　　은 서연이를 보며 자신도 화상 입기 전 자신의 모습과 꼭 닮은 딸을
　　　　　낳을 수 있다는 기대감으로 하루하루 버텨내더라고요.

예림의 동생, 예진이 딸을 낳았다.
서연이를 보며 신기해하고 행복해하는 예림.

#-3. 예림 집 (낮)

아기를 보며 환하게 웃는 예림.

〈*회상 끝〉

S#34. 법원 내부 (낮)

판사, 법원 내 사람들, 이미 기범의 이야기에 푹 빠져있고. 예림은 눈물만 뚝
뚝. 방청석 사람들 몇몇도 눈물을 훔친다. 표정 안 좋은 정우/성찬.

기범 그렇게 밝아지기 시작했어요. 그랬는데... 결혼식 한 달 전에 고환
    암 판정을 받았습니다. 바로 수술하지 않으면 위험하다고 하더군
    요. 수술하면 완치될 순 있는데 불임이 될 수도 있다고..

방청객 중 일부, 탄식..

기범 아내가 아이를 얼마나 절실히 원했는지 알았기 때문에 너무 절망스
    러웠어요. 그런데 아내는 오히려 덤덤하더라고요. 요새 기술이 좋
    아져서 정자 맡겨 놓고 수술받으면 된다고.

S#35. 몽타주 - 기범 회상

#-1. 서울 도시 한복판 (낮)

호선 병원의 화려한 광고가 대규모 전광판에 비춰지고.

#-2. 호선 병원 전경 (낮)

최고의 IVF 병원임을 알리는 광고, 표지판들 비춰지고,
유명 원장들의 사진과 함께 광고 문구가 적힌 큰 현수막 등이 보인다.

기범(N)　　우리는 이 분야에선 최고라 광고해대는 호선 병원을 찾아갔어요.

#-3. 호선 병원 안 (낮)

상담 실장에게 상담받고 있는 기범과 예림.
상담 실장, 컴퓨터 3D로 보존 클리닉 기기를 보여주는 등.

기범(N)　　상담 실장님도 전문적으로 설명도 잘해주시고, 무엇보다 보존 클리
　　　　　닉이 세계 제일이라고 했죠.. 설명을 들으니 '여기다' 싶었어요. 더
　　　　　이상 망설일 필요도 없었죠. 그래서 그날 바로 결정했어요.

cut to

기범, 정자 채취, 보존 등 cut, cut으로 보여지는.

cut to

호선 병원 사람들에게 잘 부탁드린다며 굽신거리는 기범과 예림.

기범(N)　　우리의 간절하고 절실한 마음만큼 호선 병원도 명성에 맞게 잘 맡
　　　　　아 줄 거라 굳게 믿었어요.

#-4. 성림 병원 수술실 (낮)

기범, 가족들 배웅을 받으며 고환암 치료하러 수술실 들어가고..

기범(N)   그렇게 정자를 맡겨 놓으니, 조금이나마 편한 마음으로 수술실에
          들어갈 수 있었어요.. 그리곤..

#-5. 성림 병원 입원실 (낮)

진찰 도는 의사들. 긴장한 표정으로 누워있는 기범. 그 옆의 기범 가족들과 예림.

담당의   (차트를 보며) 수술이 아주 잘 됐어요.

안도하며 기뻐하는 기범과 가족들.

담당의   ...하지만...

하며 (과거의) 기범의 표정 C.U. 표정 어두워진다.

기범(N)   하지만 우려했던 대로.. 전.. 불임이 됐습니다. 그래도 예림이랑 전
          크게 낙담하지 않았어요. 우리에겐 맡겨 놓은 정자가 있으니까요.
          그랬는데.. 그랬는데...
          〈*회상 끝〉

S#36. 법정 안 (낮)

석훈   정자가 상했죠. 원고의 관리상의 부주의로.
기범   네..

방청석 사람들, 웅성웅성.

기범　억장이 무너졌죠. 아니, 무서웠습니다. 정말 무서웠습니다. 내 사랑하는 아내가, 자기 닮은 아이 낳겠다는 희망 하나로 이를 악물고 버티는 제 아내가, 다시, 또다시 삶의 의지를 잃을까 봐 너무 무서웠어요. 근데 병원은 그런 우리에게 사과는커녕...

#-1. 호선 병원 (낮) - 기범 회상

실장　다시 시술해 드린다잖아요. 전액 무료로 진행해 드린다구요.
기범　뭐라구요? 지금 그걸 말이라고 해요?! 불임 됐다고요, 불임!!
실장　그게 우리 잘못은 아니잖아요.
기범　이것 보세요!
실장　더 이상 소란스럽게 하지 말아주세요.
기범　와, 진짜 미쳤네, 이 사람들.
실장　(리셉션에게) 경비원 불러주세요.
예림　(속삭이듯) 그냥 가자..
기범(N)　지들끼리 쑥덕거리더군요.

화난 기범을 말리며 가자는 예림.
기범, 예림을 봐서 참으며 돌아서려는데,
간호사들 쑥덕거리는 소리가 들린다.

간호사1　근데 저 얼굴에 뭔 애를 낳겠다고. 애도 괴물로 나오는 거 아냐?
간호사2　으이그, 무식하긴. 처음부터 저랬겠어? 사고 나서 화상 입었다던데.
간호사1　아, 그럼 애는 멀쩡해?
간호사2　그렇겠지. 그래도 지 엄마가 저런 괴물인데 차라리 잘됐지 뭐.
　　　　〈*회상 끝〉

S#37. 법정 안 (낮)

방청객 일동, 웅성웅성. 굳은 표정의 성찬/정우.

기범　그 얘기를 들은 제 아내는.. (울컥) 다시 세상으로부터 숨기 시작했습니다. (눈물 흐르고)

석훈　그렇군요. 그래서 난동을 피웠던 거군요.

기범　네..

방청석에 앉아 있는 황 기자. 열심히 기사를 적고.

정우　(성찬에게 속삭이며) 저기 한상신문사 황 기자 아니에요?

성찬　...

정우　(속삭이듯) 아 미치겠네..

성찬, 표정 안 좋고.

cut to

석훈　민법 제393조에 따르면 채무불이행으로 인한 손해배상은 통상손해가 원칙이지만, 채무자가 특별한 사정을 알았거나 알 수 있었을 경우 특별손해도 배상해야 한다고 되어있습니다.
이 사건에서 피고는 아내의 화상, 불임 가능성, 마지막 정자가 될 수 있는 사정을 원고에게 여러 차례 사전 고지했습니다. 따라서 원고는 보관 의무 불이행이 피고에게 중대한 손해를 초래할 것을 충분히 예측할 수 있었으며, 이로 인해 통상손해가 아닌 특별손해로 배상해야 합니다.

황 기자, 열심히 기사 쓰고 있고.

정우   (속삭이며) 이제 어떡해요? 이거 기사 나가면 이미지 타격 올 텐데.

성찬   (속삭이며) 5억은 불가능해요.

정우   (속삭이며) 내가 지금 그거 걱정하는 거로 보여요? 아까 와이프 얼
        굴 못 봤어요? 충분한 뉴스거리라고요. 가뜩이나 여론 안 좋은데 이
        런 것까지 겹치면 의료 복합단지 추진에 차질 생길 수도 있습니다.
        그럼, 그 손해가 몇백억이에요.

성찬, 표정 안 좋다.

석훈   한 사람의 삶의 희망을 앗아간 손해. 부모가 될 유일한 기회를 앗아
        간 손해. 그 손해에 가격을 측정해야 한다면 얼마가 돼야 할까요? 5억
        원? 그거면 충분할까요? 피고가 원하는 5억 원이 그들이 입은 손해와
        견주어 볼 때 아직도 큰 금액이라고 느껴지시나요?

정우   (성찬에게 속삭이며) 하.. 빈대 잡으려고 초가삼간 태우겠네. 소송
        당장 중단시키세요.

성찬   ... (일어서서) 재판장님, 잠시 휴정을 요청하는 바입니다.

효민, 뿌듯한 표정으로 성찬을 보고. 성찬, 효민과 눈 마주치고 스트레스받은
표정.
효민, 그런 성찬을 보다 석훈을 보고 살며시 미소. 석훈, 효민을 보고 회상.

#-1. 석훈 사무실 (아침) - 회상

S#25에 이어
석훈, 윗옷을 걸고 앉으려는데, 노크 소리.

석훈   네.

효민, 급하게 들어서며,

석훈   뭐죠?
효민   변호사님! 찾았어요! 한 방. 박기범 씨 정자 멸실 건!

석훈, 효민을 보는데.

cut to
석훈/진우/효민/국현, 앉아 있고.

진우   근데 과실로 정자가 멸실되고 아내분 화상으로 특별손해를 인정받
         는다 해도 5억 원은 무리 아닌가요?
석훈   무리 아닙니다. 링 안에선 힘이 없지만 링 밖에선 뉴스 가치가 곧 권
         력이니까요.

진우/효민/국현, 석훈을 보는데.

석훈   상대는 여론에 민감합니다. 처음부터 우리의 목표는 법원 판결이
         아니었어요. 협상력을 키우는 거였습니다.

진우, '아..' 눈빛으로 통한 듯. 바로 어디론가 전화한다.

진우   황 기자님, 저 율림의 이진우 변호사입니다. 네, 오래간만에 인사드
         려요. 다름이 아니라 제가 호선 병원 상대로 개인 소송 하는데 내용
         이 흥미로워서...
         〈*회상 끝〉

S#38. 법원 앞 (낮)

성찬, 다가온다.

성찬　　(석훈에게) 저랑 얘기 좀 하시죠.

cut to

성찬/석훈, 서 있고.

성찬　　한상신문사 황 기자, 그쪽 패인가요?

석훈　　네. 그쪽 클라이언트, 의료 복합타운 조성하겠다고 몇백억 넘게 쏟아부었는데 지금 여론 분위기 안 좋잖아요. 이 분위기엔 기름 한 방울이면 충분하죠. 초가삼간 태우기.

성찬　　(한숨) 합의하시죠.

석훈　　조건은?

성찬　　어떠한 언론에도 본 사건이 보도돼서는 안 됩니다. 피고는 이 시간 이후, 그 누구한테도 본 사건에 대해 언급해선 안 됩니다. 그 조건으로 대가 없이 모든 민·형사 소송 취하해 드리죠.

석훈　　받아들이죠. 단, 호선에서 박기범 씨에게 배상금 1억 원을 지급해야 하는 조건입니다.

성찬　　그게 말이 됩니까?

석훈　　(피식) 그럼 소송 계속 진행하시죠.

성찬　　상계시키고 1억 받으려면 손해가 5억으로 인정되어야 하는데, 아시잖아요, 불가능한 거.

석훈　　소송은 승패와 상관없이 덜 다치는 사람이 이기는 겁니다.

성찬　　…

석훈　　그럼. (하고 돌아서는데)

　　　　　　　　　　　　　　　　에스콰이어

약이 바짝 오른 성찬. 그 모습을 조금 떨어진 곳에서 지켜보고 있는 진우/효민

진우   (속삭이듯) 하나, 둘, 셋.
성찬   좋습니다, 받아들이죠.

석훈, 돌아선다.

성찬   (표정 불만 가득) 황 기자는 잘 처리되는 겁니까? 대신 줄 기삿거리
         는 있어요?
석훈   그런 것도 없이 패로 들고나왔을까 봐요.
성찬   합의서 작성해 보내드릴게요. 3일 이내에 서명하지 않으면 제안은
         무효입니다.
석훈   그러죠. (하고는 돌아서 앞으로 걷는다)

cut to

효민, 기다리고 있는 기범/예림에게 다가가 뭐라 얘기하는데..

기범, 너무 기쁜 듯, 예림을 번쩍 안아 올리고. 기범, 효민에게 연신 감사하다
는 인사.

효민, 미소. 그런 효민을 보는 석훈. 그때 어두운 표정으로 법원을 떠나는 성
찬/정우/소라. 효민, 성찬을 응시하는데. 성찬, 효민을 차가운 표정으로 슥 보
다 앞으로 걸어간다.

S#39. 율림 외부 전경 (오후)

S#40. 율림 내부 전경 (오후)

S#41. 율림 진우 사무실 안/밖 (오후)

진우, 책상에 앉아 있고, 나동수가 진우 앞에 서 있다.

진우   뭐라고?

동수   아직 내용 파악 중이라 서면 못 썼다고요.

진우   아니, 3일이나 지났는데, 오늘이 기한이었잖아요.

동수   아니, 기한은 변호사님이 일방적으로 정하신 거고, 애초에 무리 있는 기한이죠.

진우   이거 1년 차가 해도 반나절이면 서면 나오는 건이에요.

동수   내용 자세히 들여다보니 복잡해서.. 좀 시간이 걸려요.

진우   뭐가 복잡한지 설명해 보세요.

동수   일일이 다 기억하진 못하죠.

진우   주요 사안이 뭔데요?

동수   자료를 봐야 알죠.

진우   봤다면서요.

동수   네. 봤는데 자료가 눈앞에 없으니, 기억이 안 난다고요.

진우   나랑 말장난합니까?!

동수   왜 소리를 지르시죠? 이거 직장 내 괴롭힘입니다.

진우   뭐요?

그때 등장하는 도윤.

도윤   뭐야?

진우/동수, 도윤에게 정중히 인사.

진우   아니, 제가 간단한 사건 서면 작성해달라 요청했는데 기한을 못 맞쳐서..

도윤   그래서?

진우   아니 그렇게 어려운 건도 아니고, 반나절이면 할 수 있는 일을 3일
          이 지났는데 아직 주요 내용도 파악이 안 돼서.

도윤   (못마땅한 듯 목에 힘주며) 그. 래. 서? (어쩌라고)

진우   네?

도윤   니가 뭔데 남의 어쏘한테 일 시키고 목소리를 높여?

동수, 쌤통이란 표정.

진우   아니, 여기가 무료 쉼터도 아니고, 월급 루팡질 하는 꼴이

동수   (말 자르며) 뭐라고요? 월급 루팡질?

도윤   (당황) 이.. 이.. 말하는 거 보소.

그때 석훈 등장.

석훈   (도윤에게) 뭡니까?

도윤   (석훈이 등장하자 움찔. 그러다) 아니 왜 남의 어쏘한테 일을 시킵
          니까? 윤 변호사님이 그래도 된다고 했습니까?

석훈   네. 어쏘 타임 부족하면 다른 팀과 어쏘 공유 가능합니다.

도윤   누가 그럽니까?

석훈   유관 위원회 결정 사항입니다.

도윤   (당황) ..

진우   (혼잣말하듯) 맨날 골프 친다고 나가 있으니 그런 것도 모르지.

도윤, 진우를 째려보는데. 진우, 딴청.

도윤   타임 부족하게 나온 어쏘한텐 이래도 된답니까?

석훈   네. 월급 루팡의 기생을 더는 방조할 수 없으니까요.

그때 밖의 어쏘들, 집중, 수군수군. 그중에 효민/국현도 있다.
진우, 미소가 새어 나오고.

동수   (움찔) ..
도윤   (당황) 이진우랑 짰어요? 누구더러 월급 루팡이라고 모욕질입니까?
석훈   홍 변호사의 이런 행태가 저런 기생충이 서식하기 좋은 환경을 만
          들어 내고 있는 겁니다.

도윤/동수, 당황.

석훈   그 부조리함의 썩은내가 여기까지 진동을 하니 행여나 우리 어쏘들
          한테 썩은내가 밸까 봐.
도윤   뭐요? 말 다 했습니까? 나동수가 뉘 집 자식인 줄 알고 이렇게 함부
          로 말해요? 뒷감당 어떻게 하시려고.
석훈   (피식) 영업은 업무 능력으로 좀 합시다. 월급 도적 떼들 회사에 들
          이지 마시고.

고태섭(44세, 파트너 변호사)과 희철, 등장.

태섭   (불만 가득한 목소리로) 윤석훈이..

일동, 태섭에게 시선 쏠리고. 도윤/동수, 태섭 등장에 기세등등. 태섭 뒤에 가
서 서는데.

태섭   너 같은 딱새가 우리 같은 찍새의 마음을 어떻게 헤아리겠어?

화면, 사태를 지켜보고 있는 문밖의 효민/국현을 비추고.

효민	누구야?

효민　누구야?

국현　고태섭? 너 몰라? 네임드 파트너 아들이잖아.

효민　네임드 누구?

국현　율림 영문 명칭이 뭐야?

효민　Shin, Ko&Kim(신, 코 앤 킴).

국현　거기 'Ko'의 고 대표님 아들.

효민　아, 고승철 대표님. 근데 찍새 딱새가 뭐야?

국현　찍새는 사건 수임하는 변호사. 즉, 사건을 따오는 영업 변호사. 딱새는 수행하는 사람. 즉, 따온 사건을 처리하는 변호사.

효민　아..

화면, 태섭을 비추고.

태섭　그러니까 넌 평생 딱새나 하는 거야. (동수의 어깨를 툭 치며) 우리나 변호사처럼 훌륭한 집안의 자제분들은 그냥 존재 자체로 인정해주는 거야.

석훈　찍새가 그런 의미였군요. 수행 능력 보고 찾아온 고객사한테 동네 양아치마냥 거기 누구 안다는 이유로 숟가락 얹고, 월급 도적놈들 들여온 대가로 일 받아오고?

희철/태섭/도윤, 동시에 발끈하며 희철은 "말 다했어?", 태섭은 "윤석훈!", 도윤은 "윤 변호사님!"

석훈　발끈하지 마시죠. 인정하는 거니까.

희철　정말 보자 보자 하니까

태섭　(희철을 막아서며) 실력이 권력인 것 같지? 실력 좀 있다고 뻐기지

마. 그거 니가 생각하는 것만큼 대단한 거 아냐. 그러다 니 사수꼴 나. 니 사수처럼 저~기 중소기업 사변으로 파견 보내줘?

석훈   (피식) 듣는 사람이 많네요. 공식적으로 인정하는 겁니까?

태섭   뭐?

석훈   (목소리 낮추며) 선배의 모략질로 권나연 변호사님이 중소기엽 사변으로 내쳐진 거, 인정하는 거냐고요?

태섭   (당황, 그제야 주변을 인식한 듯 기침) ..

화면, 석훈/태섭의 날 선 표정 비추고.

효민   권나연 변호사님이면 재작년에 법무 대상 받으신?

국현   응. "권. 나. 연." 이름 자체가 브랜드지. 승소하기 어려운 케이스만 맡는데도 승소율이 높아서 별도 영업 없이도 송무 의뢰가 끊이질 않았지. 그 일이 있기까지.

효민   응? 무슨 일?

S#42. 율림 복도 (오후)

태섭/희철/도윤, 앞으로 걸어가며.

희철   아이 싸가지 없는 놈.

도윤   (태섭에게) 아, 저래도 윤석훈 가만히 두실 겁니까?

태섭   ..아니. 가만둘 순 없지. 내 뒤에 누가 있는지 보여줄 테니.

희철/도윤, 회심의 미소를 지으며 끄덕끄덕.

S#43. 율림 석훈 사무실 (오후)

석훈, 짜증이 나는 듯 넥타이를 아래로 내리며 회상.

#-1. 율림 나연 사무실 (낮) - 석훈 회상

나연, 기자와 인터뷰 중. 나연의 인터뷰를 지켜보고 있는 석훈.

기자　　한수해양을 대리해서 세계적인 에너지 기업 모빌러를 상대로 국제
　　　　중재를 맡으셨는데, 요즘 다국적 계약에서는 소송보다 중재로 해결
　　　　하는 경우가 많잖아요. 이유가 뭘까요?

나연　　회사 간 계약에서 중재를 선호하는 이유는 소송처럼 공개되지 않
　　　　고, 처리 속도도 더 빠르고 절차도 유연하거든요. 국제적으로도 적
　　　　용되기 쉽고, 판정이 확정적이라는 장점도 있고요.

기자와 나연의 인터뷰를 지켜보는 석훈에게 지웅이 급하게 다가가 귓속말을
하는데. 석훈, 표정 심상치 않고. 나연, 기자를 보다 그런 지웅/석훈을 보는데.
〈*회상 끝〉

석훈, 의자에 기대어 깊은 생각에 잠겨 있다.

S#44. 율림 내부 사무공간 (저녁)

열심히 일하고 있는 효민. 그때 울리는 전화. 전화를 확인하는데, '설아'다.

효민　　（전화를 받으며) 나 지금 일하느라 정신없는데.

설아(E)　　（말 자르며) 아니, 내 친구가 선을 보는데, 상대가 변호사래. 나한테

너 같이 사는 절친이 변호사니까 평판 좀 알아봐 달라고 하더라고.

효민　아 그래? 급한 일 끝나고 알아봐 줄게. 이름이?

설아(E)　아니 그게..

효민　빨리 얘기해. 나 급하게 마무리해야 하는 업무가

설아(E)　(말 자르며) 리앤서에 한성찬 변호사..

효민　어?

설아(E)　상대가 한성찬이라고.

효민　…

S#45. 고급 레스토랑 앞/택시 안 (저녁)

고급 레스토랑 앞에 택시가 멈춰 있다.
효민, 택시 안 뒷좌석에 앉아 있고, 피곤한 듯 뒤로 기대어 눈을 감는다. 그러다 눈을 뜨며 몸을 바로 세운다.

효민　(혼잣말) 그래서 뭐.. 세상 귀찮다.. (기사에게) 기사님, 왔던 데로 다시 가주세요.

기사　네.

택시가 움직이려는 찰나, 효민이 창밖을 본다. 그때, 고급 레스토랑에서 성찬이 여자 1(20대 후반)과 즐겁게 대화하며 나오는 모습이 보인다.

효민　(기사에게) 잠시만요.

기사　네.

cut to

성찬, 여자 1과 웃으며 대화를 나누고 있는데, 누군가 성찬의 등을 살짝 툭 건

드린다. 뒤돌아보니 효민이 서 있다. 효민, 성찬 앞에서 수화를 시작한다.

효민(수화) "'사랑'이라는 단어에도 저작권이 있었으면 좋겠어. 너 같은 사람이
함부로 사용할 수 없게."

성찬, 놀란 표정으로 효민을 보고. 여자 1, 당황한 표정으로 성찬/효민을 번갈
아 본다.
효민, 뒤돌아 걸어가는데. 성찬, 급히 효민의 팔을 붙든다.

성찬 (효민의 팔을 붙들며) 잠깐 얘기 좀 해.
효민 (어디 함부로 붙드냐는 표정으로 성찬을 차갑게 응시하고) ..
성찬 (그 차가운 눈빛에 얼어붙어 효민을 붙들었던 손을 슬며시 내려놓
는다) ..

효민, 단호한 걸음으로 앞으로 걸어간다.

여자1 (의아한 표정으로 성찬에게) 뭐예요? 저 청각 장애인은? 아는 사람
이에요?

성찬, 멀어져가는 효민을 바라본다.

S#46. 율림 탕비실 (저녁)

효민, 뜨거운 물을 끓이며 생각에 잠겨 있다. 그때 석훈이 들어온다. 석훈, 티
백 하나를 컵에 넣는다. 마침, 물이 다 끓어 전기포트의 스위치가 딸깍 소리를
내며 꺼지지만, 효민은 여전히 멍하니 생각에 잠긴 상태로 석훈이 들어온 것조
차 알아차리지 못한다.

석훈   물 좀 쓸게요.

효민   (멍한 상태에서 깨어나며) 에?

석훈   물 좀 쓴다고요.

효민   (정신이 들며 비켜서며) 아, 네.

석훈   (효민을 잠시 살펴보며) 왜 이 시간에.. 급한 업무 있어요?

효민   아, 삼문건설 부당이득금 사건 서면이 내일 아침까지여서요.

석훈   차 한 잔 줘요?

효민   (약간 놀란 듯) 아.. 네.. 감사합니다.

cut to

화면 가득, 티백 하나를 투명 컵에 넣고 뜨거운 물을 붓자, 투명 컵에 티백이
우려지는 것이 비춰진다. 효민/석훈, 테이블에 앉아 티를 마시며.

효민   박기범 씨..

석훈   ...

효민   멋있는 남자예요.. 둘이 오래오래 행복하게 잘 살았음 좋겠어요.

석훈, 끄덕.

효민   변호사님은 그 상황이면 어떨 거 같아요?

석훈   ?

효민   박기범 씨 와이프..

석훈   ...내 여자가 얼굴이랑 몸 전체에 화상을 입으면 어떨 거 같냐고요?

효민   (끄덕이며) 네.

석훈   미치지. 안타까워서.

효민   외면할까요?

석훈   ...

효민   ...원래 내가 사랑했던 모습이나 조건이 변하면 사랑도 변하니까.

석훈	진짜 그렇게 생각해요?
효민	아니길 바라지만.. 이해는 해요.
석훈	아니라고 말해주고 싶은데 나도 몰라요. 실제로 그런 극한 상황에 맞닥뜨려야 알 수 있는 것들이 있으니까. 근데 내가 사랑하는 사람이 극한 상황에 처해있을 때 그 사람을 외면하는 건 사랑이고 나발이고.. 그냥 의리 없는 새끼예요.
효민	(속 시원한 말에 웃으며) 그렇네요..
석훈	(뭐가 웃기지? 하는 듯 효민을 보다) 마무리하고 들어가세요. (하고 일어서고)
효민	아, 네. 차 잘 마셨습니다.
석훈	(그러다 돌아서 효민에게) 박기범 씨 사건.
효민	네.
석훈	잘했어요.
효민	네.. (얼굴에서 미소 번지고)

하자, 화면, 홍차가 반 정도 남아있는 컵 두 잔이 화면 가득 비춰지고.

-2화 끝-

3화 | 나비고치

S#1. 11년 전, 효민 방 (낮)

(17세, 고등학생) 효민, 창문 앞에 웅크리고 앉아 창밖을 멍..하니 바라보고 있고.

은희   (방문을 두들기며) 효민아, 문 좀 열어봐. 엄마 죽는 꼴 보고 싶어서
           그래? 효민아!!

고등학생 효민, 아무 생각 없이 멍...하니 있는데 그때 나비 한 마리가 방 안으
로 들어온다. 화면, 나비를 비추며 효민의 내레이션.

효민(N)   한 아이가 나비고치를 발견하고 아주 정성스럽게 돌봐줬다. 그러던
           어느 날, 나비가 고치에서 나오려 힘겹게 몸부림치기 시작했다.

고등학생 효민, 손가락을 뻗자, 나비, 효민의 손가락에 살포시 앉는다.

효민(N)   아이는 안쓰러운 마음으로 나비를 바라봤다. 그렇게 고통스럽게 반
           나절을 버둥거리던 나비는 절반쯤 몸을 내밀었지만 기진맥진했는

지 더 이상 움직이지 않았다.

나비, 효민의 손가락에서 날아가 버리고, 그런 나비를 멍..하니 바라보고 있는
효민.

효민(N)   아이는 보다 못해 고치의 틈을 칼로 살짝 찢어 주었다. 그러자 나비
        는 완전히 빠져나와 날개를 파르르 떨었다. 이제 곧 창공을 날아오
        를 것만 같았다.
은희   (방문을 두들기며) 엄마가 어떻게 해줄까? 효민아!
효민(N)   하지만 얼마 못 가 파르르 떨던 나비는 창공 한번 누비지도 못하고
        죽고 말았다.

S#2. 늘편안정신과 진료실

심각한 표정의 은희. 그 옆에 멍..하니 앉아 있는 고등학생 효민.

의사   심인성 난독증입니다. 전환장애 또는 스트레스성 인지장애로 볼 수
        있습니다.
은희   네, 그게 무슨..
의사   지속적인 학업 스트레스와 과부하로 인해 뇌의 시각 정보 처리 기
        능이 일시적으로 저하된 상태입니다.
은희   우리 아이 영재 교육받아 2년이나 월반했어요. 천재 소리 듣는 아이
        라고요.
의사   지적 능력과는 상관없이 이런 후천적 난독증은 보통 상당한 압박감
        과 심한 스트레스의 영향으로 발병되는데...

멍..하니 앉아 있는 고등학생 효민.. 그때, 창문 틈 사이로 나비가 날아 들어오

고 효민, 그 나비를 멍..하니 본다. 화면, 나비를 비추며 효민 내레이션.

효민(N)　　　아이는 죽은 나비를 손바닥 위에 올려놓고 울기 시작했다. 원래 나
비는 고치를 빠져나오며 고통스레 몸부림쳐야 몸속 수분이 날개로
퍼져 가벼운 몸과 튼튼한 날개를 가질 수 있는데, 아이는 그걸 몰랐
던 거다.

나비, 다시 창문 밖으로 나가 훨훨 나는 장면에서 서정적인 음악과 함께 타이
틀 In.

나비고치

S#3. 식당 (낮)

택배 기사들이 삼삼오오 테이블에 앉아 점심을 먹고 있다. 그중 김덕호(남, 51
세, 택배 기사)도 있다.

S#4. 식당 앞 (낮)

덕호, 기사 1/기사 2와 함께 일회용 종이컵에 담긴 믹스 커피 마시는 중.

덕호　　　(한 모금) 아이 좋다.
기사1　　　이거 마셔봐. (하며 종이컵을 건네고)
덕호　　　(받아 한 모금) 맛이 특이하네.
기사1　　　들어는 봤나, 아이리시 커피.
덕호　　　그게 뭐여. 맛은 있네. (하고 마저 다 마신다) 나 이제 가볼게.

하고 급히 자리를 뜨는 덕호.

기사1   그려, 퇴근 잘하시게.

기사2   (덕호를 보며) 내일 보자고. (기사 1에게) 근데 아이리시 커피가 뭐
        대?

기사1   딸내미가 지난번에 고~급진 데서 사준 커핀데 커피에 위스키 넣어
        서 아~주 기가 막히더라고. 그게 별건가 싶어서 믹스 커피에 술 좀
        타봤는데 얼추 맛이 나는구만.

기사2   그래? 나도 한 잔 타 줘 봐.

퇴근길의 덕호를 잡는 기사 3.

기사3   (덕호에게) 덕호 씨, 덕호 씨, 퇴근혀?

덕호   네.

기사3   아, 내가 급한 일이 생겨서 오늘 맡은 구역 배달이 몇 건 남았는데,
        대신 좀 해줄 수 있을까?

S#5. 택배 배송 용달차 안 (낮)

덕호, 점심 먹고 나니 졸리다. 꾸벅꾸벅 졸음운전 중.
〈*고급 빌라를 양옆에 끼고 있는 도로를 운전 중. 민식이법 어린이보호 구역〉
그러다 시야에 5살가량(민국(남, 5살))의 아이가 보이고. 깜짝 놀란 덕호, 급정
거. 그리고 들리는 여자의 비명 소리.

여자(E)   꺄아아아아아아악! 민국아!! 민국아!!!

여자의 비명 소리 끊이질 않고.

덕호, 사고가 났구나 직감. 덜덜 떨며 차에서 내리는데, 다리가 휘청거린다.

S#6. 도로 (낮)

용달차 앞에 누워있는 민국 〈*명품으로 감싸고 있는 아이〉. 그 옆에 이상미
(여, 36세, 민국 母 〈*화려한 옷차림〉), 울고불고 난리법석. 민국, 울고 있다. 그
모습을 보며 덜덜 떨며 119에 신고하는 덕호.

덕호   제가 사람을 친 것 같아요…. 네, 여기가….
상미   민국아, 왜 그래?! 어?!

민국, 고통스러운 듯. 민국의 다리가 부러진 듯, 움직이질 못하고.
상미, '아악~~~' 히스테리컬하게 울부짖는다.

cut to

경찰/구급차 와 있고.
음주 테스트받는 덕호.

경찰   술 드셨네요?
덕호   네? 그게 무슨?
경찰   음주 운전 현행범으로 체포하겠습니다.
덕호   저 술 안 마셨어요!!
경찰   (수갑을 채우며) 당신은 변호사를 선임할 수 있으며 묵비권을 행사
         할 수 있고,
덕호   술 안 마셨다구요!!

상미는 여전히 히스테리컬한 상태.

119구급차, 민국을 태우고 출발한다.

S#7. 세연 병원 검사실 (낮)

민국의 검진 결과가 나오고. 민국의 상태를 검사한 의사들. 엑스레이 사진 등
을 살펴보며 이상한 듯 고개를 갸우뚱.

S#8. 병실 안 (낮)

상미, 민국을 안타깝게 바라보며, 의사가 오길 초조하게 기다리는데.
의사들, 다가오고.

상미   선생님, 민국이 괜찮나요?

의사   그게.. 이상하네요. 외상이 없어요. 타박상도 없고, 충돌 흔적이 전
혀 없는데..

상미   그게 무슨..

의사   민국이가 차와 충돌하지 않은 거 같다구요.

상미   아니, 안 치였는데 왜 민국이 다리가...

의사   (말 자르며) 용달차랑 부딪힌 흔적은 없는데 척추 내 신경회로 일부
에 기능적인 장애가 생겼습니다.. 이런 내부 손상은 보통 외부 충격
으로 나타나는데.. 충돌한 거 같지 않은데 증상은 충돌했을 때 나타
나는 증상과 동일합니다.

상미   도무지 그게 무슨 소린지 (하는데 전화 울린다) 여보세요. 네, 네,
(놀라는) 네??!

의사, 쳐다본다.

상미   (넋이 나간 듯) 선생님.. CCTV를 보니 민국이가.. 차에 치이지 않았
         대요.

의사들, 일동 놀람.

상미   선생님, 민국이 차에 치이지도 않았는데 왜.. 왜 다리를 못 움직이
         는 거죠? 네?!

의사, 당황.

S#9. 율림 미팅룸 (낮)

석훈   아니, 그러니까. 애가 차에 치였다는 거예요, 안 치였다는 거예요?
효민   그니까 안 치였는데, 치인 것처럼 아이가 다쳐서.
석훈   (효민에게) 뭐라는 겁니까. (진우를 보며) 이 변호사, 정리 좀 해줘요.
진우   네, 원고가 용달차와 물리적 충돌은 없었음에도 실제 충돌한 것과
         동일한 증상의 신체적 손상이 온 거 같다는 의사 소견입니다.
석훈   흠.. 충돌이 없었는데 치인 것처럼 손상이 왔다? 이게 가능한 얘기
         예요?
진우   (모르겠다는 제스처) 글쎄요..
석훈   ...우선 정신과 의사 소견을 먼저 들어보죠. 연고은 박사와 약속 잡
         아 주세요.
진우   네.
석훈   원고 대리는요?
진우   리앤서입니다.
석훈   리앤서가 붙을 만한 사이즈는 아닌데..
진우   수임료가 높겠죠.

석훈	보상금이 그렇게 안 나올 텐데요.
진우	원고 측이 워낙 부유해서.. 돈 문제는 아닌 거 같고, 엄마가 엄청 극성인 것 같더라구요. 자기 자식 불구 됐으니 사고 낸 택배 기사는 감방 보내고 택배 회사는 파산시켜 버린다고 아주 소리 지르고 난리였어요.
석훈	... (효민을 보며) 강효민 씨는 연 박사 미팅에 동행해 주세요.
효민	네, 알겠습니다!

S#10. 율림 외부 전경 (낮)

S#11. 고승철 대표 사무실 안 (낮)

고승철, 골프채를 닦고 있고. 태섭, 승철 앞에 서 있는데.

승철	뭐어, 맞는 말 했구만.
태섭	아버지!
승철	뭐 어쩌라고. (한숨) 태섭아.
태섭	네.
승철	너 똥 기저귀 내가 갈았다.
태섭	네?
승철	니 엄마나 보모가 한다는 거 내가 직접 갈았다고.
태섭	...
승철	왠 줄 알아?
태섭	사랑..하니까?
승철	1, 2년만 하면 되니까.
태섭	아, 네.

승철	근데 아직도 갈고 있다.
태섭	그게 아니고요, 아버지, 윤석훈은
승철	(말 자르며) 알았어. 알아들었으니까. (책상 위 인터폰 누르며)
비서(E)	네, 대표님.
승철	윤석훈 변호사, 방으로 좀 오라고 하세요.
비서(E)	네, 알겠습니다.

태섭, 회심의 미소.

cut to

노크 소리. 석훈, 방으로 들어서서 승철에게 인사.

승철, 석훈의 인사 받으며 끄덕.

| 태섭 | (승철에게 꾸벅 인사하며) 전 이만 나가보겠습니다. |
| 승철 | (끄덕이며) 응.. |

태섭, 석훈을 째려보며 회심의 미소를 지으며 걸어 나가고.

승철, 태섭이 나가자, 석훈에게.

| 승철 | 앉으세요. |

석훈, 예의 바르게 소파에 앉는다.

| 승철 | 내가 부른 건 다름이 아니고.. |

하는데, 심각한 표정으로 승철이 석훈에게 무언가 이야기하고, 약간 놀라는 듯
한 표정으로 심각하게 이야기를 듣고 있는 석훈...

S#12. 닥터연정신과의원 (오후)

연고은 박사(여, 41세)와 애기 나누고 있는 석훈/효민.

효민　민·형사 사건이고 저희가 피고 측 대리입니다. 원고는 5살짜리 남자아이인데 용달차에 치일 뻔했어요. 용달차가 아이 코앞까지 왔는데, 다행히 치이진 않았습니다.

고은　(끄덕) …

효민　그런데 척추 내 신경회로 일부에 기능적인 장애가 와서 아이 엄마가 운전자였던 택배 기사와 택배 회사 상대로 민·형사 소송을 제기했어요.

고은　네..

효민　아이의 신체적 증상이 실제 차에 치였을 때와 동일한 증상이라고 합니다.

고은　(끄덕끄덕) …

석훈　이게 의학적으로 가능한가요?

고은　네, 가능합니다. 아이가 자신이 차에 치였다고 착각을 일으킨 것 같아요.

석훈　착각이요?

고은　네.. 그런 강한 믿음이 신체적 증상을 만들어 낸 거 같습니다. 이런 극단적인 심리적 반응이 신체 증상으로 나타나는 경우를 전환장애라고 합니다. 그리고 이와 함께 노시보 효과가 작용했을 가능성이 큽니다.

효민/석훈, 경청.

고은　보통 '플라시보 효과'라고 하면 가짜 약을 먹고도 병이 나아지는 걸 떠올리시죠? 하지만 그 반대도 있습니다. '노시보 효과'는 심리적인

　에스콰이어

두려움이나 믿음이 실제로 신체에 부정적인 영향을 미치는 현상이
에요.

효민　　　아..

고은　　　실제로 1950년에...

#-1. 몽타주 – 애니메이션

고은(E)　　　리스본에서 영국으로 포도주를 운반하는 운반선에서 일어난 사건
인데요, 운반선이 영국의 한 항구에 내려 포도주를 다 내리고 리스
본으로 돌아가는 길이었어요. 그런데 그중 한 선원이 포도주 운반
선 냉동창고에 갇히는 사건이 발생했고 그 선원은 그 안에서 얼어
죽었습니다.

1950년, 영국의 한 항구. 선원들이 짐을 내리고 있다. 짐을 다 내린 후 리스본
으로 출발하는 선박. 근데 선원 중 한 명이 포도주 운반선 냉동창고에 갇히게
된다. 리스본에 도착한 선박. 포도주 운반선 냉동창고를 열어본 사람이 놀란
다! 갇혀있던 선원이 얼어 죽어 있다.

〈*애니메이션 끝〉

효민　　　그럴 수 있죠. 추운 데서 장시간 갇혀있었으니.

고은　　　(끄덕) 그 선원이

#-2. 몽타주 – 애니메이션

고은(E)　　　얼어 죽으면서 냉동실 벽에다 뾰족한 쇳조각으로 글을 새겨 놓았는
데.. 처음에는 냉기가 코와 손가락 발가락을 얼게 했다고 적고, 시
간이 가면서 어는 부위가 넓어진다고 기록했어요. 시간이 흐르면서

이제는 추위도 느껴지지 않는다... 하고는 죽었어요.

선원이 추위에 괴로워하며 뾰족한 쇳조각으로 냉동실 벽에다 글을 새겨 넣는다. '냉기가 코를 얼게 한다.' 잠시 후, '냉기가 손가락, 발가락을 얼게 한다.' 잠시 후, '어는 부위가 점점 넓어지고 있다. 나는 이제 곧 죽겠지.' 잠시 후, '이제는 추위도 느껴지지 않는다..' 하고 쓰러져 버리고. 그대로 죽었다.

고은(E)   그런데 놀라운 사실은
〈*애니메이션 끝〉

고은   그 냉동창고는 더 이상 와인이 없어서 스위치를 꺼둔 상태라 그 안
       의 온도는..

#-3. 몽타주 – 애니메이션

조사관 1/2, 냉동창고의 온도를 살펴보는데, 온도는 18도.
조사관 1/2, 서로 보며 놀라고.
〈*애니메이션 끝〉

고은   18도였어요. 결코 사람이 얼어 죽을만한 온도가 아니었죠.

효민, 놀람. 석훈, 생각 중.

고은   그런데 그 선원은 모든 동사자들이 갖고 있는 중상들을 그대로 보
       이면서 얼어 죽었어요. '난 냉동창고에 갇혔고, 난 이제 얼어 죽는
       다..' 이런 생각이 그를 죽게 만든 거죠.
석훈/효민   ...
효민   아.. 신기하네요.

석훈   …

S#13. 병원 복도 (오후)

석훈/효민, 앞으로 걸어가며.

효민   의학적으로 가능하다는 건 확인되었었는데.. 이제 어떻게 해야 되나
           요? 조금 막막한데요?
석훈   우선 사고 당시 CCTV 확인해보고, 증인들이랑도 얘기 나눠보세요.
효민   네!

S#14. 도로 (S#6과 동일한 장소) (오후)

효민, 증인 1과 얘기 중.

증인1   아주 애기 엄마가 혼비백산해서는, 소리소리 지르고.
효민   아, 네.
증인1   나는 애 엄마 반응 보고 애기가 차에 치여 죽은 줄 알았지.
효민   아, 그래요?
증인1   어, 나도 심장이 벌렁거려서 못 보고 있다가 요래 보니까 애는 멀쩡
           하더라고. 피도 안 흘리고.
효민   아..
증인1   근데 갑자기 다리를 못 움직이고, 애가 고통스러워하니까.. 그래서
           다들 차에 치였나보다 했지.
효민   아, 네.

cut to

증인2	애가 어디서 훅 뛰어나오니까 나도 너무 놀래서 막 보고 있는데, 다행히 코앞에서 딱 차가 멈추더라구요.
효민	아..
증인2	그래서 아, 다행이다 싶었는데 아이가 다쳤는지, 픽 쓰러지더라고?
효민	네.
증인2	근데 아이 엄마가 너무 놀랐나 보더라구요.
효민	왜요?
증인2	아니, 울고불고. 그래서 내가 다가가서 아이 안 치인 것 같아요, 했는데. 뭐 내 얘기가 들리나..
효민	아..

S#15. 율림 외부 전경 (아침)

S#16. 율림 휴게실 (아침)

2층 침대가 벽에 붙어 놓여있고. 침대에 자고 있던 어쏘 변호사들, 하나둘씩 일어나 급히 휴게실 밖으로 나가고. 급히 나가는 어쏘 변호사들 틈 사이, 구석 바닥에 신문 깔고 위에 신문 덮고 잠들어 있는 국현. 국현 옆에 효민. 효민 역시 신문 깔고 위에 신문 덮고 잠들어 있다.

어쏘 변호사 1, 급히 나가다 국현의 손가락을 밟고.

국현, "아악!" 하며 놀라 깨는데.. 어쏘 변호사 1, "아 쏘리" 하면서 급히 나가고.

국현, 눈 반쯤 뜨며 핸드폰 보는데, 9시 28분!

국현, 놀라 "아악!" 하며 눈 번쩍 뜨고 옆에 효민을 깨우는데.

국현	(다급히) 일어나. 회의, 회의!

효민, 비몽사몽.

국현　　　윤 변호사님, 윤 변호사님! 회의, 회의!

효민　　　어?! (하며 벌떡 일어나는데, 효민이 자면서 침을 흘려 신문지가 얼굴에 붙은 상태)

S#17. 율림 미팅룸 (아침)

진우/호연/상철/석훈/민정, 앉아 있는데, 그때 급히 들어서는 국현/효민.
〈*효민, S#16에서 침 때문에 얼굴에 붙은 신문 자국 급히 떼느라 신문 글씨들
이 효민의 볼 피부 표면에 새겨져 있는 상태〉

진우　　　왜 늦어? (하면서 국현/효민을 살펴보다) 뭐야, 밤새웠어?

국현/효민　　죄송합니다. (하며 급하게 자리에 앉고)

석훈, 효민의 볼에 신문 글씨들이 새겨진 것을 보고 저게 뭔지 보는 중.
효민, 진우와 호연 사이 자리에 후다닥 가서 앉는데.
진우 〈*효민의 오른쪽 위치〉, 효민에게 천천히 가까이 다가가고,
효민, 진우가 다가오자 몸이 점점 반대로 기울고.
호연 〈*효민의 왼쪽 위치〉, 역시 효민에게 천천히 가까이 다가가는데.
효민, 호연도 다가오자 몸을 반대로 기울다 양쪽 사이에 낀 상황.

진우　　　(효민의 볼에 찍힌 신문 자국을 보며) 워라밸 찾아 대형 로펌 떠나
　　　　　는 어쏘 변호사들? 연봉 깎여도 워라밸.. 사내 변호사로 몰린다.

효민　　　네?

진우　　　어쩜 신문을 골라도 (피식 웃으며) 기가 막히다이.

호연　　　(효민에게) 신문 깔고 잤어요? 얼굴에 신문 찍혔어요.

효민, 당황하며 손가락에 침 묻혀 볼을 문지르고.
상철/진우, 큭 웃고.

호연   반대, 반대.

효민, 손가락에 침 묻혀 반대쪽 볼을 문지르는데.
석훈, 효민의 행동에 살짝 절레.
효민, 침이 모자라자 눈치 보며 앞에 있는 생수 뚜껑 따서 물 묻혀 볼을 문지르는데.

진우   아주 세수를 해라.

그 모습을 보다 못한 석훈, 주머니에서 손수건 꺼내 효민에게 건네고.
효민, 꾸벅 인사하며 손수건을 건네받고, 얼른 손수건으로 볼을 닦는다. 그리고는 석훈에게 손수건을 다시 건네는데.
석훈, 손으로 '됐다, 너 가져'라는 제스처.
효민, 민망, 감사하다는 뜻으로 석훈에게 꾸벅 인사.

효민   (국현에게 속삭이듯 소리치며) 신문 자국 났다고 얘기 좀 해주지.
국현   (속삭이며) 나 렌즈 끼고 자서 눈이 뿌얘.
진우   (국현에게) 근데 왜 밤까지 샜어? 난 그렇게 과하게 업무 준 적 없는데.
국현   홍도윤 변호사님이 일 주셔서...
민정   아니 어제, 그제, 홍변 쪽 어쏘들은 칼퇴하던데.. 무슨 업문데요?
국현   쌩 막노동이죠. (하품을 참으며) 기업 실사 자료인데 10년 어치 주면서 정리하라고.
진우   아, 왜 나한테 얘길 안 해?
효민   고 대표님 수임 건이니 잘 처리하라 해서.. 지난번 일도 있고.. 괜히 저희가 분란의 씨앗이 될까 봐..

 ───────────────────────────── 에스콰이어

민정	(진우를 보며) 고 대표님 수임하신 M&A 건은 지난주가 클로징이었
	는데.
국현/효민	네?
진우	(혼잣말로) 이거 복수 같은데.. (석훈을 보며) …
석훈	… (무표정) 회의 시작하죠.
일동	네.

cut to

진우	노시보 효과, 말로만 들었지. 진짜 그런 일이 있구나.
효민	노시보가 맞다면, 민국이의 신체적 증상의 원인은 민국이의 정신적
	착각이에요.
석훈	…
효민	자신이 차에 치였다는 착각.. 그 착각이 그런 신체적 증상을 야기한
	거죠.
석훈	..그렇죠.
효민	사고 현장 CCTV를 보면, 민국이 엄마는 민국이가 차에 치인 줄 알
	았어요.
석훈	…
효민	브레이크 소리가 크게 나고 민국이가 차 바로 앞에 쓰러져 있으니
	차에 치인 줄 알고 혼비백산해서 뛰어오죠. 크게 다친 줄 알고.
석훈	그랬겠죠. 화물차가 워낙 크니까 실제로 치였다면 크게 다쳤겠죠.
효민	그런데 민국이도 엄마의 반응을 보고 있었어요.
석훈	..
효민	민국이 엄마는 민국이가 치였다고 생각해서 그런 히스테리컬한 반
	응을 보였고, 민국이는 그런 엄마의 반응을 보고..

진우/국현/호연/상철/민정, 효민과 석훈을 번갈아 보며 티키타카를 구경 중.

석훈	차에 치였다고 착각하게 됐다?
효민	그리고 그 믿음 때문에 신체에 그런 증상이 나타난 거라면...
석훈	충돌 위협과 민국이의 신체적 증상에 대한 인과관계 성립이 어려워지겠죠.
효민	네.. 인간의 정신세계는 오묘하죠. 무엇 때문에 그런 신체 반응이 일어난 건지는 모르죠. 그게 충돌 위협이었는지
석훈	엄마의 과잉 반응이었는지...
효민	네.

진우/국현/호연/상철/민정, 박수. 석훈/효민, 그런 그들을 보며 의아.

S#18. 율림 복도

석훈, 앞으로 걸어가는데. 진우, 뒤에서 따라 걸으며.

진우	변호사님, 홍도윤.. 가만히 두실 거예요?
석훈	(무심한 표정으로 말없이 앞으로 걷는데) ..
진우	아, 형..

그때 앞에서 걸어오는 태섭/희철/도윤. 진우, 긴장. 석훈, 무표정으로 고개 인사하고 가려는데.

| 태섭 | (석훈에게) 윤 변호사, 인사는 소리 내서 합시다. 오피스 매너 좀 지키죠. |

석훈, 무시하고 앞으로 가려는데.

희철	(석훈의 태도에 화난 듯) 저.. 저
태섭	윤석훈!
석훈	(멈추고 태섭을 보는데) ..
태섭	너 고 대표님이랑 면담 안 했어?
석훈	했습니다.
태섭	그런데도 이래?
석훈	... (무표정으로) 죄송하지만 제가 좀 바빠서. (꾸벅 인사하고 돌아 선다)

진우, 꾸벅 인사하고 석훈을 따라간다.

| 희철 | (태섭을 보며) 형님, 고 대표님이 경고 주신 거 맞죠? |
| 태섭 | (무표정) ... |

진우, 앞으로 걸으며 멀어져가는 희철/도윤/태섭을 힐끗 보다 고개 앞으로 돌리고.

진우	뭐야, 아빠한테 이른 거야? 치사하게. (석훈에게 다가가며) 형, 고 대표님한테 한 소리 들었어요? 그래서 홍도윤 만행을 참고 있는 거 예요?
석훈	(무표정으로 앞으로 걸으며) 그런 거 아니야.
진우	지난번 소란 때문에 어쏘들 사이에서 말 돌아요. 권나연 변호사님 이 고태섭한테 밀려서 중소기업 사변으로 파견 나간 거라고. 고태 섭이 아버지가 율림 설립자라는 거 빼곤 별 볼 일 없는데, 그 대단한 권나연을 한방에 좌천시킨 거 보면, 고승철 대표님이 아무리 공정 한 척해도 결국 핏줄이 우선 아니겠냐고..
석훈	...

S#19. 율림 사무공간 (낮)

S#17 미팅에서 돌아와 효민/국현/호연/상철, 각자 자리에 앉는데.. 효민, S#17 에서 석훈이 건넨 손수건을 꺼내 조심스럽게 냄새를 맡는데.

효민   (혼잣말) 와.. 무슨 향이 이래.. 무슨 향이지 이게?

그때 내선 전화 울리고.

효민   (전화 받으며) 강효민입니다. 아, 네. 네, 아, 네, 가겠습니다.

S#20. 석훈 사무실 (낮)

S#18에 이어 석훈, 사무실 안으로 들어와 책상에 앉고는 넥타이를 살짝 풀며 생각에 잠긴다.

#-1. 고승철 대표 사무실 안 (낮) - 석훈 회상

S#11에 이어.

승철   내가 부른 건 다름이 아니고.. 내 나이도 있고, 은퇴하고 고문으로 남으려는데.. 내 대표 자리를 누군가한테 물려줘야 해서..

석훈   ...

승철   윤 변호사가 그 자릴 채워주면 어떨까 싶어서.

석훈   (살짝 놀라며 승철을 보는데) ...

승철   놀랐나 보네.. 윤 변호사, 율림의 대표가 되어주겠어요?

석훈   ... (고개 살짝 숙이며 생각하다) ...제안 감사하지만 거절하겠습니다.

승철	(당황) 어? 왜죠? 5대 로펌 최초 30대 등기 대표면 공천도 받을 수 있어요.
석훈	죄송하지만.. 관심 없습니다.
승철	...마음에 걸리는 거 있음, 편히 얘기해보세요.
석훈	가라앉는 배에 선장이 될 생각 없습니다.
승철	(당황) 가라앉는 배라.. 지난 하반기에 우리 율림이 매출 기준 1위 했습니다. 리앤서를 이겼다고.
석훈	회광반조죠.
승철	(당황) ..회광반조라.. 왜 그렇게 생각하죠?
석훈	율림의 레인메이커는 네임드 파트너인 세 분이죠. 그리고 세 분의 수임력은 인맥이죠.
승철	...
석훈	대표님들의 인맥.. 지금은 대기업, 금융사들의 전무, 대표급이라 율림의 매출이 유지되지만.. 다들 저무는 해죠. 그렇게 율림도 저물어가는 중이구요.
승철	...
석훈	반면 리앤서, 대영, 양앤킴은 브랜드와 전문성을 기반으로 수임력을 쌓아왔어요. 그래서 네임드 파트너가 저물어도 기업성이 훼손되지 않습니다.
승철	..회광반조. 동의하죠. 하지만 저물기 전 새로 판짜기엔 충분한 시간입니다.
석훈	그러려면 누군가는 신명 나게 칼춤을 춰야겠네요. 수임력 없이 몸만 무거운 전관 출신들, 전문성 없이 가라오케 마케팅으로 저가 수임만 해오는 파트너들, 인맥 유지를 위해 뽑아 놓은 무능한 월급 도둑 어쏘들.. 먼저 내보내서야 새 판을 짜죠.
승철	(끄덕) ..
석훈	칼춤 출 칼잡이를 구하시는 거 같은데, 전 대표님의 망나니가 될 생각 없습니다.

승철   ...
석훈   대표님을 위해 칼잡이가 될 수 없지만..

승철, 석훈을 본다.
〈*회상 끝〉

그때 갑자기 들리는 도윤의 목소리.

도윤(E)   너 지금 뭐라고 했어?!?

석훈, 회상에서 깨며, '이게 무슨 소리지?' 하는 표정.

S#21. 도윤 사무실 (낮)

도윤   너 내가 누군 줄 알아?
효민   ...
도윤   나 파트너 변호사야.
효민   ...
도윤   어디서 머리에 피딱지도 안 마른 신입이...

그때 뛰어 들어온 진우.

진우   (도윤을 보며) 무.. 무슨 일이신지.
도윤   너 아까 나한테 한 말 그대로 해봐.

화면, 문밖에 서서 상황을 보고 있는 석훈 비춰지고.

 에스콰이어

진우   (효민을 보며) 왜 그래? 무슨 일이야?

효민   (덤덤히) 기고문 작성 요청하셔서 초안 작성해주시면 살펴보겠다고
          했습니다.

진우, 당황.

효민   기고문 작성자가 홍도윤 변호사님이신데 제가 다 작성해드리면 독
          자들을 기만하는 행위인 것 같다고도 말씀드렸습니다.

문밖에서 듣고 있던 석훈, 살짝 피식.

진우   (도윤의 눈치를 살피며) 죄.. 죄송합니다.

효민   율림은 대한민국 5대 로펌입니다. 5대 로펌의 파트너 변호사에게
          듣고 싶은 얘기가 있어 기고문을 요청했을 텐데. 제가 작성해야 한
          다면 저는 좋습니다...만 그렇다면 작성자는 저로 돼야 하지 않겠습
          니까? 적어도 공동 작성자로라도.

도윤, 황당, 아우.. 뒷골 땡기는 듯 뒷머리 잡는데..

진우   (말 자르며 효민에게 속삭이듯) 나랑 따로 얘기해.

효민   아 그리고 말 나온 김에 클로징된 건 실사를 왜 지 변호사랑 저한테
          시키셨나요? (혼잣말) 똥개 훈련도 아니고.

진우, 당황.

도윤   뭐? 똥개 훈련? 아니 이게 수석이라고 오냐오냐하니까,

효민   (말 자르며) 월급 루팡이 한 말 따라 하고 싶진 않지만, 이거.. 직장
          내 괴롭힘입니다.

안으로 들어서려던 석훈, 효민 말에 살짝 피식.

도윤   뭐야? 이게 진짜

하는데 방으로 들어오는 석훈. 도윤, 긴장. 석훈, 시선 진우에게.

석훈   (진우에게) 리앤서에서 회의, 2시 반이라구요?
진우   네, 2시 반으로 잡혔습니다.
석훈   (시계 보다 효민에게) 막힐 거 같으니 지금 출발하죠.
효민   아, 네, 알겠습니다!

석훈, 도윤을 한번 쓱 보고. 도윤, 긴장. 석훈, 돌아서 걸어 나가자.
진우/효민, 도윤에게 꾸벅 인사하고 따라 나간다.

도윤   뭐야 씨.. 괜히 쫄았네. (그러다 화가 나는 듯) 강효민.. 그래 너 언제
          까지 그렇게 까불 수 있나 두고 보자.

S#22. 리앤서 외부 전경 (낮)

S#23. 리앤서 리셉션 (낮)

석훈/효민, 엘리베이터에서 내리고.

효민   2시 반 회의 왔습니다.
리셉션   어디서 오셨죠?
효민   법무법인 율림에서 왔습니다. (하고 주변을 살피는데) 의뢰인은 아

직 도착 안 하셨나 봐요.

리셉션   2시 반 회의는 없는데.. 어느 변호사님과 회의신가요?

효민   한성찬 변호사님이요.

리셉션   (스케줄표 보다) 아, 2시 회의요?

효민   2시요?

석훈   ?

리셉션   네, 한운택배 회사 민·형사 소송 건 아닌가요?

효민   네.

리셉션   네, 2시에 회의 시작했고 참석자분들 다 와 계십니다. 10번 회의실로 가시면 돼요. 안내해 드리겠습니다.

효민, 석훈, 따라 걸어가며.

석훈   2시 반 아니었어?

효민   네, 리앤서에서 회의 2시 반이라고 연락받았습니다.

석훈   …

S#24. 리앤서 회의실 (낮)

한쪽에는 (원고 민국의 엄마) 이상미/한성찬/민소라가 앉아 있고,
다른 한쪽에는 (비접촉 사고 낸 택배 기사) 덕호/한운택배 회사 담당자 김지홍 (남, 54세)이 앉아 있다. 상미는 덕호를 노려보며 화가 나 있고.

성찬   김덕호 씨는 14시간 이상 고된 노동을 한 후, 술까지 섭취한 상태에서 운전대를 잡았습니다. 음주 운전과 졸음운전 사실도 확인된 상태구요. 김덕호 씨의 음주운전 및 과실로 비접촉 사고가 일어났고 이로 인해 원고가 정신적, 신체적 상해를 입었으므로 이에 대한 손

해배상으로 2억을

하는데 덕호의 얼굴이 하얗게 질려버린다.

성찬	청구하는 바입니다. 더불어 제 의뢰인은 형사 처분 관련 합의나 선처할 의향이 전혀 없으시답니다. 아시죠? 민식이법 때문에 처벌이 가중된 거.
덕호	(불쌍하게) 아닙니다. 음주 운전이 아니에요..
성찬	(테이블을 '탁' 치며) 계속 그런 주장을 하시는데, 현장에서 음주 측정하고 현행범으로 체포됐잖아요!
덕호	그냥 믹스 커피를 마셨는데, 거기 술이 들어간 걸 저는 정말 몰랐어요.
성찬	그걸 말이라고 합니까?!

상미, 성찬이 세게 나가자, 표정 더 기세등등.

덕호	(거의 울 것 같은 표정) 잘못했습니다. 용서해 주세요.
상미	(히스테리컬하게) 용서?! 남의 귀한 자식을 불구로 만들어놓고 용서?!! 용서받고 싶으면 당신 자식도 불구 만들어 가지고 와! 다리 병신 만들어 가지고 오라고!!

하는데, 성찬, 옆에서 상미를 진정시키고. 상미, 복받쳐 감정 주체가 안 되고.

지홍	(덕호에게 속삭이듯) 무릎이라도 꿇어. 김 씨, 2억 있어? 우리 음주 운전으로 사고 내면 보험도 안 되고 김 씨가 물어내야 돼. 형사 처벌도 합의 없음 벌금형이 얼마 나오는 줄 알아? 그것도 김 씨가 내는 거야.
덕호	(곧 울 거 같다) 제가... 그런 돈이 어딨어요?
지홍	(덕호에게) 돈뿐이야? 형사 처분은 어쩔 건데. 합의 받아 내야 할 거

   에스콰이어

아냐.

덕호   저 감옥 가면.. 우리 집.. 풍비박산 나요.

지홍   (덕호에게) 아앗, 그러니까 무릎을 꿇으라는 거 아니에요. 싹싹 빌어요, 얼른.

덕호, 비참하고, 걱정되고, 눈물이 흐른다. 의자에서 일어나 상미 쪽으로 조금씩 다가가 무릎을 꿇으려는데.

탁, 덕호의 팔을 잡는 사람. 덕호, 무릎을 꿇으려다 그 사람을 보는데, 석훈이다.

석훈   일어나세요.

덕호, 어리둥절.

성찬, 표정 일그러지고, 그 뒤에 있는 효민을 보자, 차가운 표정.

효민, 성찬을 차갑게 응시한다.

석훈   (덕호에게) 자리에 가서 앉으시지요.

덕호   (어리둥절) 네?

석훈, 덕호를 에스코트. 덕호가 자리에 앉자, 옆에 앉으며.

석훈   (성찬에게) 겁먹은 건 알겠는데 fair(페어) 하게 하죠.

성찬   (짜증 난 표정으로) 무슨 소리신지..

석훈, 성찬을 내리까는 표정. 성찬, 짜증 난 표정으로 석훈을 본다.

효민, 성찬에게 차가운 눈빛. 성찬, 그런 효민의 눈빛을 느낀 듯, 불편한 표정.

cut to

성찬   정리하자면 김덕호 씨의 음주 운전 및 과실로 비접촉 사고가 일어났고 이로 인해 원고가 정신적, 신체적 상해를 입었으므로.

석훈   (말 자르며) 잠깐. 비접촉 사고가 원고의 신체적 상해의 원인이었다
　　　　는 건 무슨 근거로 얘기하는 거죠?

성찬   ?

석훈, 앞에 있는 서면을 빠르게 넘기는데. 일동, 석훈에게 집중.
석훈, 서면을 '탁!'하고 던지는데. 상미/성찬/소라, 동시에 움찔.

석훈   원고가 제출한 서면 그 어디에도 비접촉 사고와 상해의 인과관계에
　　　　대한 언급이 없습니다.

성찬   상식적으로 너무 당연한 거라.

석훈   상식? 변호사가 법리가 아닌 상식으로 사건을 바라봅니까?

성찬   (분한 표정) 사고 전 멀쩡한 아이가 사고 후 다리 마비가 왔습니다.
　　　　그 사이의 인과관계를 단절시킬 만한 게 뭐가 있다는 거죠?

석훈   충돌이 있었다면 인과관계를 단절시킬 만한 게 없었겠죠.

성찬   네, 충돌은 없었지만, 충돌 위협이 있었죠. 충돌 위협으로 정신적 충
　　　　격을 받았고 그로 인해 신체적 증상이 나타났습니다.

석훈   인간의 정신세계는 오묘합니다. 충돌 위협으로 인해 원고가 정신적
　　　　충격을 받았고 그로 인해 다리가 마비됐다는 입증을 하시지요. 입
　　　　증 책임은 원고에게 있습니다.

성찬   …

석훈   그 부분에 대해선 준비가 안 됐나 본데, 시간이 돈인 사람들끼리 앉
　　　　아 돈 낭비 하지 말고 준비되면 다시 연락주시지요.

하고 일어서는데. 석훈이 일어서자 효민, 성찬을 한번 쓱 보다 일어선다.
석훈과 효민이 일어서자, 어리둥절한 표정으로 따라 일어서는 덕호/지홍. 상
미, 어이없는 표정.

상미　　　　(당황해서 말 더듬으며) 저, 저 변호사가 뭐라고 하는 거예요?

성찬, 분한 표정. 소라, 입 모양 '와우'.

S#25. 리앤서 복도 (낮)

회의 끝나고 나와 앞으로 걸어가는 석훈/효민.

석훈　　　　..변론 준비 절차에서 원고의 정신 감정 신청해 보죠.
효민　　　　네.
석훈　　　　변론 준비 절차 강효민 씨가 하세요.
효민　　　　네? ..제가요?
석훈　　　　왜 자신 없어요?
효민　　　　...네, 해보겠습니다.
석훈　　　　..먼저 서면 초안 잡고..
효민　　　　네, 변호사님.

그런 석훈/효민의 뒷모습을 바라보는 성찬.

S#26. 법정 (변론 준비 절차) (낮)

성찬, 일어서 있고, 소라, 원고석에 착석해 있다. 효민/석훈, 피고석에 착석해 있다.

성찬　　　　(판사에게) 본 사건은 너무도 간단한 사건입니다. 피고 김덕호 씨는
　　　　　　14시간 이상 고된 노동에 극도로 피곤해진 상태에 술까지 마신 후

운전대를 잡았습니다.

효민/석훈　…

성찬　본인의 상태가 사고로 이어질 수 있다고 충분히 인지했음에도 불구하고 운전대를 잡았고, 이러한 부주의함이 비접촉 사고를 일으키는 원인이 되었습니다.

효민/석훈　…

성찬　피고의 위법행위로 인해 원고에게 물리적 충돌은 없었으나, 충돌 위협이 가해졌고, 이로 인해 원고가 정신적, 신체적 상해를 입었으므로 이에 대한 손해배상 2억을 청구하는 바입니다.

판사　네, 잘 들었습니다. 피고 측 대리인?

하는데, 석훈이 일어서지 않고 효민이 일어서자 놀라는 성찬/소라. 성찬, 효민을 보는데.

효민　(판사에게) 피고는 원고의 의학적 상태의 원인이 용달차와의 충돌 위협이 아닌 원고의 엄마, 이상미 씨가 현장에서 보여준 과잉 반응 때문이라고 주장하는 바입니다.

성찬　뭐라구요?

판사　…

성찬　말도 안 됩니다! 또 무슨 수작인지 모르겠지만,

석훈　(말 자르며) 말씀 가려서 하세요.

판사　두 분 다 자중하세요.

성찬　피고 측 주장은 받아들일 수 없습니다.

효민　(판사에게) 원고 측 대리인은 원고의 의학적 상태를 야기한 원인이 충돌 위협이었다는 어떠한 근거도 제시하지 못하고 있습니다. 아직 무엇이 원인이 되었는지 확정 지을 수 없으므로 이번 사건에 핵심이 되는 원고의 정신 상태에 대한 판단을 위해 원고의 정신 감정을 신청하는 바입니다.

판사   (생각해 보다) 알겠습니다. 원고 측 대리인, 동의하시나요?

성찬, 효민의 똑 부러진 말에 효민을 보는데.. 넋이 나간 듯 보이고.

판사   원고 측 대리인.
성찬   (정신 차리고, 판사에게) 네, 동의합니다.
상미   아니, 애를 이렇게 만들어놓고 왜 또 애를 괴롭히려고 합니까?

성찬이 흥분한 상미를 만류하고. 석훈, 약간 미소 지으며 끄덕. 효민, 성찬을
차가운 눈빛으로 쓱 본다.

S#27. 법원 외부 (오후)

석훈/효민, 차를 기다리는데.

석훈   (효민에게) 원고 진료기록, 제출 명령 신청하시고 꼼꼼히 살펴보세요.
효민   네, 알겠습니다. (하고는 석훈을 말똥말똥 쳐다본다)
석훈   (왜 보냐는 듯한 표정으로 효민을 보는데) ..
효민   (아랑곳하지 않고 계속 석훈을 말똥말똥 쳐다본다) ..
석훈   할 말 있습니까?
효민   (곧장) 아니요. 저는 없는데... 혹시 변호사님은 있으신가 해서요.
             조금 전 법정에서 제가 한 변론에 대한 평가라든지...
석훈   (잠시 망설이다) ...아까는..
효민   (숨 죽이며 침을 삼킨다) ...
석훈   (담담하게) 잘했어요.
효민   (씨익 웃으며 꾸벅 인사하며) 감사합니다.
석훈   (티 안 나게 피식) ..

S#28. 세연 병원

간호사, 의사 방에서 나오며.

간호사   변호사님, 죄송하지만 선생님께서 면담이 어렵다고 하십니다. 법원
          의 제출 명령에 따라 진료기록은 이미 제출했고, 저희 병원은 환자
          의 상대방 변호사와 면담할 의무는 없다고 하시네요.
효민   아, 간단히 한 가지만 여쭤보려 했는데요..
간호사   죄송합니다.
효민   아.. 네..

하고 돌아서는데, 그때 효민 뒤로 한설아가 의사 가운을 입고 반갑게 달려온다.

설아   효민!
효민   설! 안 그래도 전화 막 하려 했는데.
설아   나 보러 온 거야?
효민   아니. 업무차.
설아   업무차 병원에는 왜?
효민   아.. 원고가 다섯 살짜리 아이인데, 병원을 일주일에 대여섯 번이나
          방문했더라고. 그런데 처방 기록이 없어서... 그렇게 자주 다녔으면
          뭔가 큰 병이 있다는 건데 왜 처방 기록이 없는지 해서, 원고 담당의
          한테 물어보려 했는데.. 안 만나겠다네.
설아   넌 피고 대리?
효민   응.
설아   에이 그럼 안 만나지. 상대방 변호사를 만나주나. 그런데 병원을 자
          주 다녔는데 처방 기록이 없다면... 뮌하우젠 증후군이나 하이포콘
          드리아(Hypochondria)일 거 같은데?
효민   그게 뭔데?

설아	뮌하우젠 증후군은 꾀병이 정신질환으로 나타나는 건데, 건강에 문제가 없지만 타인의 관심을 받기 위해 아픈 척하는 거야. 그리고 하이포콘드리아는 건강 염려증으로 자신이 심각한 병에 걸렸다고 믿거나 병에 대한 공포가 과도하게 커져서 건강에 집착하는 병이야.
효민	아... 그런 거구나! (번뜩이며) 고마워, 설아! 이따 집에서 보자. 맛있는 거 사 갈게. (하면서 바삐 걸음을 옮기고)
설아	뭐 사 올 건데? 나 소고기 먹은 지 좀 됐는데. (하며 입맛 다신다)

S#29. 석훈 사무실 (오후)

석훈	역시 예상했던 대로 정신 감정 결과가 나왔네요.
효민	네, 우리 주장을 뒷받침할 수 있을 것 같아요. 그리고 아무래도 원고가 엄마의 과잉보호로 뮌하우젠 증후군이나 하이포콘드리아가 있었던 것 같습니다.
석훈	왜요?
효민	병원을 일주일에 대여섯 번씩 갔는데도 처방 기록이 없더라고요.
석훈	(생각하며) ...그것도 우리 주장을 뒷받침할 증거가 되겠군요. 원고 담당 의사에게 유리한 증언을 기대하기는 어렵고... 소아과 분야에서 권위 있는 전문가에게 진술서를 받아보는 게 좋겠네요.
효민	네, 알겠습니다.
석훈	준비서면에 그 부분도 추가해 주시고요.
효민	네.
석훈	그리고, 초안 검토해 봤는데.. 좋은 재료로 이렇게밖에 요리를 못하나..
효민	(석훈을 보는데) ...
석훈	결국 원고가 이렇게 된 게 피고 때문이 아니라고 말하고 싶은 거죠?
효민	네, 그렇죠.

석훈	즉, 원고가 저렇게 된 이유가 원고의 엄마에게 있다는 말이겠죠.
효민	..그 말까지는..
석훈	아니요, 그 말입니다. 다른 원인을 제시하지 않으면 비접촉 사고와 원고의 상태 사이의 인과관계를 부정할 수 없어요.
효민	..네.. 하지만.
석훈	(말 자르며) 서면은 내가 고치죠.
효민	네.

S#30. 효민 집 앞 (밤)

효민, 하품하며 집에 들어가려는데, 구석에 쭈그려 앉아 있는 성찬을 발견.

효민	뭐야.. 왜 여기 있어?
성찬	(술에 취해 어눌한 말투) 어? 효민이네? 왜 이제야 와.
효민	참 가지가지 한다. 할 건 다 하네.
성찬	서운하게, 무슨 말을 그렇게 해.
효민	서운해? 너가 왜 서운해?
성찬	서운하지. 헤어지자마자 전화 다 차단하고.. 너 우리 사진도 마구잡이로 다 지웠지?
효민	헤어지자마자 선 본 사람도 있어.
성찬	그건! ..내가 패닉상태에 저지른 실수라고.
효민	사람 죽여 놓고도 실수였다고 할 사람이네.
성찬	그래.. 실수 아니고.. 헤어지는 게 맞지. 너 얘기 듣는데 무서워졌어... 내 아이가 장애인이 될까 봐.. 그 장애가 대물림될까 봐. 이런 마음으로 어떻게 너랑 결혼해.
효민	(차가운 눈빛으로 성찬이 우스운 듯 본다) ..
성찬	머리로는 헤어지는 게 맞다 싶었어. 근데... 마음이란 게 머리처럼

 에스콰이어

	안 따라주더라. 그래서 나도 모르게 여기까지 (하는데)
효민	(말 자르며) 북 치고 장구 치고 혼자 꼴값은 다 떠네. 우스워질 거면 너 혼자 우스워져. 찾아오지 마. 너랑 말 섞는 거 오늘이 마지막이야. 아, 그리고 앞으로 일로 마주치면 실수하지 마시구요.
성찬	(서운한 듯) 야, 강효민!

S#31. 몽타주 – 효민 집 안 (밤)

효민, 방 안으로 들어와 가방을 내려놓고 옷을 갈아입다 침대에 앉아 한숨..

cut to

지은, 거실에서 TV 보고 있고. 효민, 라면을 끓이다 그릇을 찾는 듯.

효민	(지은에게) 지은아, 여기 내 그릇 어딨어?
지은	그거? 너희 엄마 오셔서 버리고 가셨어. 이가 나가서.
효민	(멈칫. 표정 완전히 굳어 버리고) 엄마 왔다 갔어?
지은	응. 냉장고 보면 몰라? 반찬 새로 꽉꽉 차 있잖아. 우리 집 우렁각시 최은희 여사님이 다 채워 놓고 가셨지. (하는데)
효민	(화내며) 아니, 왜 엄마가 내 물건에 손대게 해?
지은	응?

설아, 방에서 뛰어나오는데.

설아	왜 왜?
효민	내 그릇을 왜 엄마가 버리냐고?
지은	아니, 이도 나가고 금도 가 있길래 버리신다 그래서..
설아	그거 효민이 애착 그릇이잖아.

지은   알지... 근데 엄마가 버리신다니까 말릴 수가..

효민, 화가 난 듯, 어디론가 뛰쳐나가는데.

설아   효민! 어디가?

S#32. 효민 본가 (밤)

효민, 뛰어온 듯 땀범벅이 된 상태로 최은희(여, 50대 후반, 효민 母) 앞에 있는
데. 은희, 갑자기 찾아온 효민을 보고 놀란다.

은희   효민아, 무슨 일 있어?
효민   왜 버렸어?
은희   어?
효민   왜 버렸냐고. 완벽해야만 존재할 가치가 있는 거야?
은희   얘가 무슨 소릴 하는 거야?
효민   이 조금 나갔다고 왜 버리냐고!
은희   (잠시 생각하다) 그릇 얘기하는 거야? 그릇 좋은 거 많은데 굳이 복
           나가게 이 나간 그릇을 써? 엄마가 똑같은 거 사줄게. (하는데)
효민   아니, 그릇 말고, 언니 얘기하는 거야.
은희   (잠시 말을 잃고 멍..) ...

그때 다가오는 강일찬(남, 50대 후반, 효민 父).

효민   나도 장애가 있었으면 버렸겠지? 언니 버린 것처럼.. 그릇 버리듯
           이.. 그렇게.
은희   효민아, 무슨 말을.

효민	(말 자르며) 나 한성찬이랑 헤어졌어.
은희	왜?
효민	장애인 언니 있다니까 헤어지재.
은희	뭐? 그게 무슨 말도 안 되는 (하는데)
효민	(말 자르며) 왜? 한성찬이나 엄마나 도찐개찐이야.
일찬	효민아, 그만해. 사춘기 때도 안 하던 짓을
효민	(말 자르며, 은희에게) 우리 집에 내 허락 없이 오지 마세요. 내 물건도 내 허락 없이 버리지 마시고요.

하고 돌아서서 나가는데. 은희/일찬, 당황한 표정.

S#33. 거리 (밤)

효민, 터벅터벅 걷다 잠시 멈춰 하늘을 본다.

| 효민 | (혼잣말) 시원하냐? 속 시원하냐고. 못났다.. 종로에서 뺨 맞고 한강에서 화풀이하네. |

S#34. 법정 안 (비접촉 사고 소송) (오후)

피고석에 앉아 있는 효민. 그 옆에 죄인처럼 앉아 있는 (택배 기사) 덕호. 덕호 옆에 앉아 있는 (택배 회사 담당 직원) 지홍. 원고석에 앉아 있는 성찬/소라/ (원고 5세, 엄마) 상미.
석훈, 서 있고, 증인석에 정신과 의사, 연고은이 앉아 있다.

| 석훈 | 원고의 정신감정 하셨죠? |

고은　　　네.

석훈　　　결과는요?

고은　　　EQ 지수가 낮고, 엄마와의 애착 형성이 강해 분리불안장애를 겪고
　　　　　있습니다. 더 나아가 엄마와 심리적으로 유착된 상태로 보입니다.

상미, 표정 안 좋다.

석훈　　　심리적 유착이 어떤 의미인가요?

고은　　　쉽게 말해 아이가 엄마의 말과 행동에 반하는 독립적인 판단이 불
　　　　　가능한 상태를 말합니다.

상미　　　(일어서며) 이것 보세요! 남의 귀한 자식을 반병신 만든 것도 모자
　　　　　라 이젠 아주 우리 애를 모지리로 몰아가네!

덕호, 미안한 표정..
성찬, 상미를 말려본다.

판사　　　원고 대리인, 조용히 하세요.

상미　　　아니 판사님~

성찬　　　(말 자르며 조용히 상미에게) 자꾸 이러시면 우리가 불리해집니다.

상미, 분한 표정으로 앉는다.

석훈　　　(CCTV 영상을 틀며) 사고 당시, 원고의 엄마인 이상미 씨의 반응입
　　　　　니다.

Insert-
cut, cut으로 현장에 상미가 소리 지르고, 패닉상태였던 모습.

　　　　　　　　　　　　　　　　　　　　　　에스콰이어

석훈	이상미 씨의 심리 상태가 어때 보이시나요?
고은	충격을 많이 받은 거 같네요.
석훈	목격자들의 진술서에도 현장에서 엄마가 소리를 지르며 과잉 반응을
상미	(말 자르며) 과잉 반응? 아니, 우리 애가 차에 치였는데 어떤 엄마가 거기서 멀쩡해요?!
석훈	네, 바로 그겁니다. 이상미 씨는, 원고가 용달차 앞에 쓰러진 모습을 보고 차에 치였다고 단정 지었습니다. 그런데 심리적으로 엄마에게 유착된 원고는, 엄마의 반응을 보고 자신이 실제로 차에 치였다고 믿게 된 건 아닐까요?

성찬, '아차' 싶은 듯한 표정.

상미, '멍'해진 듯..

덕호/지홍, 석훈의 주장에 놀란 듯.

고은	네, 그럴 가능성이 있습니다.
석훈	그렇다면, 그 잘못된 믿음이 원고의 현재 의학적 상태를 유발했을 수도 있겠네요?
고은	음.. 네, 가능성 있어 보입니다.
석훈	이상입니다.
판사	원고 측 대리인 반대 신문하시죠.
성찬	좀 전에, 원고가 엄마와 '심리적 유착 상태'라고 하셨는데, 이런 분석이 짧은 정신 상태 검사로 가능합니까?
고은	음.. 다양한 심리 검사 중, 유착 관계를 가장 잘 드러낸 테스트가 있었습니다. 아이의 지능 수준에 맞는 질문을 던진 뒤, 답을 하기 전 엄마가 일부러 틀린 답을 말하게 하는 방식입니다.

#-1. 놀이방

〈*고은의 내레이션에 맞춰 장면 묘사〉

종이에 1번부터 6번까지 다른 길이의 끈이 그려져 있다. 그중 3번이 가장 길고, 5번이 두 번째로 길게 그려져 있다.

고은(N)   종이에는 1번부터 6번까지 다른 길이의 끈이 그려져 있어요.
          그중 3번이 제일 길고, 5번이 두 번째로 길게 그려져 있죠. 이때 아이가 답하기 전.
엄마1   엄마는 5번이 제일 긴 거 같네.
고은(N)   라고 하죠. 그러면 대부분 민국이와 비슷한 또래의 아이들은 표현 방식은 달라도, 적극적이든 소극적이든 자신이 옳다고 생각하는 답을 얘기했어요.

5세 여아 1, 엄마에게 귀에 속삭이는데.

엄마1   소현이는 3번이 더 긴 거 같다고?

5세 여아 1, 끄덕인다.

cut to

엄마2   5번이 제일 기네요.
5세남아1   (엄마에게 응석 부리듯 때리며) 아냐, 엄마 바보. (손가락 세 개를 펼치며) 3번이잖아.
고은(N)   그중 극소수가 엄마가 제시한 오답이 정답이라고 말했지만, 나중에 저와 둘만 있을 때 거짓말했다고 고백했죠. 하지만 민국이는 달랐어요.
민국   (손가락 다섯 개를 다 펼치며) 오 번..
          〈*장면 묘사 끝〉

                                    에스콰이어

고은　민국이는 엄마가 5번이 가장 길다고 하자 그대로 따라 답했고, 거짓
　　　말 탐지가 되질 않았습니다. 즉, 민국이는 충분히 맞출 수 있는 문제
　　　에서도 엄마가 제시한 오답을 실제 정답으로 받아들였던 것으로 보
　　　입니다.

상미, 고개 약간 떨군다. 성찬/소라, 표정 안 좋다.
경청하고 있는 석훈, 심각한 표정으로 듣고 있는 효민.

cut to

증인석에 앉아 있는 상미, 상미를 신문 중인 석훈.

석훈　증인은 민국이를 낳기 전 어떤 일을 하셨나요?

상미　회계사였습니다.

석훈　좋은 직업인데 왜 그만두신 건가요?

상미　업무 강도가 높아, 육아와 병행할 수 없었어요.

석훈　친정은 가까운가요?

상미　아니요, 가족 다 캐나다에 살고 있어요.

석훈　마지막으로 본 게 언제인가요?

성찬　재판장님, 이의 있습니다. 질문의 요지가 뭔지 모르겠습니다.

석훈　본 건의 핵심은 원고의 정신적 상태입니다. 그리고 원고에게 가장
　　　큰 영향을 준 사람이 이상미 씨인 만큼, 그의 심리 상태를 파악하는
　　　질문도 충분히 관련이 있습니다.

판사　네, 관련 있다고 보입니다. 증인, 답변하시지요.

상미　..민국이 돌 때쯤요.

석훈　친구들은 자주 보세요?

상미　아니요.

석훈　언제 마지막으로 보셨나요?

상미　임신한 뒤로 못 봤습니다.

석훈   남편분이 유명한 의사시죠?

상미   네.

석훈   지금 한국에 안 계시죠?

상미   네, 존스 홉킨스에 박사과정 밟고 있습니다.

석훈   정리해 보면, 원고가 태어나면서 이상미 씨는 직업도 포기하고, 가
        족 친구와도 단절되고 남편까지 바쁘고.. 민국이가 세상 전부셨겠
        네요.

상미   무슨 말을 하고 싶은 거죠?

석훈   모유 수유하셨나요?

성찬   이의 있습니다. 질문의 요지가 뭐죠?

석훈   관련 있습니다.

판사   일단 들어보죠. 증인, 답변하시지요.

상미   네.

석훈   단유는 언제 하셨죠?

상미   …

석훈   대답하시죠.

상미   아직 못했습니다.

일동, 술렁술렁.

석훈   51개월 된 아이한테 아직 젖을 물린다.

상미, 석훈을 원망스러운 눈빛으로 쳐다보는데.

석훈   원고를 유치원에 보냈던 적이 있나요?

상미   네.

석훈   언제부터 언제까지 보내셨죠?

상미   .. 일주일 정도..

                                        에스콰이어

석훈   왜 그렇게 짧았죠?

상미   민국이가 적응을 잘 못 하고, 저랑 떨어져 있는 걸 극도로 싫어해서

석훈   (말 자르며) 재판장님, 해당 유치원 진술을 증거로 제출합니다.
       (상미를 보며) 진술에 따르면 원고는 초기에 엄마와 분리되는 걸 힘
       들어했지만 곧잘 적응하는 모습을 보였습니다. 그런데 아무런 통보
       없이 갑자기 유치원을 그만뒀죠. 증인은 원고가 독립된 인격체로
       성장하는 게 두려웠던 겁니까? 그렇게 되면 내 존재가 부정당하는
       것 같아서.

상미   (말 자르며, 차분히 화를 누르며) 당신이 뭘 안다고 떠들어대.

석훈   원고의 진료기록입니다.

상미   ..

석훈   원고가 병원을 자주 방문했던데 건강에 특별한 문제라도 있나요?

상미   그게 무슨 상관이냐구요?

석훈   증상이 있어 방문은 잦았지만 처방 기록이 없더라구요.

상미   ..

석훈   소아과 전문의에 따르면, 이런 경우 두 가지 가능성이 있다고 합니
       다. 첫째, 뮌하우젠 증후군, 둘째, 하이포콘드리아.

상미, 괴로운 표정.

석훈   한마디로 원고는 증인의 양육 방식으로 인해 정신적으로 이미 취약
       해 있던 상태였습니다. 정신병이 있었던 거죠.

상미   당신 뭐야! 하고 싶은 말이 뭐냐고?! 당신이 도대체 뭘 안다고.. 난
       그냥 민국이 잘 키우려 최선을 다했고 온 마음을 다해 사랑하고 보
       호해 줬을 뿐이라고!

석훈   네, 최선을 다했겠죠! 자신의 공허함을 채우기 위해. (상미에게 다
       가가) 그리고 그 이기적인 최선이 집착과 과잉보호가 되었고, 결국
       독이 되어 민국이를 이렇게 망가뜨린 거 아닙니까!

상미, 당황, 그러다 눈에 눈물이 고인다.

석훈   저 지경으로 아이를 망쳐놓고 남 탓까지 합니까? 당신이 아이 엄마
로서 자격이 있다고 생각하세요?

성찬, 벌떡 일어서고.

판사   (성찬이 일어섬과 동시에) 변호인!
석훈   (조용히 속삭이듯) 원고는 평생 불구로 살 수도 있어요. 그리고 그
건 이상미 씨의 집착과 과잉보호 때문이지, 피고 때문이 아닙니다.

효민, 석훈을 보는데. 상미, 석훈의 말에 표정 무너져 내리고. 효민, 그런 상미
를 보는데.

S#35. 법원 복도 (오후)

효민, 석훈을 뒤에 쫓아가 옆에서 걸으며 따지듯.

효민   꼭 그렇게까지 말해야 되나요? 일부러 상처 주고 싶은 사람처럼.
석훈   …
효민   그렇게 사랑하는 자기 아이를 저렇게 망쳐놓은 것마냥 후벼파야 했
냐구요?
석훈   네, 그래야 알죠. 마치 좋은 엄마인 양 착각에 빠져 살고 있지만, 실상
은 자신의 공허함을 채우기 위한 수단으로 아이를 이용하는 거니까.
효민   민국이 엄마는 자신보다 민국일 더 사랑하고 헌신하고 최선을 다해
표현한 거예요. 그 사랑이 조금 과했을 뿐이고. 그렇다고 그 마음까
지 부정하진 마세요.

       에스콰이어

석훈   모든 엄마들이 자식한테 헌신적이고 자신보다 자식을 더 사랑한다
        고 단정 짓지 말아요.

효민, 석훈을 본다.

석훈   엄마도 인간이고 인간은 잔인하리만큼 이기적이에요. 세상엔 엄마
        가 되고 싶어 하지 않는 사람도, 돼서는 안 되는 사람도 있어요.
효민   네, 압니다! (목소리 작게) 잘 안다고요. (다시 목소리 높여) 말로 뼈
        때리는 건 좋은데, 잘못 맞으면 상대는 죽습니다. 진실도 독처럼 쓰
        이면 독인 거예요.
석훈   (차갑게) 강효민 씨, 선 넘지 마시죠. (하고 앞으로 걸어간다)

효민, 앞으로 걸어가는 석훈을 보는데..

S#36. 효민 집 안 (저녁)

효민/설아/지은, 저녁 먹으며.

설아   그럼 변호사가 말로 뼈 때리지, 상대방이 상처받을까 봐 말 가려 해
        야 돼?
효민   아니, 뼈 때리는 말로 상대를 제압하는 건 좋은데 마음을 베이게 하
        면 안 되지.
설아   (효민을 보며) 너도 만만치 않아. 말로 조지는 거.
지은   그럼, 그럼. 쟤가 마음이 약해서 그렇지 제대로 마음먹으면 윤석훈
        저리 가랄 걸?
설아   재능이지 재능.
지은   그걸 발견해 준 건 나고. 내가 쟤 변호사 된 거에 기여도가 크다.

#-1. 지은 집 근처 길거리 (저녁) - 지은/설아/효민 회상

고등학생 지은/설아/효민, 앞으로 걸어간다. 설아 손에 떡볶이와 순대가 담긴
검은 봉지가 들려 있다.

설아   엄마는 손꼽히는 변호사, 아빠는 유명한 판사에 법조인 유전자가
         각인되어 태어난 애가 왜 변호사를 안 하겠다는 거야?
효민   ..재미없잖어.
설아   직업을 재미로 고르는 사람이 어딨어? 넌 사춘기가 늦게 오나? 엄마
         에 대한 반항심, 뭐 그런 거야?
지은   (설아에게) 야, 왜 너까지 부담 줘. 부담감 때문에 난독증까지 걸려
         고생하는 애한테.

하자, 효민, 지은에게 애교스럽게 입술을 내밀며 엉덩이를 살짝 들이밀자,
지은, 효민의 엉덩이를 토닥이며 '어구 어구'.

설아   무슨 고생? 그 덕에 하루 종일 노는구만.

앞에 공장 유니폼을 입은 40~50대 아저씨들 세 명이 걸어오고, 그중 이창배
(40대 후반)도 있다.

지은   아빠!! (하고 뛰어가고)

효민/설아도 함께 지은을 따라 뛰어가고.

창배   어디들 가는겨?
지은   우리 집.
창배   (설아/효민을 보며) 아니, 느들은 왜 맨날 좁디좁은 야 집에서 모이

는거?

효민   아늑하잖아요. 아부지 어디가?

창배   이, 공장 직원들이랑 밥 먹으러. 밥들 먹은겨?

설아   (검은 봉지를 들어 보이며) 분식 먹으려구요.

창배   그려, 들어들 가.

하면서 창배, 앞으로 걸어가는데 다리를 절뚝거린다.

효민   아부지 다리 다치셨어? (하는데)

설아   그러게? 절뚝이시네?

지은   (속상한 듯 앞으로 걸어가는 창배에게 소리치며) 아부지, 병원 안 가?

창배, 됐다는 듯 앞으로 걸어가며 뒤돌아보지 않고 손을 들어 인사.

공장직원1 형님, 정말 각서에 서명했어요?

공장직원2 치료비 그거 몇 푼이나 된다고 그거 받고 각서를 써요.

창배   사장이 산재 보험 가입 안 했다고.. 산재 신청하면 과태료랑 징수금
            에.. 공장 망한댜.. 나땜시 다른 사람들 직업 잃게 할 순 없자녀.

#-2. 공중 화장실 안 – 지은/설아/효민 회상

설아/지은, 화장실 문 앞에 서 있고.

지은   왜? 옷이 안 맞아?

효민(E)   다 입었어.

하면서 효민, 화장실 문을 열고 나온다. 〈*효민은 검은색 여자 정장을 입고 있
다〉

설아   오, 잘 맞네.

지은   엄마 옷 같지 않다.

효민   그래? 나는 어색한데.

설아   아냐, 잘 어울려.

지은   (효민에게) 할 수 있어?

효민   그럼!

설아   (주머니에서 청심원 한 알을 꺼내어 효민 입에 넣으려는데) ..

효민   뭐야?

설아   (효민 입에 쏙 넣으며) 씹어. 일단.

효민   앗, 써. 한약이야?

설아   청심원이야. 일단 먹어 둬.

지은   나도 줘.

설아, 청심원 하나를 까서 반을 깨물어 자신이 먹고, 나머지 반을 지은의 입에
넣어준다.

효민/설아/지은, 청심원을 씹으며 결의에 찬 눈빛으로 서로를 마주 본다.

#-3. 공장 사장 사무실 안 (낮) - 지은/설아/효민 회상

설아/효민/지은이 공장 사장 앞에 나란히 서 있고, 공장 사장은 셋을 황당한
듯 바라본다.

사장   그래서 용건이 뭔데?

효민   공장장님께서 당하신 사고는 노후된 기계를 교체하지 않아 발생한
          명백한 업무상 재해입니다.

사장   이미 끝났어. 본인이 책임진다고 각서 썼잖아.

효민   강요된 각서는 무효입니다. 업무상 재해 은폐와 기계 결함 방치는
          산업안전보건법 위반으로 징역형까지 선고될 수 있습니다. 또한,

사고 책임을 근로자에게 전가하는 행위 역시 형법상 강요죄로 처벌 받을 수 있고요!

사장	(움찔하다) 어린 것들이 어른들 하는 일에 나서 나서길.
효민	지금이라도 산재 신고하고 치료비, 위자료 지급하세요. 안 그러면 고소하겠습니다!
사장	웃기고 있네. 니네들이 어쩔 건데?
효민	어쩔 건지는 법정에서 확인하시죠. 회사가 손해배상 미지급 시 자산 가압류하고, 즉시 손해배상청구소송 걸 겁니다. 그리고 강요죄, 산업안전보건법 위반으로 당신! 감옥 보낼 겁니다!

사장은 말문이 막히고, 효민의 단호한 태도에 기가 눌린다. 설아/지은, 뿌듯한 표정.

효민	하나 더. 공장장님이 사고로 사직하셨다던데, 퇴직금을 아직 못 받으셨더라고요?
사장	그건! 공장 사정이 어려워서.
지은	(말 자르며) 밖에 고급 외제차 세워져 있던데?! 그거 당신 차 아니에요?
효민	(지은에게 손을 들어 말리며) 근로기준법상 퇴직금은 14일 내로 지급해야 합니다. 이를 어기면 징역형에 처할 수 있어요. 즉시 퇴직금과 손해배상금 지급하세요! 안 하면! 체불 신고, 지연이자 청구, 자산 가압류까지 진행할 겁니다!
설아/지은	잘한다! / 옳소!

효민, 단호한 눈빛으로 사장을 바라보며, 사장, 움찔. 설아/지은, 뿌듯한 표정.
〈*회상 끝〉

| 지은 | 그때 대단했다 강효민. 어릴 때부터 듣고 자란 게 있어서. |

| 설아 | 애는 태교도 법원에서 했을걸? 얘 엄마 만삭 때까지 변호사로 일하
셨잖아. |
| 지은 | 그 사장, 아마 화병 나서 입원했을 수도. 그렇게 돈 주기 싫어서 끝
까지 버티다가 결국 계좌랑 자산 압류되니 그제야 꼬리 내리고 돈
대신 땅을 줬는데 그게 |

지은/설아/효민, 동시에 "과천!" 하면서 서로 하이파이브 하며 좋아한다.

| 설아 | 이 얘기는 몇 번을 해도, 이 지점에 전율이 쫘악. |
| 효민 | 그때 그 땅 시세가 아부지가 받아야 할 돈의 반도 안 돼서 우리가 그
렇게 말렸는데, 아부지가 한마디 하셨잖아. |
| 지은 | (아버지 흉내) 둬어~ 엿 사 먹겠지. |

지은/설아/효민, 동시에 꺄르르 웃는다.

| 지은 | 난 가끔 우리 아빠 착한 게 무능한 거라 생각했는데, 결국 덕이 되어
이렇게 돌아오네. |
| 설아 | 그래서 우리 지은이가 이렇게 돈 걱정 없이 창작 활동에 전념할 수
있는 거지. |

그때 효민의 전화 울리고. 휴대폰 화면에 "이진우 변호사님"이라고 뜬다.

| 효민 | 네, 선배. 지금이요? 아, 네. 바로 처리하겠습니다. 아니에요, 사무실
가서 하는 게 더 편해요. 네, 알겠습니다, 선배. |
지은	왜? 사무실 다시 가야 돼?
효민	응.
지은	웬일로 일찍 퇴근했다 했더니..
설아	나도 병원 다시 가봐야 해.

에스콰이어

S#37. 율림 사무공간 (밤)

효민, 열심히 업무 중. 그러다 잠시 쉬려는 듯 기지개를 켠다. 하지만 오후에 석훈에게 따졌던 일이 마음에 걸리는 듯, 석훈의 사무실 쪽을 힐끔 본다. 석훈 사무실에 아직 불이 켜져 있고. 그 순간, 석훈이 사무실 문을 열고 나온다. 효민은 화들짝 놀라며 고개를 빠르게 숙이고 가림판에 몸을 숨긴다. 몰래 힐끔거리며 석훈의 움직임을 살피는데, 석훈이 탕비실로 향한다.

S#38. 율림 탕비실 (밤)

석훈, 커피를 내리고 있고. 그때 들어오는 효민. 효민, 석훈의 눈치를 보며 괜히 냉장고를 열어 보는데, 하품하는 척하며,

효민   (혼잣말 크게, 석훈을 힐끗 보며) 아 졸려. 카페인이 필요한데. 냉장고에 넣어둔 에너지 드링크가 없네. 커피라도 한 잔 해야 하나?

석훈   …

효민   (석훈에게 다가가며) 아, 커피 향이 좋다. (석훈에게) 저도 한 잔 내려주시면 안 돼요?

석훈, 효민을 빤히 바라보는데.

cut to

효민   아까는.. 말이 좀 과했어요.

석훈   (커피 한 모금) ..

효민   호주에선 양육권이란 단어를 custody(커스터디)에서 parenting orders(페어런팅 오더)로 교체했는데..

석훈   (효민을 본다) ..

효민　　custody(커스터디)라는 단어에는 소유권의 개념이 내포되어 있어
　　　　서 아이는 부모가 소유할 수 있는 대상이 아니다..라는 취지로 그렇
　　　　게 했대요.

석훈　　좋은 취지네요.

효민　　저.. 쌍둥이 언니가 있어요.

석훈　　외동인 줄 알았는데?

효민　　(고개 저으며) 언니가 청각 장애인인데 이모랑 이모부도 청각 장애
　　　　인이셔서, 언니는 그 집으로 입양됐죠.

석훈　　(끄덕) ..

효민　　엄마는 완벽주의자였어요. 언니의 장애를 자신의 흠결처럼 여겼던
　　　　것 같아요. 유전병이었으니까. 엄마는 그 흠결을 나를 통해 씻어내
　　　　려는 듯, 정말 지독할 만큼 저에게 최선을 다하셨어요. 자신의 커리
　　　　어도 어느 정도 포기하면서..
　　　　엄마도 법조인이었는데, 주위 사람들은 하나같이 아까운 인재라고
　　　　했죠. 그만큼 보상 심리도 있었을 거예요. 그래서 제 스스로에게도
　　　　큰 부담이었던 것 같아요.

석훈　　...

효민　　결국 탈이 났죠. 고3 때 난독증이 와서 고3을 3년이나 다녔거든요.

석훈　　..17학번인데 나이가 스물여덟이면 유급했을 나이는 아닌데?

효민　　어릴 때 영재 교육을 받아서 2년 월반을 해서..

석훈　　아..

효민　　타고난 영재라기보단 길러진 영재였죠. 엄마의 성과죠.

석훈　　(끄덕.. 커피 한 모금) ..

효민　　아까 법원에서 변호사님이 우리 엄마한테 소리치는 것 같아서..

석훈　　(효민을 본다) ...

효민　　엄마도 인간이고 인간은 잔인하리만큼 이기적이라는 변호사님의
　　　　말이.. 왠지 모르게 위로가 돼요. 그걸 인정하니 이해도 되고.. 용서
　　　　도 되고.

석훈   (끄덕) …

석훈, 생각에 빠지는데..

#-1. 석훈 집 마당 (저녁) – 석훈 회상

석훈, 퇴근해서 집 마당으로 들어오는데.
도우미 1, 쓰레기봉투가 터져 바닥에 쓰레기가 퍼져있어 수습 중.
그때 도우미 1, 석훈을 발견하고.

도우미1   퇴근하셔요? 작가님이 저녁하고 계세요.
석훈   네.
도우미1   (상황을 설명하듯) 이게 봉투가 찢어져서.
석훈   (도우미 1에게 다가가는데) ..
도우미1   오지 마세요. 제가 할게요.
석훈   … (하고 돌아서 앞으로 가려는데)
도우미1   어머 이게 뭐야?!

석훈, 그 말에 놀란 표정으로 도우미 1을 보다, 놀라는 표정으로 도우미 1에게
다가가는데.

#-2. 석훈 거실 안 (저녁) – 석훈 회상

석훈, 세상을 다 가진 듯한 표정으로 급히 안으로 들어서고.
저녁을 준비하고 있는 연아의 뒷모습을 가만히 바라보고 있는 석훈.
석훈, 연아에게 천천히 다가가는데.

연아   (석훈을 쓱 보며) 왔어? (하고 돌아서서 다시 요리 집중하며) 얼른

씻고 와.

석훈   응. (하다 뒤에서 연아 허리를 꼭 감싸 안으며 백허그)

연아   (피식 웃으며) 간만에 저녁 차려주는 모습에 감동했어?

석훈   (연아를 더 끌어안으며) 임신했어?

연아   (순간 얼음. 표정 굳어지고) .. (그러다 석훈의 백허그를 풀며, 애써 아무렇지 않은 듯) 뜬금없이 무슨 소리야. 얼른 씻고 와. (하며 냉장고 쪽으로 향하는데)

석훈   (그런 연아를 보며) ...임신테스트기 봤어.

연아   (멈칫.. 냉장고를 열고 살피듯) 파가 안 보이네.

석훈, 옆을 보니 파가 놓여있고.

석훈   (뭔가 이상함을 감지) ...아니야?

연아   (냉장고 안을 계속 살피며) 아니지..

석훈   ...임테기 두 개나.. 두 줄이던데.

연아   아, 파가 어딨는 거야?

석훈   ...여기 있잖아.

연아   ..(당황. 표정 아무렇지 않은 척하고는 석훈을 보며) 어?

석훈   (파를 가리키며) 여기.

연아   아.. 내 정신 좀 봐.

석훈   ...산부인과 가봤어?

연아   ...응

석훈   ..그래? 왜 얘기 안 했어?

연아   ...그걸 뭐 얘길 해.

석훈   ...그런 걸 얘기 안 하면 뭘 해..

연아   ...

석훈   그래서 뭐래?

연아   ...아니야.

석훈	처음부터 아니래, 아님, 아닌 게 됐어?
연아	…
석훈	너 며칠 전에 친정에 가 있던 거.
연아	(말 자르며) 나 이 얘기 그만하고 싶어.
석훈	…
연아	우리 합의하고 결혼한 거잖아. 아이 없이 우리 둘이 그냥 행복하게 살자고.. (돌아서서 요리를 하는데 눈물이 그렁거린다) ..간만에 요리해서 맛있을지 모르겠다.
석훈	…씻고 올게.
연아	(눈물을 흘리며) 응..

#-3. 석훈 집 욕실 - 석훈 회상

세수하는 석훈.

석훈, 얼굴에 물을 묻힌 채 거울을 보는데.. 눈물이 난다.

석훈, 눈물이 나니 그걸 감추려 세수를 하고.. 그러다 욕조에 걸터앉아 멍... 그러다 다시 눈물이 나고.. 눈물을 꾸역꾸역 참는 석훈.. 그러다 다시 세수.

〈*회상 끝〉

석훈	엄마도 여자고.. 인간이고.. 그래서 이기적인 선택을 할 수 있다.. 그렇게 인정하면 이해도 할 수 있고 미움도 사라질까요..
효민	(석훈을 보는데) …
석훈	머리론 이해하는데.. 아직 마음이..
효민	(석훈을 보는데) ..
석훈	(일어서며) 전 이만.
효민	아.. (일어서며) 네.. 커피 잘 마셨습니다.
석훈	네.. (하고 컵을 들고 돌아서 간다)
효민	(그런 석훈을 보며 생각) …

S#39. 연아/원준의 집 마당 (저녁)

정원준(남, 39세), 마당에서 강아지 해쉬랑 신나게 놀다, 해쉬를 쓰다듬는데.
그때 들려오는 연아 목소리 "저녁 다 됐어!"

원준   (해쉬에게) 저녁 다 됐나 보다. 들어가자~!

S#40. 연아/원준의 집 안 부엌 (저녁)

원준, 부엌에 있는 누군가에게 다가가 배가 분 임신한 여자를 뒤에서 살며시
안는데.

원준   와, 맛있는 냄새..

하는데 화면, 그 여자를 서서히 비추는데, 그건 다름 아닌 (현재 모습의) 연아.
〈*임신 6개월로 배가 꽤 불렀다.〉

원준   (연아의 배를 쓰다듬으며) 우리 깜짜기도 배고프지? 얼른 먹자~

그런 원준을 보며 미소 짓는 연아 모습에서..

-3화 끝-

4화 | lex talionis
(렉스 탈리오니스)

S#1. 타운하우스 집 앞 (밤)

비 내리는 밤. 어느 집에서 양 주먹을 꽉 쥔 채 터벅터벅 걸어 나오는 정장 입은 남자. 〈*카메라, 얼굴은 잘 보이지 않게〉. 터벅터벅 걸어 나오는 남자의 점점 클로즈업되는 오른팔. 팔등에 피가 나, 그 피가 오른손 주먹을 타고 바닥에 뚝뚝 떨어진다. 주먹 역시 다 까지고 상처가 나 있다. 〈*카메라, 얼굴은 잘 보이지 않게〉. 그 뒤로 눈물 고인 효민, 그 집에서 나와 비를 맞으며 그 남자에게 뛰어 다가가는데. 손에는 손수건 〈*3화 S#17에서 석훈이 효민에게 주었던 손수건〉이 들려있다. 〈*slow motion〉 손수건을 그 남자 주먹에 감싸는데. 손수건에 피가 번지며.
웅장한 음악과 함께 타이틀 In.

lex talionis (렉스 탈리오니스) - 눈에는 눈, 이에는 이

S#2. 골프장 필드 (낮)

희철/태섭/도윤/최철민(남, 39세) 〈*굉장히 깔끔하고 젠틀한 이미지〉, 골프 치는 중. 철민이 치자, 희철/태섭/도윤, 호들갑 떨며, '나이스샷', '역시' 등, 박수치며 어떻게든 잘 보이려고 철민의 눈치를 보고.

cut to

철민/태섭, 앞으로 걸으며 대화 중.

철민   단도직입적으로 말씀드릴게요.

태섭   아, 네, 편하게 말씀 주십쇼.

철민   전 1등 좋아합니다.

태섭   아, 네.

철민   그래서 대한민국 1등 로펌인 리앤서와 일하는 거구요.

태섭   네, 저희 율림이 아직 많이 부족합니다.

철민   제가 우리 고승철 대표님한테 개인적으로 빚진 게 많아요. 그래서 이번에 기회를 한번 드려 보려는 거구요.

태섭   네, 알고 있습니다. 감사합니다! 열심히 하겠습니다!

철민   아직 인사받기는 이릅니다.

태섭   네?

철민   조건이 있습니다.

태섭   ..무슨..

철민   개인적으로 귀찮은 일이 생겨서.. 개인 송무 처리해 줄 사람이 필요한데..

태섭   아, 당연히 해 드려야죠! 저희 홍도윤 변호사가,

철민   (말 자르며) 아니요. 원하는 변호사님이 따로 있습니다.

태섭   누구..

철민   윤석훈 변호사님.

뒤에서 얘기 듣던 도윤/희철, 당황. 태섭도 당황.

태섭	아니, 윤석훈 변호사는 그닥.
철민	(말 자르며) 승률도 높고, 업무 처리 깔끔하시다고 들었습니다.
태섭	아..
철민	제 조건은 그겁니다. 윤석훈 변호사님이 제 개인 송무 맡아주면 COMO 펀드의 SMR 전문 기업 투자건, 리앤서가 아닌 율림에게 맡기죠.

도윤/태섭/희철, 곤란한 표정..

S#3. 골프장 안 카페 내부 (낮)

도윤/태섭/희철/철민, 커피를 마시다 철민이 화장실을 가자.

도윤	아, 이거 어쩌죠?
희철	아 왜 하필 윤석훈이야.. (태섭을 보며) 하겠습니까, 그 인사가.
태섭	하게 만들어야지. 송무그룹 부문장이 김율성 대표님이시잖아. 아버지 오른팔.
도윤	그렇죠, 그렇죠. 그 말인즉슨 우리 형님 편이라는 거고.
태섭	(끄덕) 윤 변호사 내 말은 안 들어도 김 대표님 말은 좀 먹혀.
희철	아, 그래요?
도윤	아, 그렇겠네요. 자기 사수인 권나연 대표의 사수가 김율성 대표님이셨잖아요.
태섭	(끄덕) ..

S#4. 율림 김율성 사무실 안 (낮)

율성/태섭/철민이 앉아 있고 그때 들어서는 윤석훈.

율성   어, 어서 와, 어서 와.

석훈, 자리에 앉는데,

율성   (석훈에게) 들었지? 우리 여기 고태섭 변호사가 COMO 펀드를 우리 의뢰인으로 모셔 왔어.

태섭   아, 아직은 아니죠. 우리 훌륭하신 윤 변호사님께서 도와주면 성사되는 거죠.

하자, 석훈, 태섭이 왜 저러지 하는 표정으로 태섭을 보고.

율성   (석훈을 보며 철민을 가리키고) 여기 이분은 최철민 대표님, COMO 펀드의 파운더이자 대표님이시고,

석훈, 고개인사.

율성   (철민을 보며 석훈을 가리키고) 여기는 우리 송무팀 에이스 윤석훈 변호사.

철민   (석훈을 보며) 말씀 많이 들었습니다. 아주 유능한 변호사님이시라고.

석훈   네, 감사합니다. 근데 (율성을 보며) COMO 펀드 투자 건은 저희 송무팀이 아닌 M&A팀에서 맡아야 할 텐데요.

율성   (끄덕이며) SMR 전문 기업 투자 건은 M&A팀에서 수행할 거고, 윤 변호사를 모신 건 우리 최 대표님께서 개인 송무가 좀 있다 하셔서.. (철민을 보며) 이제 전문가가 왔으니 말씀해 보시죠.

철민   명예훼손으로 고소 좀 하려고요.

율성   누구를..

　　　　　

철민   우리 집 가정부요.

석훈, 철민을 본다.

율성   뭐 때문에요?
철민   그게..
율성   아, 편하게 말씀해 보세요.
철민   그 사람이 저보고 딸을 학대했다고 경찰에 신고했어요. 심지어 언
         론에까지 제보를 했고요.

율성/태섭, 놀란다.

석훈   ...
철민   다행히 주변 도움 덕에 큰 문제 없이 넘기긴 했지만...
석훈   ...
철민   이대로 두면 더 큰 사고를 칠 것 같아서요.
율성   아, 그래서 고소하시게요?
철민   글쎄요.. 시끄럽고 귀찮은 건 딱 질색이니까, 그냥 법원까진 안 가
         고 조용히 처리했으면 좋겠어요. 법적인 압박이든, 합법적인 협박
         이든.. 뭐, 그런 걸로 해결할 수 있지 않을까요?
율성   아, 그래요?
석훈   상대방도 뭔가 쥐고 있으니 저렇게 나오는 걸 텐데요.
철민   네, 뭐 사진을 찍어놨대요.
석훈   사진이요?
철민   네.
석훈   가지고 있으신가요?
철민   네.

하며 봉투에서 사진들을 꺼내 책상 위에 올려놓는데. 사진 속 철민 딸, 최인영
(여, 4세), 이마가 찢어지고, 복부, 허리 등 군데군데 멍들어 시퍼렇다. 율성/태
섭, 놀란다. 석훈, 표정 굳는다.

석훈　　이 사진은 어떻게..

철민　　글쎄요. 멍이나 상처 같은 건 분장으로 쉽게 만들 수 있잖아요. 저
　　　　는 바빠서 딸이랑 시간을 많이 못 보내지만, 그 사람은 매일 함께하
　　　　니 뭐든 꾸며낼 수 있지 않겠습니까?

석훈　　…

철민　　이런 상황에선, 결국 잃을 게 많은 쪽이 약자가 되는 법이죠. 언론
　　　　이 잘못 보도하기라도 하면 그때부터는 진실이 중요하지 않거든요.
　　　　기업 이미지가 손상되면 저뿐 아니라 투자자들까지 피해를 볼 테니
　　　　신중할 수밖에 없어요..

율성　　그렇지, 그렇지.

태섭　　악질이 걸렸구만.

철민　　돈 주고 그냥 끝낼까도 생각했는데, 나중에 그 사실마저 악용돼서
　　　　내가 인정한 꼴이 될까 봐 그것도 방법이 아니더라고요.

태섭/율성, 끄덕끄덕. 석훈, 철민을 본다.

S#5. 석훈 사무실 (낮)

진우/석훈, 앉아 있고. 석훈, 자료를 검토하고 있고.

진우　　코모펀드의 실제 투자자 중에 VIP가 있단 얘기가 있어요. 정계 유명
　　　　인사들 대부분이 엮여 있고, 뿌리가 조폭인 사업가들도 대거 얽혀
　　　　있는 것 같습니다.

석훈	(끄덕) ..
진우	최철민 대표, 자기 딸한테 그럴 사람 같지 않아 보여요. 미디어에 노출된 거 보면 세상 스위트 하던데요.
석훈	…
진우	뭐 여하간 직관적으로 얘기하자면 사람 하나 죽이고 그냥 풀려난다고 해도 이상할 것 없을 만큼 막강한 파워를 지닌 인사예요.
석훈	(서류 읽으며) 네..

그때 울리는 석훈의 전화. '김율성 변호사님'이라고 휴대폰 화면에 뜨고.

석훈	(전화를 받으며) 네, 변호사님,
율성(E)	그, 최 대표한테 제안한 수임료 5억 원.. 받아들이겠다네요.
석훈	네.
율성(E)	조금 과한 수임료지만 윤 변호사가 그렇게 하자면 그렇게 하겠다네. 어떻게 하시겠어?
석훈	네, 맡아 진행하겠습니다. 네.. (전화 끊고 진우에게) 코모펀드 건 수임료 확정되었으니 진행하시죠.
진우	진짜 하시게요?
석훈	회의 가시죠.
진우	(시무룩) 네..

S#6. 율림 탕비실 (낮)

커피 마시고 있는 진우와 민정.

민정	정말 윤 변호사님 그 사건을 맡으셨다고?
진우	어. 이해가 안 가. 아이들 관련된 사건엔 엄격하시잖아.

민정	알지. 아동 학대, 가정 폭력, 동물 학대 사건은 무슨 일이 있어도 변호 절대 안 하시잖아.
진우	거기다 윤 변호사님이 이 사건 해결해 주면, 코모펀드가 고태섭 변호사 클라이언트가 될 거고, 그럼 그 인간.. 단번에 매출 1위 될 텐데.. 아버지가 파운더에 그런 성과까지 올리면.
민정	대표 자리에 올라가겠지.
진우	그럼 우리는..
민정	(어깨 톡톡 두드리며) 아으, 걱정하지 마. 윤 변호사님 몰라?
비서1	(민정에게) 여기 계셨네요?
민정	왜요?
비서1	김율성 변호사님이 회의실로 오시랍니다.
민정	회의 잡힌 거 없는데. 내부 회의?
비서1	아니요. 새로운 의뢰인인데 이혼 소송 같습니다. 약속 안 하고 찾아오신 거 같아요.
민정	오케. (표정으로 진우에게 나 갈게 하는)

진우, 귀엽게 웃으며 손으로 '빠이빠이'.

S#7. 율림 3번 회의실 안 (낮)

〈*통유리로 되어 있어 방음은 잘 되어 있으나, 블라인드를 치지 않아 밖에서 안이 보인다.〉

율성, 회의실에서 상담 중. 율성 앞에 앉아 있는 구자현(여, 32세). 그때 회의실로 들어서는 민정. 자현을 보자 놀라는 민정. 자현은 덤덤하게 민정을 본다.

율성	어, 어서 와. 이번에 이혼 소송 의뢰하신.
민정	(말 자르며 자현을 보며) 네가 왜..

율성	어? 아는 분이서?
민정	..
자현	오래간만이에요.
민정	네가 왜 여기 있냐고.
율성	왜.. 왜 그래? 무슨 일이야.
민정	(율성에게) 죄송하지만 잠시 자리 좀 피해주시겠어요?
율성	어? .. (자현과 민정을 보다) 어.. (하고 나가는데)

S#8. 율림 3번 회의실 앞 (낮)

율성, 회의실 문을 닫고 나오면서 회의실 안 상황을 살피는데. 지나가던 진우.

율성	(혼잣말로) 누군데 저렇게 심각해?
진우	왜요?
율성	어? 아냐 아냐. (혼잣말로) 아우 무서 무서.
진우	누가요? (하다 회의실을 보는데) 허민정 변호사요?
율성	응.. 난 허 변호사가 우리 마누라보다 더 무서워.
진우	(피식) 근데 저분은 누구?

화면, 자현 비추고.

율성	아, 이혼 소송 의뢰인. 내 명성 듣고 찾아왔다는데.
진우	(복화술 혼잣말로) 에이, 허민정 명성 듣고 찾아왔겠지.
율성	(못 들은 듯) 뭐?
진우	아, 아니요, 역시 네임드라! 훌륭하시다고요!
율성	(끄덕이며) 하여간 이혼 소송 맡아달라는데, 둘이 아는 사인가 봐.
	분위기 심상치 않던데.

진우　　　그래요? (궁금한 듯 3번 회의실 안을 유심히 본다)

S#9. 율림 회의실 (낮)

석훈/진우/국현/상철/효민/호연, 회의 중.

진우　　　다음은 포항 지역에 발생한 지진의 피해자들에게 보험금을 지급한
　　　　　보험사들이 제기한 구상금 청구 소송의 피고 대리 건입니다.
석훈　　　네, (서류를 훑어보다) 피고들 만나러 포항으로 가야겠네요.
진우　　　네, 그렇습니다. 지, 오, 최 변호사랑 함께 동행할 예정이고, 마침 포
　　　　　항 시장을 대리하고 있는 노동청의 행정 심판 기일이 비슷한 날짜
　　　　　에 잡혀 포항 출장을 4박 5일로 예정하고 있습니다.
석훈　　　네, 알겠습니다.
국현　　　(효민에게 속삭이듯) 강효민 쓸쓸하겠네. 우리 다 포항 가면 사무실
　　　　　에 덩그러니 혼자 남아 일하겠네.
효민　　　(끄덕) ..
석훈　　　다음.
진우　　　네, 다음은 레퍼런스 넘버 237-17로 COMO 펀드 최철민 대표가 가
　　　　　정부를 상대로 한 명예훼손 등에 대한 고소 건입니다.
석훈　　　네..
진우　　　어떻게 진행할까요?
석훈　　　가정부랑 면담 잡아주세요.
진우　　　네.

S#10. 율림 복도/사무공간 (낮)

 　　　　　　　　　　　　　　　　　　　　　　　에스콰이어

일하고 있는 효민/국현/상철/호연, 비춰진다. 그때 다가오는 진우.

진우　　　강 변호사.
효민　　　네.
진우　　　이거 최철민 대표 가정부 연락처랑 주소. (건네고)

효민, 받는다.

진우　　　전화 계속 안 받는데, 난 2시에 재판 가야 해서, 강 변호사가 일단
　　　　　여기 나온 주소로 가봐.
효민　　　네.
진우　　　가서 뭔 얘기하는지 그냥 듣고만 와. 그쪽에서 원하는 거 일단 파악
　　　　　하는 게 중요해.
효민　　　네.
진우　　　지, 오, 최.

상철/국현/호연, 동시에 "네."

진우　　　내일부터 포항 출장이니 하던 일들 마저 마무리해서 오늘까지 넘겨.

상철/국현/호연, 동시에 "네."

S#11. 달동네 외부 전경 (낮)

S#12. 달동네 골목 (낮)

〈*계단이 많아 차로 진입이 안 되는 지역〉
효민, 김영숙(여, 51세, 최철민 前 가정부)의 집을 찾는 중. 주소 표시가 복잡하게 되어 있어 사람들에게 물어물어 찾아가는 중. 효민, 계단이 가팔라 힘들고.

S#13. 영숙 집 (낮)

〈*달동네 중에서도 허름한 집〉
효민, 힘든 듯, 땀 흘리고.

효민   계시나요? (하고 문을 두드리는데)
영숙남편   누구요?

하고 나오는데, 술과 세월, 가난에 찌든 모습.
효민, 영숙 남편에게 인사 꾸벅.

효민   안녕하세요, 법무법인 율림에 강효민 변호사라고 합니다. 여기가
            혹시 김영숙 씨 댁이 맞나요?
영숙남편   맞는데, 무슨 일이오?
영숙(E)   누구 왔어?
영숙남편   뭔 변호사가 왔네?
영숙   어? 변호사? (하면서 나오는데)

영숙, 효민을 위아래로 보고,
효민, 인사 꾸벅.

cut to
영숙   아주 내 가슴이 찢어져 못 살겠기에 그랬어. 그 어린 것이... (눈물

글썽)

영숙남편   아 그 얘기 그만 혀. 지 애미, 애비 잘못 만난 팔자지. 남의 집구석 일에 나서 가지곤, 이게 뭐여, 맨날 귀찮코로..

영숙   (남편 째려보며) 아 좀 나가 있어. 손님이랑 얘기하는데!

영숙남편   에잇. (하면서 나가고)

효민   ...

영숙   언젠가부터 집에 오면 애기 몸부터 살펴보게 되더라구.. 그놈한테 또 얼마나 맞았나.. 얼마나 아팠을꼬, 얼마나 무서웠을꼬. (눈물 닦으며) 가끔 청소하고 있다 보면 조용해서 뭐 하고 있나 요로고 보면 애기가 멍..하니 창밖을 바라보고 있는데.. 어휴.. 4살 아기 표정이 아니야.

⟨*영숙의 말에 맞춰 장면 보여진다.⟩
#-1. 철민 집 – 회상

영숙이 인영이를 살펴보는 장면. 인영이 몸에 군데군데 상처, 멍투성이. 가슴 아파하는 영숙.
청소하고 있는 영숙. 인영, 창밖을 바라보며, 세상 잃은 듯한 표정.
⟨*회상 끝⟩

효민, 표정이 안 좋다.

효민   ...사진 말고 다른 증거는 없으신가요?

영숙   그르치.. 몰래카메라 같은 거 달아서 증거라도 확보할까 했는데, 당장 먹고사는 게 힘드니까.. 그냥 애기 다친 것만 사진 찍어놨죠.

효민   그럼 사진 속 상처들이 최철민 씨가 때려서 난 상처라는 직접적인 증거는 없는 건가요?

영숙   그럼 애가 어서 그렇게 다친대요? 넘어지는 것도 한두 번이지.

효민   최철민 씨가 아이를 직접 때린 걸 목격했다거나 그런 적은 없으신
        가요?

영숙   다루는 게 거칠긴 해도 내 앞에서 때린 적은 없어요. 근데 애기 반응
        을 보면 알지.. 애가 지 아빠 나타나면 얼굴이 하얗게 질려서 내 뒤
        에 숨는데 (가슴을 치며) 아우 아우.. 정말.. 내가 애기 데리고 그 집
        을 뛰쳐나가 버릴까 몇 번이나 생각했는지 몰라.

효민, 고개 떨군다.

영숙   (울먹이며) 한번은 출근했는데, 애가 안 보이는 거야. 어디 갔나 싶
        어서 찾다, 아빠랑 어디 갔나 했는데.. 옷 치우려다 보니 애가 옷장
        에 숨어 있더라구.. 근데 얼마나 많이 맞았는지.. 애 끌어안고 우는
        데.. 애가 덜덜덜 떨더라고. 몸 상태가 심상치 않았어요. 그래서 병
        원 데려가려고 나서는데 그 악마 같은 놈이 남자 하나랑 들어오더
        라구. 병원 가면 지 한 일이 드러날까 봐 의사를 집에 들여 치료받게
        하드라고.

〈*영숙의 말에 맞춰 장면 보여진다.〉
#-2. 철민 집 - 회상

영숙, 집에 들어서는데 인영이 안 보이자 찾는다.
"인영아~ 아가~~, 아가~~~"
인영, 옷장 속에 숨어있고.
얼굴, 입술 터지고, 맞아 부었다. 멍투성이. 식은땀.
몸은 덜덜 떨고 있다.
영숙, 인영을 옷장 속에서 발견.
영숙, 인영을 보자 복받쳐 올라, 붙들고 엉엉 운다.

                                    에스콰이어

cut to

영숙, 인영을 병원에 데리고 가려고 집을 나서려는데, 철민이 들어온다.

철민 뒤에 따라 들어오는 의사.

의사, 인영을 진찰한다.

영숙(E)   그 후에도 종종 그 의사 놈이 집에 와서 애기 치료해 주고 갔어요.

애가 다 나을 때까지 어린이집도 안 보내고..

#-3. 철민 집 - 회상

의사, 인영이 치료 중.

철민   (어린이집 선생과 통화 중) 아, 네 선생님, 제가 미리 말씀 못 드렸네

요. 지금 싱가포르 출장 와 있는데 우리 인영이도 같이 왔어요. 아

네 네, 한 3주 정도 있을 거라. 아 하하 네, 네. 갔다 와서 연락드릴

게요.

〈*회상 끝〉

효민   ...그래서 병원 기록도 없고.. 어린이집에서도.. 몰랐군요..

영숙   악마 같은 놈.. 때려죽여도 시원찮은 놈..

효민   경찰 신고는 반려 처분됐던데..

영숙   (화나는 듯) 다 한통속이에요. 경찰이 내가 신고한 것까지 얘기해서

이젠 인영이 얼굴도 못 보고..

효민   ....

영숙   그 집 일 그만두고부터 매일 악몽에 시달려. 전화가 울리면 인영이

잘못됐다는 소식일까 봐 심장이 두근거리고.. 그래서 생각하다 언

론 제보를 했는데 (울컥) 묵살됐어요..

효민, 표정 안 좋다.

S#14. 석훈 사무실 (낮)

석훈/진우/효민, 논의 중.

효민   여하간 제 느낌으론 가정부 말이 다 사실인 거 같았어요.

진우   아직 속단하긴 일러. 지금으로서는 김영숙 씨 말이랑 사진 몇 장뿐
이잖아.

효민   진실을 말하는 눈빛이었어요.

진우   눈빛으로 진위 여부를 가리자는 거야?

효민   우리가 왜 진위 여부를 가려요? 의심스러우면 일단 신고하고 법의
판단에 맡기면 되죠.

진우   자기 의뢰인을 신고하는 변호사가 어딨어? 비밀유지의무 위반이고
변호사 징계사유에 해당하는 거 몰라?

효민   선배는 그게 중요해요?

진우   …

효민   변호사법 위반이 걸리는 거면 신고는 제가 할게요. 변호사법 위반
으로 처벌받는다 해도.

석훈   (말 자르며) 경솔하게 굴지 마세요.

효민   네?

석훈   나가 봐요.

효민   (실망한 톤으로) 변호사님.

석훈   …

효민   사무실 돌아오는 내내 한시라도 변호사님한테 최철민이 한 짓 이를
생각으로 마음이 얼마나 바빴는 줄 알아요?

석훈/진우   …

효민   이르면 변호사님이 가만 안 둘 거니까! 바로 조치 취해줄 테니까!

석훈   (말 자르며) 제가 검사입니까? 판사예요? 무슨 조치!

효민   …

석훈   선 넘지 말고 주어진 일이나 하시죠.

하고 뒤돌아선다. 효민, 말하려는데,

진우, 효민을 말리고, 나가자는 제스처.

효민, 서운함에 눈물 핑.

S#15. 율림 사무공간 (낮)

일하고 있는 효민/국현/상철/호연. 그때 화가 난 듯 걸어오는 태섭.

태섭   강효민!!!

큰 소리가 나자 효민/국현/상철/호연, 태섭을 놀라 본다. 효민에게 다가오는
태섭. 그 소리를 진우도 듣고, 방에서 나오고. 석훈, 위층 복도에서 소리 나는
쪽을 보는데,

태섭   피딱지도 안 마른 1년 차 주제에 네가 뭔데 나서 나서길!

진우, 태섭에게 다가가고. 석훈, 위층 복도에서 아래 상황을 바라보는 중.

효민   …

태섭   아, 나 진짜 뭐 이런 게 들어와서 사람 속을 뒤집어?

진우   무슨 일이세요?

태섭   (진우를 보며) 너도 그래. 신입 관리를 어떻게 하는 거야?! 최철민

가정부 강효민 혼자 만나러 갔다며.

진우　　네.

태섭　　1년 차 나부랭이가 할 줄 아는 게 뭐가 있어서 거길 혼자 보내?

진우　　뭐 때문에 그러시죠?

태섭　　(석훈을 보며) 최철민 가정부가 최철민한테 문자 보냈단다!

하면서 캡처한 문자를 보여주는데.

Insert- 영숙 문자

"아까 당신 변호사 왔다 갔는데 당신 이제 끝났어. 내가 그 변호사
한테 다 말했고! 그 변호사가 인영이 구해주고 너 혼내준다고 약속
하고 갔어! 나 끝까지 할 거야! 지금 당장 돈 보내!"

태섭　　변호사 왔다 갔는데 그 변호사가 인영이 구해주고 최철민 혼내 준
　　　　다고 약속하고 갔다고! 돈 때문에 이러는 여자한테 의뢰인 뒤통수
　　　　치면서 구실 제공이나 하고, 잘 쳐 돌아간다!

효민, 눈물 핑. 진우, 문자 보다 한숨.. 석훈, 보다 방으로 들어간다. 호연, 효민
에게 다가가 괜찮은지 살핀다.

S#16. 율림 옥상 (낮)

효민, 풀 죽어 있다. 그때 음료수 들고 다가오는 진우.

진우　　뭘 이런 거 갖고 그렇게 축 처져있어?

효민　　..선배...

진우. 음료수 건네며 앉는다.

진우　　김영숙 씨, 의뢰인 지갑에 손대고 고급 시계 훔쳐다 팔고.. 그래도 최철민 대표가 자기 딸 잘 보살펴 줘서 용서해 줬는데 마지막에는 금고에까지 손댔대. 그래서 안 되겠어서 그만두라 했는데, 그거 앙심 품고 딸 학대했다고 협박했나 봐.

　　　　Insert-
　　　　영숙, 청소하다 몰래 최철민 방에 있는 지갑에 현금을 꺼내고.
　　　　영숙, 청소하다 몰래 최철민의 고급 시계를 주머니에 슬쩍 넣고.
　　　　영숙, 금고가 살짝 열려 있자, 그 안에 들어있는 금과 현금 일부를 가방에 급히 담는데.

효민　　(놀라며 진우 얘기 듣는데) ..
진우　　이거. (하면서 효민에게 서류를 건네고)
효민　　(서류를 보는데) ..
진우　　김영숙 씨 전과 기록 조회해 봤는데 절도, 사기 상습범이더라고.

효민, 살짝 놀라며.. 곰곰이 생각해 보는데.

#-1. 영숙 집 (낮) - 효민 회상

S#13에 이어 효민, 영숙과 대화 끝내고 나오는 길. 영숙, 효민을 배웅 나오고.

영숙　　(효민에게) 그나저나 이 일로 최철민이 망하진 않겠죠?
효민　　네?
영숙　　아.. (망설이며) 아니 내가 그 인간한테 받을 돈이 좀 있어서..
효민　　　　..

영숙   아우 내가 괜한 얘길 했네. 변호사님 바쁘실 텐데, 어서 가세요.
         〈*회상 끝〉

효민, 혼란스러운 듯 머리를 헝클어트린다.

S#17. 석훈 사무실 (밤)

석훈, 생각에 잠겨 있는데. 그때, 노크 소리. 석훈 '네' 하자 효민 안으로 들어온
다. 석훈, 효민에게 무슨 일이냐는 듯 보는데.

효민   ..김영숙 씨 전과 기록 봤어요. 죄송합니다. 아까는 제가 감정이 앞
         서서..
석훈   ..
효민   주의하겠습니다.
석훈   ..김영숙 씨가 과거에 절도와 사기를 저질렀다는 사실만으로, 최 대
         표가 딸을 학대하지 않았다는 증거로 확대 해석해선 안 됩니다. 나
         쁜 사람처럼 보이는 이도 선의를 가질 수 있고, 반대로 좋은 사람처
         럼 보이는 이도 악행을 저지를 수 있습니다.
효민   (생각) ..아, 네.. 변호사님.
석훈   나가보세요.
효민   네, 변호사님. (하고 인사하고 나가고)

석훈, 효민이 나가자 생각에 잠긴다.

S#18. 철민 집 밖/안

                                          에스콰이어

석훈, 벨 누르고.

cut to

철민	아 이렇게까지 안 해도 되는데, 뭘 집까지 찾아왔어요.
석훈	사과는 드려야죠. 어쏘 관리 못한 제 불찰입니다.
철민	아, 됐어요. 앞으로 잘하면 되죠.
석훈	…
철민	그 여자가 뱀 같아서, 또 울고불고했겠죠. 연기 학원을 다니나 아주 보고 있으면 절절하다니까요.
석훈	네..
철민	어쨌든 유능하시니까 알아서 잡소리 안 나게 잘 처리해 주실 거라 믿어요.
석훈	네.

하면서 주변을 본다.

철민	(눈치챈 듯) 아, 우리 딸?
석훈	네, 빈손으로 오기 뭐해서 아이 선물을 좀 샀는데.. 좋아할지 모르겠네요.
철민	황 여사님.
가정부	네.
철민	인영이 뭐해요?
가정부	아 방에 있을 텐데요.

cut to

거실로 내려온 인영, 표정 어둡다. 〈*한눈에 봐도 학대가 의심되는 표정, 제스처〉
인영, 가정부 치맛자락을 꼭 잡고 있다.

철민　　　애가 부끄러움이 많아서. 뭐해, 아빠 친구한테 인사해야지.

인영, 경계의 눈초리로 꾸벅 인사한다.

철민　　　소리 내서.
인영　　　(겁먹은 듯) 안녕하세요.

석훈, 인영에게 다가가고. 인영, 겁먹은 표정. 석훈, 선물을 주려 손을 뻗자, 인영, 두 팔로 자기 얼굴을 감싸고. 석훈, 감정을 꾹 누르고, 손을 거두어들인다.

석훈　　　이거 인영이 선물이야.
인영　　　..
철민　　　뭐해, 감사합니다, 하고 받아야지.

인영, 꾸벅.

철민　　　소리 내서 인사하라고.

인영, 겁먹어 얼굴이 질렸다.

인영　　　감사합니다. (하고 배꼽 인사)

철민, 고갯짓을 하자. 가정부, 인영을 데리고 간다. 석훈, 다시 소파로 가 앉는다.

석훈　　　아이 엄마는.
철민　　　(표정 싸하게) 그년 얘긴 별로 안 하고 싶네.
석훈　　　...
철민　　　(표정 바뀌며) 나 이번 주말에 남운그룹 남규철 대표랑 골프 약속 있는데, 조인하시겠어요?

| 석훈 | ... |

철민   남운그룹 남 대표가 요새 주주대표 소송 걸려서 골머리 앓고 있거든요. 내가 윤변 애기 잘 해뒀어요. 골프 치면서 얘기 마무리하시죠.

석훈   ..네, 신경 써주셔서 감사합니다. 참석하겠습니다.

S#19. 율림 엘리베이터 앞

영숙, 두리번거리는데 그때 마침 효민이 눈에 들어오고. 영숙, 표정 밝아지며 반갑게.

영숙   변호사님!

효민   (영숙을 보는데..) 아.. 오셨어요?

영숙   네, 아 여기 찾느라 욕봤네요. 내가 이런 복잡한 데는 잘 안 와봐서.

효민   (표정 관리) 네..

영숙   여기 오면 차비는 준다 했는데.

효민   (표정 굳어지며) 네, 끝나면 드릴 겁니다.

영숙   (효민의 표정을 살피며) 무슨 일 있어요?

효민   ..그냥 김영숙 씨가 어떤 분인지, 솔직히 혼란스러워요.

영숙   ..내가 도둑놈에 전과자라고, 그놈이 그렇게 말했나요?

| 효민 | ... |

영숙   그래요, 내가 부모 잘못 만나고, 남편 잘못 만나서 사기도 치고 도둑질한 건 맞아요. 하지만 비 맞고 굶은 길고양이를 그냥 지나치지 못하는 사람도 저예요. 난 그냥 그 악마 같은 놈한테서 인영이를 구하려고 할 뿐입니다.

| 효민 | ... |

S#20. 율림 회의실 (낮)

효민/진우/석훈/철민, 앉아 있고. 그 앞에 영숙, 앉아 있다.

석훈　　(영숙에게) 돈이 목적이 아니다? 가정부 일 어떻게 그만두셨죠?
영숙　　그건,
석훈　　(말 자르며) 최철민 씨 집에서 5천만 원 상당의 현금을 훔쳐 달아나
　　　　려다 경찰에 붙들려 잘린 거 아닙니까?

철민, 실실 웃고 있고.

영숙　　그건 함정이었어요!

진우/석훈/효민, 영숙의 얘기를 듣고 있다.

영숙　　학대 신고가 반려됐다는 얘길 듣는 순간, 그냥 애기 데리고 도망가
　　　　야겠다 싶었어요. 근데 가진 돈도 모아둔 돈도 없고.. 그때 금고가
　　　　눈에 들어왔어요. 평소엔 늘 닫혀있었는데, 조금 열려있는 게 보이
　　　　더라고요.

진우/석훈/효민, 영숙의 얘기를 듣고 있다.

영숙　　그렇게 돈 챙겨서 애기랑 나서는데.. 앞에 경찰이 있었어요.

철민, 실실 웃는다.

석훈　　그 후에도 학대 핑계로 협박하면서 돈 요구하셨잖아요.
영숙　　협박? 협박받은 건 나예요! 하루 벌어 하루 먹고사는 사람한테 한

　　　　　　　　　　　　　　　　　　　　　　　　에스콰이어

달 치 월급도 안 주고, 퇴직금도 안 주고! 받아야 할 돈을 요구했을 뿐인데 이 일로 돈 못 주겠다고 내 숨통을 조인 건 저 사람이라고 요!

석훈, 영숙에게 고소장 툭 던지고,
'탁' 소리에 영숙, 흠칫.

영숙	이게 뭐죠?
석훈	피고소인 김영숙의 명예훼손 범죄사실 및 무고 범죄사실이 담겨있는 고소장입니다.
영숙	(겁먹은 표정) 네?
석훈	피고소인 김영숙은 고소인 최철민으로부터 금품을 갈취할 목적으로 고소인이 딸 최인영을 학대한 사실이 존재하지 않음에도 불구하고 학대하였다는 등의 허위 사실을 신고함으로써 최철민을 무고하였다!

영숙, 겁먹은 표정.
효민, 표정 안 좋고,
철민, 실실 웃고 있다.

석훈	피고소인 김영숙은 문진신문 기자에게 최철민이 딸 최인영을 학대하였다는 등의 허위의 사실을 제보하여 명예훼손 범죄를 저질렀다. 형법은 사람을 비방할 목적으로 언론에 허위 사실을 적시함으로써 명예훼손죄를 범한 자를 7년 이하의 징역! 또는 1천500만 원 이하의 벌금에 처하도록 규정한다!

영숙, 겁먹은 표정으로 석훈을 보고 있다. 효민, 표정 안 좋고. 진우, 고개 숙인다.
철민, 여전히 실실 웃는다.

영숙   (울먹) 저 악마 같은 놈이 진짜 인영이를 때렸다고! (철민을 보며)
        쓰레기 같은 새끼! 개만도 못한 놈! 찢어 죽여도 모자랄 놈!

철민, 표정 무섭게 변한다. 석훈, 손바닥을 탁 내리치며.
영숙, 효민, 그 소리에 흠칫.

석훈   형법에 따라 공연히 사람을 모욕한 자는 1년 이하의 징역이나 금고
        또는 200만 원 이하의 벌금에 처한다! 모욕죄도 추가해 드리죠.

영숙, 억울해서 눈물 맺힌다.

석훈   민사 소송도 할 겁니다.
영숙   …
석훈   남편 빚 갚으시느라고 빠듯하실 텐데, 벌금형에 손해배상까지.. 빠
        듯하시겠어요.
영숙   … (손 떨린다)

철민, 실실 웃는다.

석훈   변호사 선임할 비용은 있으세요?

영숙, 석훈을 원망스러운 눈빛으로 째려본다. 효민/진우, 표정 안 좋다. 철민,
풋.. 하고 웃는다.

석훈   그럼, 법원에서 보죠.

하고 일어서려는데,
효민/진우, 석훈이 일어서려 하자 따라 일어서려 하고.

                                              에스콰이어

철민, 거만하게 일어서려는데,

영숙　　　(다급하게) 원하는 게 뭐예요.

석훈　　　(피식, 다시 앉으며 천천히 영숙을 응시하며) 뭐일 것 같아요?

영숙　　　...

석훈　　　그만 설쳐요.

철민, 풋 하고 웃는다. 효민, 석훈을 본다.

석훈　　　다시 한번 설치면 그땐 이렇게 안 끝납니다. 금품갈취를 목적으로
　　　　　　한 공갈 협박으로 감방에 처넣겠습니다.

영숙, 얼굴 하얗게 질린다. 효민, 석훈에게 실망한 표정.

영숙　　　... (곧 울 것 같은 표정)

석훈, 영숙을 응시하다 파일에서 서약서를 꺼내 영숙에게 툭 던진다.

영숙　　　이게 뭐죠?

석훈　　　서약서입니다. 민·형사 소송 취하해 주는 대신, 다신 딸 학대 등의
　　　　　　허위 신고, 제보 등을 하지 않겠다는 서약서. 이를 위반해 손해를 끼
　　　　　　치는 경우 손해의 3배를 배상하도록 되어 있습니다.

영숙　　　...

석훈　　　읽어보시고 지장 찍으시죠.

영숙, 결국 눈물...

영숙, 눈물 흘리며 서약서에 지장 찍고.. 효민/진우 표정 안 좋고.. 석훈, 덤덤
한 표정. 철민, 실실 웃는다.

S#21. 엘리베이터 앞/안

진우/효민, 석훈 한 발 뒤에 서 있고. 석훈/철민, 나란히 서서 엘리베이터 기다
리는 중.

철민   와, 진짜 너무 멋있어요. 아, 카리스마!
석훈   …

효민, 석훈을 실망스러운 눈빛으로 쳐다보고.

철민   앞으로 종종 일 맡겨야겠다. 일을 이렇게 깔끔히 처리하니.
석훈   …
철민   내가 안 그래도 골치 아픈 일이 몇 개 더 있는데.. 다음 주에 한 번
           연락드릴게요.
석훈   네.

엘리베이터 오고, 기분 좋게 타는 철민. 인사하는 석훈, 따라 인사하는 진우/효민.
엘리베이터 닫히자.. 가만히 그렇게 서 있는 석훈.. 효민, 뭐라고 한마디 하려
는데 진우, 효민을 말리는 제스처.

S#22. 율림 엘리베이터 앞 (밤)

석훈, 엘리베이터 기다리고 있는데. 효민, 엘리베이터로 향한다.

석훈   …
효민   나한테는 김영숙 씨 과거 범죄 사실을 확대 해석하지 말라고 해놓
           고서는.. 변호사는 왜 하십니까?

석훈   …

효민   약한 사람 괴롭히고, 힘 있는 사람 뒤 봐주려고 합니까?

석훈   …

효민   아무 말씀이라도 해보세요!

석훈   (차갑게) 무슨 말.

효민   변명이라도 하시라구요.

석훈   (차갑게, 무뚝뚝) 내가 왜.

하는데 엘리베이터 열리고, 석훈, 탄다.

효민, 감정이 올라오는 듯, 엘리베이터 문 안 닫히게 버튼 누르고 있다. 석훈,
효민을 본다. 효민, 석훈을 보며 눈물이 살짝 맺힌다. 석훈, 한숨, 그리고는 엘
리베이터에서 내린다.

석훈   어쩌라고.

효민   최철민 신고할 거예요.

석훈   신고하면, 경찰이 다 해결해 줍니까? 무혐의로 사건 종결시키면!

효민   ..

석훈   가지고 있는 건 사진뿐이에요. 의사까지 집에 들이고 가정부도 혐
        의 씌워 쫓아내는 치밀한 놈입니다.

효민   …

석훈   코모펀드에 들어간 돈 대부분이 최고 권력층 주머니에서 나왔어요.
        그 돈 세탁해 주고 합법적으로 불려주는 놈이라고요, 그놈이. 지 딸
        좀 때렸다고 그 새끼 감방 못 보냅니다.

효민, 놀라 석훈을 본다.

석훈   그렇게 들쑤셔 놓고 그 새끼 집으로 다시 돌아가면, 애는, 애는 어떻
        게 됩니까?!

효민   …

석훈, 화가 나는 듯 엘리베이터 버튼을 세게 누른다. 엘리베이터 열리고. 석훈, 탄다. 효민/석훈, 눈 마주치는데, 그때 효민, 눈에 눈물이 그렁그렁. 〈*눈물 떨어지진 않고〉 엘리베이터 문 닫히고.

〈*교차편집〉

효민, 그대로 서 있다. 석훈, 엘리베이터 안, 아래층 누르지 않고 그대로 서 있다. 잠시 생각.. 효민도 그 자리에 계속 서 있다. 석훈, 엘리베이터 열림 버튼을 누르고. 엘리베이터 열리자, 효민이 여전히 앞에 서 있다.

석훈   …(부드러운 말투) 강효민 씨한테 화낸 거 아닙니다. 내일 봅시다.

효민, 석훈을 보다 눈물이 톡 떨어진다.

효민(N)   그때 갑자기 눈물이 났다. 내가 왜 눈물이 나는지 모른 채, 그냥 그
           렇게 눈물이 났다.

S#23. 율림 내부 전경 (아침~밤)

S#24. 율림 사무공간

효민, 출근하고, 출근하자마자 복층 위층에 있는 석훈 사무실을 바라보는데. 〈*복층 타입. 효민이 일하는 곳은 아래층, 작은 계단을 오르면 복도가 나오고 석훈의 방은 중앙에 있음〉 석훈, 아직 출근 전이다. 다른 사람들도 하나둘씩 출근. 〈*진우/국현/상철/호연은 포항 출장 중이라 회사에 안 나오고 있는 설정〉

잠시 후, 석훈, 출근.

다들 일어나 인사. 효민도 일어나 인사.

석훈, 묵묵히 사무공간과 복층의 위층을 이어주는 계단을 걸어 올라가고.

그런 석훈을 힐긋힐긋 보는 효민.

석훈, 문을 닫고 방에 들어간다.

〈잠시 후〉

40대 초반의 남자 1이 비서 따라 석훈의 방 쪽으로 향한다.

효민, 일하다 쓱 보고.

〈*효민의 시각에서 비춰진다.〉 비서, 노크하고 뭐라 뭐라 하자, 남자 1, 석훈의 방에 들어서고, 비서는 나온다. 〈*석훈의 방이 통유리로 되어 있어 효민의 책상에서 위로 올려다보면 들여다보인다.〉

〈*효민의 시각에서 비춰진다.〉 석훈, 남자 1과 악수를 나누고. 소파에 앉는데.

〈*남자 1은 효민의 시선에서 등지고 앉고, 석훈은 효민을 바라보는 방향에 앉는다.〉

남자 1, 두꺼운 서류를 석훈에게 건넨다.

효민, 뭔지 궁금해서 계속 석훈의 방을 보고 있는데, 그때 석훈, 블라인드를 친다. 〈*버튼 하나만 누르면 투명 통유리가 불투명으로 바뀌는 블라인드〉

효민   ....

cut to

점심시간.

점심 먹으러 하나둘 나가고, 효민, 석훈 방을 보는데,

그때 비서, 석훈 방에 점심 take out을 전달.

효민, 그 모습을 보면서 점심 먹으러 나간다.

cut to

효민, 시계를 보는데, 벌써 5시간째 석훈의 방에서 나오질 않는 남자 1.

효민, 궁금하다.

cut to

어느새 해가 떨어지고..

그때 남자 1, 석훈의 방에서 나오고,

효민, 남자 1을 본다.

cut to

어느새 시간은 새벽 1시.

효민, 퇴근 준비하는데, 석훈의 방을 본다.

석훈, 방에서 나올 생각을 안 하고.

효민 (혼잣말) 뭐 하는데 저렇게 바쁘지.. (하면서 석훈 방을 보는데, 블라인드가 쳐져 있어 아무것도 안 보이고)

S#25. 율림 내부 전경 (아침~밤)

S#26. 율림 사무공간

효민, 일찍 출근했다.

출근하자마자 석훈의 방을 보는데. 여전히 블라인드 쳐져 있고.

cut to

오후가 됐는데, 석훈은 여전히 방에서 나오질 않고.

그때 남자 2, 남자 3이 비서를 따라 석훈 방으로 걸어가고. 비서, 뭐라 뭐라 하고 남자 2, 남자 3, 방으로 들어간다. 효민, 궁금.

효민	(나오는 비서에게) 서 비서님, 저분들 누구예요?
비서	금융자문사라는데요?
효민	…

밤이 되고, 효민 빼고 다 퇴근.
효민, 마지막에 퇴근하는데, 석훈은 여전히 방에서 나오질 않고 있다.

cut to

아침, 효민 출근, 점심, 저녁.. 그렇게 하루가 더 흐르고, 석훈은 여전히 블라인드 치고 안에서 나올 생각을 안 한다.

S#27. 율림 내부 전경 (아침~밤)

S#28. 율림 사무공간

출근한 효민.
석훈 방을 보는데, 엇! 블라인드가 쳐져 있다. 그런데 석훈이 없다. 효민, 기분이 이상하게 허전하다. 그때 지나가는 비서.

효민	(비서에게) 윤 변호사님 어디 가셨어요?
비서	네, 며칠 자리 비우신다고 하셨습니다.
효민	…네…

S#29. 몽타주 – 율림 사무공간. 여러 날

효민, 석훈이 안 나오자, 외롭고 허전하다. 효민 옷차림의 변화로 여러 날이 지났음을 알 수 있다. 효민, 힘없이 퇴근한다.

S#30. 효민 집 안 (저녁)

효민/설아/지은, 식탁에 둘러앉아 저녁을 먹는 중. 수육 한 점이 반찬 접시에 남자 설아/지은, 눈이 마주친다. 둘 다 눈빛이 번뜩이며, 경쟁이라도 하듯 입 안의 음식을 재빨리 씹어 삼키고는 거의 동시에 젓가락을 내밀어 수육 한 점에 올려놓는데.

설아	내가 더 빨랐어.
지은	입에 남아있는 음식 있으면 무효다. '아' 해봐.
설아	(입을 벌리며) 없지?
지은	근데.. 젓가락이 왜 하나 비지?

하며 설아/지은, 동시에 효민을 보는데. 효민, 멍하니 밥을 먹는 둥 마는 둥.

설아	(효민에게) 뭐여? 무슨 일 있어?
효민	...윤석훈 변호사님..
설아	어.
효민	며칠째 사무실에 안 나오셔.
설아	근데?
지은	출장 가셨나 보지.
효민	출장 아니래. 외부 일정이라는데.. 왜 안 오시지? 무슨 일 있나?
설아	뭐야. 보스 안 나오면 땡큐지, 뭔 걱정?

| 효민 | 아니 내가 윤 변호사님한테 들이받았는데 그거 때문에 마음 상해서 안 오시는 건가 싶어서. |

효민 아니 내가 윤 변호사님한테 들이받았는데 그거 때문에 마음 상해서
 안 오시는 건가 싶어서.

설아 푸핫. 저기요. 성은 피요, 이름은 라미 씨. 신입이 좀 개겼다고 그분
 이 참이나 그러시겠다.

지은 그래~ 그건 좀 오버지.

설아 근데 뭘 그렇게 신경 써? 너 설마.

효민 설마 뭐?

설아 아니지?

효민 당연히 아니지. 유부남 직장 상사한테, 그것도 애까지 있는 사람한
 테 내가 무슨.. 어?

설아 그치? 난 너가 한성찬 때문에 충격받아서 감정이 혼탁해져서 그런
 가 싶어서.

지은 한성찬 에잇.. 어떻게 제대로 헤어지기도 전에 맞선을 볼 수가 (하
 는데)

설아 에헤잇! 우리 각자 먹고 사느라 바빠서 근 한 달 만에 모여 저녁 하
 는 건데, 이 소중한 저녁 시간에 그 사람 얘기할 필요 있다, 없다?

설아/지은/효민, 서로 눈빛 교환하다 숟가락을 들어 중앙에 모으며, 동시에
“없다!” 하고는 아무 일 없는 듯 저녁을 맛있게 먹는다.

효민 (혼잣말하듯) 어디 계신 거야..

S#31. 효민 집 방 안 (새벽)

효민, 잠이 안 오는 듯 뒤척이다 시계를 보는데, 새벽 3시 23분. 안 되겠는지 벌
떡 일어난다.

S#32. 율림 사무공간 (새벽)

새벽이라 아무도 없고. 군데군데 어둡다. 효민, 들어서며 쓱 둘러보다 불을 켠다. 그러고는 한숨. 그러다 석훈 방을 올려다보는데, 불이 꺼져있고.

S#33. 율림 석훈 사무실 (새벽)

효민, 석훈 사무실 안을 빼꼼하고 들여다보는데, 역시나 아무도 없다. 효민, 천천히 방 안으로 들어서며 소파를 쓰윽 쓰다듬으며 천천히 앞으로 걷다 책상 의자에 털썩 앉으며 "어디 있는 거야.." 하다.. 잠이 든다.

〈*시간 흐름〉
효민이 의자에 잠든 채 아침이 밝았다.
그때 들어오는 석훈. 석훈의 의자에서 잠든 효민을 가만히 본다. 효민, 눈이 부신 듯, 눈을 뜨는데.. 석훈, 보고 있다 효민이 눈을 뜨자 자리를 옮겨 윗옷을 옷걸이에 걸고.
효민, 정신이 들자, 의자에서 벌떡 일어난다. 그러다 석훈을 발견. 당황..

석훈   내 의자가 그렇게 편합니까?
효민   (반갑고, 여기서 자고 있는 걸 들켜 부끄럽고) 변호사님...

석훈, 피식.
효민, 석훈에게 다가가며. 석훈, 효민이 바짝 다가오자, 약간 당황.

효민   어디 계셨어요?
석훈   ...
효민   왜 사무실 안 나오셨냐고요.

석훈   왜, 무슨 일 있습니까?

효민   (한 발짝 물러서며) 아.. 아니요.. 그냥

석훈   …

효민   ….

석훈   내가 어딨었는지 어쏘한테 일일이 보고해야 됩니까?

효민   아, 아닙니다. (시무룩) 나가보겠습니다..

하고 돌아서 나가려는데,

석훈   강효민 씨.

효민   네. (하고 돌아보는데)

석훈   (휴지 한 장 뽑아 건네며) 눈곱.

효민   아.. (하면서 휴지 받아 얼른 눈 주변을 닦는다)

석훈   (밖의 사무공간을 보다) 사무실이 조용하네요.

효민   네, 다들 포항 출장 가서서요.

석훈   네.

하는데 효민, 석훈을 멀뚱멀뚱 쳐다보는 중.

석훈   …나가보세요.

효민   아.. 네. (하고 꾸벅 인사하고 나간다)

석훈, 피식.

S#34. 석훈 사무실 (낮)

석훈, 생각에 잠겨 있고. 그때 울리는 전화, 철민이다.

석훈	네.
철민(E)	윤 변호사.
석훈	네.
철민(E)	아, 나 참 곤란하네..
석훈	(느낌 싸하다) 무슨 일.. 있어요?
철민(E)	아니, 내 딸이 나 없을 때 밖에 잠깐 나갔나 봐요. 근데 그걸 보고 누가 또 신고를 했는지 경찰이 문 앞에 와 있네.
석훈	…
철민(E)	아 참 곤란하네..
석훈	..때렸습니까?
철민(E)	(실실 웃으며) 알면서 뭘 물어요. 지난번에 눈치챈 거 같던데. 알면서도 수임료랑 큰 건 주겠다니 처리해 준 거 아냐?
석훈	(주먹 꾹 쥔다) …상태는요?
철민(E)	좀 그래. 지금 경찰이 보는 건 좀 거시기한데.
석훈	제가 갈게요.
철민(E)	아 그래요? 역시! 고마워요.

S#35. 율림 사무공간

석훈, 급히 나오며, 비서에게,

| 석훈 | 황 비서 앞으로 나오라고 해주세요. |
| 비서 | 황 비서님 친누나가 출산해서 병원 갔습니다. 변호사님께 미리 말씀드렸다고.. |

석훈, 표정 안 좋다. 효민, 석훈을 살피다,

에스콰이어

비서   무슨 일 있으세요?

효민   저 운전 할 수 있습니다.

석훈   (잠시 망설이다) 나오세요.

효민   네. (하면서 챙겨서 석훈을 따라나선다)

비서   (급하게 효민에게) 엇, 변호사님, 차 키. (하면서 차 키를 효민에게
         건네고)

효민   네. (하며 차 키를 건네받고)

비서   지하 2층에 주차되어 있습니다.

효민   네.

S#36. 석훈 차 안

초조한 표정의 석훈.
효민, 무슨 일인진 알 수 없지만 일단 운전 중.

S#37. 철민 집 앞

석훈   여기서 기다리세요.

효민   네.

석훈, 차에서 내린다. 석훈, 벨 누르는데. 철민, 나온다. 효민, 차에서 철민 본다.

S#38. 철민 집 안 거실

석훈, 안에 들어서자 주위를 살피고,

철민	밥은 먹었어요?
석훈	경찰은..
철민	아, 그냥 갔어요. 벨 몇 번 누르다 인기척 없는 거 같으니까 그냥 가던데.
석훈	..
철민	아우 난 죄지은 것도 없는데 경찰만 보면 가슴이 철렁댄다. (실실 웃으며) 아 괜히 오라고 했네요.
석훈	..깔끔히 처리하시죠.
철민	어?
석훈	경찰이 또 올 수도 있으니 이 집에 그냥 둘 순 없고.. 애 자체가 증거이니 증거 인멸해야죠.
철민	(놀라며) 뭐, 내 자식 죽이기라도 하라고?
석훈	의사 섭외 해뒀습니다. 치료 끝나면 보내드리죠.
철민	와우 우리 윤변, 일 잘하네. 깔끔해 아주.
석훈	어딨죠?
철민	어, 방에.

S#39. 철민 집 안 – 인영 방

석훈, 인영 방에 들어가 둘러보는데, 없다. 석훈, 인영의 옷장에 조심히 다가가는데.
인영, 옷장에 숨어있다. 엉망인 상태로 식은땀 흘리고.. 너무도 겁먹은 표정으로 석훈을 본다. 석훈, 그런 인영을 보자 미칠 거 같다. 인영에게 손을 뻗는데.
인영, 두 팔을 올려 자기방어.
석훈, 그 모습이 안쓰러워 미칠 거 같은 표정.

| 석훈 | (부드럽게) 괜찮아... |

인영, 석훈을 본다.

석훈   이리 와.. 여기서 나가자..
인영   ...

S#40. 철민 집 안 거실

철민, 거실에서 위스키 마시는 중. 석훈, 인영의 손 잡고 앞으로 걸어가고.
철민, 쓱 본다.

석훈   가보겠습니다.
철민   어, 수고. (하다) 아 잠깐.

하는데, 인영, 철민의 목소리에 얼어붙었다.
철민, 석훈/인영에게 다가가자, 인영, 석훈의 오른쪽 다리를 안으며 숨는다.
그런 인영을 자기 쪽으로 거칠게 끌어당기는 철민. 인영, 극도로 공포에 질려
아무 말도 못 하고 있다. 석훈, 보고 있는데, 눈빛은 미치기 일보 직전.

철민   우리 딸, 말썽 피우지 말고 아저씨 말 잘 들어.
인영   (얼어 있고)..
철민   아빠 말에 네 하고 대답해야지.
인영   (얼어 있고)..
철민   네, 하라고, 네!
인영   (놀라 얼른) 네!
철민   그래, 그래야지.
인영   (얼어 있고)..
철민   (일어서 석훈을 보고, 석훈의 어깨를 툭 치며) 가봐.

석훈   (무표정으로) 마무리되면 연락드리죠.

철민, 돌아서며 오케이 하는 제스처. 그러고는 소파에 앉아 다시 술 마신다.

S#41. 철민 집 앞

인영의 손을 잡고 나온 석훈. 문이 닫히자, 석훈, 표정 일그러진다. 가슴이 아
파 미칠 거 같은 표정으로 인영이를 벌떡 안고 앞으로 걸어가면서 점점 걸음
빨라지고.
표정이 분노와 쓰라림이 가득 차 있다. 석훈, 차에 점점 다가갈수록, 울음이 쏟
아지려 하는데, 꾹 참아본다.

석훈   (인영을 꼭 안으며 속삭이듯) 괜찮아.. 이제 괜찮아...

S#42. 석훈 차 안

차에서 기다리던 효민. 백미러로 그런 석훈을 보는데. 석훈, 인영을 꼭 안은 채
차에 탄다.

석훈   출발해.

효민, 인영의 상태를 보고 놀라고!

석훈   출발하라고!
효민   네. (하면서 시동을 건다)

cut to

효민, 운전하며 백미러로 석훈을 보는데,
석훈, 표정에 인영이에 대한 안쓰러움으로 가득, 눈물 고여있다.

S#43. 혜주 병원

석훈, 인영을 꼭 안은 채 병원으로 들어가고, 효민, 걱정되는 표정으로 따라 들어간다. 미리 연락받고 기다리고 있는 의사. 석훈, 인영이를 꼭 안은 채 병실로 이동한다. 석훈, 인영이를 조심히 눕히고, 의사, 진찰하는데..

의사   (급한 듯 간호사에게) 수술 준비해.
석훈   (굳은 표정으로 의사에게) 왜?
의사   장간막 출혈이 좀 있는 것 같아.

석훈, 몸을 떨며 주먹을 꽉 쥔다. 효민, 그런 석훈을 보는데.

S#44. 수술실 앞

석훈, 고개 숙이고 주먹 꽉 쥔 채 수술실 앞에 앉아 있고, 몸이 조금 떨린다.
효민, 걱정스럽긴 마찬가지. 그때 나오는 의사. 석훈, 의사에게 급히 다가가는데.

의사   (석훈에게) 봉합 잘 됐어. 조금만 늦었으면 큰일 날 뻔했어.

석훈, 표정 안 좋다. 그때 달려오는 영숙. 효민, 영숙을 보고 놀라는데.

영숙   아아, 어떡해 우리 애기. 내 이럴 줄 알았어.. (눈물)

석훈, 분노에 찬 표정으로 출구 쪽으로 빠르게 걸어간다.

효민   여기는 어떻게?
영숙   (석훈을 가리키며) 저분 연락받고...
효민   윤 변호사님이요?
영숙   (끄덕) 서약서 도장 찍은 날 찾아왔어요. 최철민 어설프게 건들면
         인영이가 더 위험하다면서, 도와달라고.. 최철민에 대해 여러 가지
         물어보고 가셨어요.

효민, 뭔가 심상치 않음을 눈치채고 급히 석훈을 따라나선다.

S#45. 병원 거리 앞

석훈, 급히 택시를 잡아탄다. 효민, 뒤에서 뛰어나오면서 그런 석훈을 발견. 효민 역시 급하게 택시를 잡아탄다.

효민   (택시 기사에게) 앞에 3014 택시 좀 따라가 주세요.

S#46. 철민 집 앞/안

석훈, 집 앞으로 뛰어간다. 벨을 누르고. 그때 철민이 나온다. 철민을 보자마자 바로 주먹 날리는 석훈.

철민   뭐야, 너!

하는데 철민을 붙들고 한 번 더 주먹 날리자, 철민, 넘어진다.

석훈   야, 이 개새끼야!

하면서 넘어진 철민 위에 올라가 한 번 더 주먹질, 또 주먹질.
철민, 있는 힘껏 석훈을 밀치고 도망가려는데.
석훈, 뒤로 휘청대다 다시 중심 잡고 도망가는 철민의 배를 발로 걷어차면서,

석훈   개 쓰레기 같은 새끼!

석훈, 한 번 더 발로 찬다. 철민, 쓰러지는데. 쓰러지면서 옆에 있던 도자기 깨지고.
석훈, 철민에게 다가가 철민 얼굴에 주먹질하려는데. 철민, 깨진 도자기 조각을 주워 휘두르고. 석훈, 오른팔로 방어하다 오른팔 앞부분이 도자기 조각에 베인다.
석훈, 눈 돌아 베인 부분이 아픈지도 모른 채, 철민의 손을 바닥으로 탁 내려치자, 도자기 조각을 놓치는 철민. 오른팔에 피가 흐르는데도 아랑곳하지 않고 철민을 주먹으로 때리는 석훈. 그때 실성한 듯 철민, 실실거리며 웃는다.

석훈   웃어?

하고 입을 찢으려고 입안에 손을 넣어 벌리는데.

석훈   그래, 웃어 이 개새끼야. 아가리 확 찢어줄게.

철민, 아아 하고 소리 지르고. 석훈, 분이 안 풀리는 듯, 주먹으로 얼굴 때리고. 그때 집 안으로 뛰어 들어오는 효민.

효민   변호사님!!!

하면서 뛰어가 석훈을 말리는데.

석훈   놔!!!

하면서 효민을 밀치고, 효민 넘어진다. 석훈, 다시 주먹질 한방 더.
그때 어디선가 건장한 남자들 5명이 우르르 들어오고. 효민, 겁먹은 표정으로
보는데. 그중 남자 2명이 석훈을 들어 철민과 떼어놓는다.

석훈   놔!! 놓으라고!!

하는데 그때 뒤에서 천천히 걸어오는 황태성(남, 51세).
철민, 태성을 보더니, 의기양양.

철민   아, 저 변호사 새끼. 처 돌았나.. (하면서 몸을 일으킨다) 형님~! (하
            면서 태성을 본다) 아니 어떻게 알고 오셨어요?!

태성, 철민 가까이 다가가 철민의 얼굴을 본다.

태성   쯧쯧쯧, 이런 썅..
철민   죽여버리세요. 아이, 저 개새끼 진짜.

하는데, 석훈에게 다가간다. 효민, 긴장.

석훈   ...
태성   ....

철민, 석훈에게 다가가는 태성을 보며 뒤에서

철민   (석훈에게) 넌 죽었어 이 개새끼야! 우리 형님이 어떤 분이신 줄 알
          아?!!

태성, 고갯짓을 하자, 남자 2명, 석훈을 놓아주고,
태성, 뒤에 서 있는 남자들 3명에게 고갯짓을 하자 남자들 3명, 우르르 철민에
게 다가간다. 그중 한 명이 뒷주머니에서 쇠사슬을 꺼내 철민의 목에 건다.

철민   (당황하며) 이게 뭐 하는..

하는데 쇠사슬을 목에 건 남자 1이 쇠사슬을 확 당기자, 철민, 픽하고 넘어진다.
남자 1, 쇠사슬을 질질 끄는데,

철민   (괴로워하며) 아아 아악! 이게 뭐 하는 짓이야!!! 아이 깡패 새끼들
          아!

그 모습을 겁에 질려 쳐다보고 있는 효민. 남자 1, 잘 안 끌리자, 철민의 멱살을
잡고 끌고 나가고. 건장한 남자들, 우르르 나간다. 석훈을 응시하던 태성, 나가
려고 돌아선다. 그러다 다시 석훈 쪽을 돌아보며 천천히 석훈에게 다가간다.
효민, 잔뜩 긴장.

태성   애를 반 죽여놨네. 자기 손에 피 묻히기 싫어서 나한테 이른 거 아니
          었어?
석훈   …

태성, 피식 웃고는 뒤돌아가려는데.

석훈   약속 지켜주세요.
태성   (돌아보지 않고) 너도.. 그게 신상에 좋을 거야.

석훈   그러죠.

#-1. 태성 사무실 - 석훈/태성 회상

석훈   나머지 자료는 내일까지.

태성   (말 자르며) 충분해. 최철민 그 새끼가 내 뒤에서 야금야금 지능적
        으로 내 돈 해 처먹은 거 어, 알겠어.

석훈   ..

태성   케이만에 SPC 세우고, feeder fund(피더펀드)에.. 아주 지랄 복잡하
        게 꼬아놔서 우리 변호사 양반 아니었음 평생 모르고 당했겠지. 나
        같이 주먹질하다 사업하는 놈 대가리론 봐도 까막눈이야.

석훈   ...

태성   근데 재능 기부는 아닐 거고. 원하는 게 뭐야?

석훈   ...

태성   나 이용당하는 거 겁내 싫어해. 지 손에 피 묻히기 싫어서 대신 죽여
        달라고 사주하는 거 같아서 기분 엿같네. 나 이제 조폭 아니거든.
        합법적으로 사업하는 사람이야.

석훈, 인영이가 온몸에 멍투성이인 사진 몇 장을 꺼내 탁자에 탁 하고 내려놓
는다.
태성, 사진에 눈길.

석훈   최철민 딸이에요. 4살입니다.

태성   ...최철민이 그런 건가?

석훈   네. 외부에서 눈치 못 채게 의사 데려다 집에서 치료받게 했어요.

태성   (혼잣말하듯) 개 호로새끼..

석훈   (파일 하나를 탁 하고 탁자에 내려놓으며) 그 의사 진료기록입니다.

태성   ...

석훈	눈눈이이 정의 실현 해주시죠.
태성	…
석훈	그럼 최철민이 해 처먹은 돈, 찾아드리죠.
태성	눈눈이이 좋지. 고대로 되갚아줄게.
석훈	…

〈*회상 끝〉

태성, 철민 집을 나간다. 효민, 석훈에게 달려간다. 눈물 글썽거리고. 석훈, 그제야 효민이 눈에 들어온다. 석훈, 도자기로 오른팔이 베여 피가 뚝뚝 떨어진다. 효민, 석훈의 상처가 눈에 들어온다.

| 효민 | 변호사님 피.. (하면서 주변을 두리번) |

석훈, 넋 나간 사람처럼 밖으로 터벅터벅 앞으로 걸어 나가는데.
철민 집을 나가니 비가 주룩주룩 내리고 있고.
석훈, 양 주먹을 꽉 쥔 채 비를 맞으며 천천히 터벅터벅 걷는다.
터벅터벅 걸어 나오는 석훈, 클로즈업. 석훈의 오른팔 팔등에 피가 나 그 피가 오른손 주먹을 타고 바닥에 뚝뚝 떨어진다. 주먹 역시 다 까지고 상처가 나 있다.
그 뒤로 눈물 고인 효민, 그 집에서 나와 비를 맞으며 석훈에게 뛰어 다가가는데, (손에는 손수건〈*3화 S#17에서 석훈이 효민에게 주었던 손수건〉이 들려있다)
효민, 정신없이 석훈이 어디 다쳤는지 양복 팔을 걷어 본다.
석훈, 그런 효민을 보고 있다.
효민, 베인 오른팔 팔등을 손수건으로 감싸는데…
석훈, 그런 효민을 아무 말 없이 보고 있다.

S#47. 병원 입원실 안

수술받고 안정을 취하고 있는 인영.

석훈, 안으로 들어와 인영에게 천천히 다가간다.

석훈, 인영의 터진 입술, 얼굴에 멍 자국, 팔의 멍 자국 등을 보며, 참았던 눈물이 왈칵 쏟아진다. 석훈, 눈물을 참아보려 주먹을 꽉 쥔다. 주먹을 꽉 쥐자, 임시 처치로 감싸 놓은 팔등의 하얀 붕대에 피가 번진다. 울음을 참으려 주먹을 더 세게 쥐어보지만, 눈물이 울컥하고 쏟아진다.

그때 석훈에게 다가가는 효민.

효민이 들어오자, 석훈, 주먹을 더 세게 쥐며 울음을 참아보는데.

효민, 석훈의 주먹에 손 얹는다. 석훈, 효민을 본다.

S#48. 병원 입원실 밖

효민/석훈, 벽에 기대어 얘기 중.

효민	치료받으셔야 하는 거 아니에요?
석훈	괜찮습니다... 고마워요.
효민	(놀라 석훈을 보며) ..아닙니다.
석훈	세상에 저런 악마 같은 놈도 부모가 되는데.. 인영이.. 나한테 왔으면 좋았을걸..
효민	그러게요. 변호사님은 정말 좋은 아빠일 것 같아요. 변호사님 아이는 몇 살이에요?
석훈	(효민을 본다) ..아이 없습니다.
효민	네? 육아하신다고 급히 퇴근하셨던 거 아니에요?
석훈	..이혼한 와이프랑 강아지 공동 육아하고 있어요.
효민	(당황) 아.. 그렇구나.
석훈	(일어서며) 그만 가보세요. 제가 여기 있을게요.
효민	...

S#49. 병원 입원실 안/밖

애틋하게 인영을 바라보는 석훈과 밖에서 그 모습을 보는 효민이 교차하여 보이고.

S#50. 몽타주

빈 공장에서 건장한 남자들에게 구타당하는 철민.
조금 떨어진 곳에서 철민의 핸드폰으로 문자 중인 태성.
"전석현 부장 -> 최 대표, 왜 이렇게 연락이 안 돼."
태성, 입력 중. "아, 저 휴가 중이라서요. 제가 휴가 다녀와서 연락드릴게요."
태성, 철민의 카톡 설정을 "아.. 휴식이 필요해. 휴가 중" 해 놓는다.

cut to

감금된 채 치료받고 있는 철민. 철민을 치료해 주는 건 인영을 치료해 주던 그 의사.

효민(N)   최철민은 1년을 꼬박 그들에게 그렇게 시달렸다. 주위에선 아무도 눈치채지 못했다. 자기 딸에게 했던 그대로.. 렉스 탈리오니스. 눈에는 눈, 이에는 이..

S#51. 병실

건강이 많이 좋아진 인영. 웃기도 하고. 인영, 영숙에게 안기는데. 영숙, 인영이를 꼭 안는다.

효민(N)   최철민이 지급한 수임료는 인영이의 신탁 계좌로 옮겨졌다.

S#52. 봄봄정신과의원

정신과 상담받고 있는 철민.

효민(N)   최철민은 외상 후 스트레스와 불안장애로 병원을 찾았고 그러는 사
          이..

S#53. 법원

석훈, 법원에서 변론 중.

효민(N)   윤석훈 변호사님은 황태성과의 약속대로 최철민이 빼돌린 돈을 찾
          아 주었다. 그 계기로 다른 투자자들 역시 소송을 제기했고, 최철민
          은 파산했다. 그 후 최철민은 사기, 불법 횡령으로 교도소에 수감되
          었다.

S#54. 놀이공원

인영, 영숙의 손을 꼭 잡고 있고. 그 앞에 인영의 엄마, 눈물 글썽이며 서 있다.

효민(N)   양육권은 최철민의 가정 폭력에 시달리다 이혼을 선택한 인영이의
          엄마에게 넘어갔다.

S#55. 병원 입원실 안/밖

애틋하게 인영을 바라보는 석훈과 밖에서 그 모습을 보는 효민.
효민, 심장에 손을 올리며 석훈을 보다.

효민(N)   피는 물보다 진하다는 믿음에 혈연 공동체에서 이루어지는 악행에
           눈이 멀고, 귀가 닫힐 때가 있다. 때로는 타인의 사랑이 혈연보다 더
           깊고 강할 수 있다.

효민, 앞으로 걸어간다.

S#56. 율림 사무공간/복도 (오전)

효민, 출근해서 컴퓨터를 켜는데. 그때 들어오는 진우.

진우   굿모닝~
효민   (반갑게) 선배! (하면서 진우에게 뛰어온다)
진우   뭐야 이 반응? 되게 반갑나 보네?
효민   (격하게 끄덕) ..
진우   (피식) 혼자 심심했어?
효민   (격하게 끄덕) 포항 날씨는 어땠어요?
진우   날씨가 어땠는지 알 수가 있나. 내내 일만 했는데.
효민   아, 그래요?
진우   별일 없었지?
효민   별일.. (생각하다) 없었죠.
국현   좋은 아침입니다.
진우   굿모닝.

효민   국현!

국현   뭐야, 이 생소한 표정은.

효민   며칠 만에 보니까 반갑네.

호연   강변님! (하면서 뛰어가고)

효민   최 변호사님! (하면서 효민 역시 뛰어간다)

호연   잘 있었어요?

효민   (미소) 네, 고생했어요.

국현   우리 출장 종종 가야겠네. 강변이 이렇게 반가워해 줄 줄이야. 감동
       인데?

석훈, 출근해서 윗옷을 옷걸이에 걸고 있다. 그걸 본 호연.

호연   윤 변호사님 출근했네.

진우, 재빨리 위층으로 올라가고.. 효민/국현/호연, 자리에 앉는다.
효민, 자꾸 석훈의 방에 눈이 가고.. 〈*효민의 시선에서 석훈의 방 보이는 장
면. 진우가 방에 들어가는 뒷모습 비춰지고.〉

진우   〈*뒷모습〉 변호사님.

석훈   (off) 왔어요? 고생했어요.

진우   〈*뒷모습〉 네. 구상금 청구 소송은 다 마무리시켰고, 노동청 행정
       심판 기일은 다음 달로 한 번 더 잡혔습니다.

석훈   네.

석훈   (off) 아, 하철건설 중대 재해 건은.

진우   〈*뒷모습〉 아 그거 강효민 변호사가 초안 잡았을 텐데, 전 아직 검
       토 못 했어요.

석훈   (off) 제가 검토할게요.

진우   〈*뒷모습〉 네, 강 변호사 들어오라고 할까요?

석훈   (off) 네.

cut to

효민, 서면 초안을 들고 계단을 올라가는데.. 약간 긴장한 듯, '후..'

S#57. 석훈 사무실 안 (오전)

서면을 검토하고 있는 석훈. 그런 석훈을 빤히 쳐다보고 있는 효민. 그러다 문득 어제 일이 생각난다.

     Insert- S#47 flashback
     효민, 석훈의 주먹에 손 얹는다. 석훈, 효민을 본다.

효민, 갑자기 얼굴이 붉어진다.

석훈   (서면을 보며) 여기 안전장치 설치 미이행 내용을 조금 (하면서 효
         민을 보는데) 더 보강...

하다 얼굴이 붉어진 효민을 보며.

석훈   얼굴 빨개요.

하는데, 효민, 부끄러운 듯 고개 숙인다.

석훈   어제 비 맞아서 감기 오는 거 아니에요?
효민   아, 아닙니다. 아 저 잠시만 (하고 급하게 나가는데)

석훈, 그런 효민을 의아하게 보다 이내 서면 검토에 집중.

S#58. 율림 화장실 안 (오전)

효민   (세면대 앞에서 세수를 하다 거울을 보며) 미쳤어 미쳤어.. 으이그..

S#59. 석훈 사무실 안 (오전)

석훈, 서면을 검토하고 있는데, 그때 석훈의 전화 울리고.

석훈   (전화 받으며) 네, 윤석훈입니다. 뭐?! 그게 무슨 소리야?! (하며 경
             악스러운 표정으로 뛰어나가는데)

S#60. 석훈 사무실 앞 복도 (오전)

효민, 석훈의 사무실 안으로 들어가려는데, 다급히 어디론가 향하는 석훈.

효민   변호사님. (하고 석훈을 부르는데)
석훈   나중에. (하고 급하게 달려 나간다)

효민, 그런 석훈을 보는데.

S#61. 트러스트 동물병원 치료실 안 (낮)

 ———————————————————— 에스콰이어

헐레벌떡 뛰어 들어오는 석훈.

강아지 해쉬와 해쉬를 돌보는 수의사. 그 앞에 서 있는 정원준(남, 39세). 석훈, 원준에게 소리 지르며.

석훈   (해쉬를 보며) 어떻게 된 거야?

원준   그냥 좀 체했대.

석훈   뭘 먹였길래 체해?

의사   약 먹였으니 괜찮아질 겁니다.

석훈   (해쉬에게 다가가 쓰다듬으며) 괜찮아? 해쉬야..

원준   오버 좀 하지 마.

석훈   오버? 말 다 했어?

원준   다 했다.

의사   저기.. 목소리 좀.. 해쉬가.. 아직..

석훈   (속삭이며) 너 따라 나와.

원준   (어디 해보자는 거야? 하는 표정으로 따라 나가고)..

S#62. 동물병원 치료실 문밖 (낮)

문밖에 서 있는 석훈.

원준   왜?

석훈   너 뭐야? 똑바로 안 해?

원준   너나 똑바로 해.

석훈   너 내가 지켜보고 있어.

원준   나도 너 지켜보고 있어.

석훈   내 말 따라 하지 마.

원준   너 말 안 따라 했는데.

석훈   유치한 새끼.

원준   (석훈을 흉내 내며, 놀리듯) 유치한 새끼.

석훈   (한숨) 너 진짜?

원준   (놀리듯 흉내 내며) 너 진짜?

석훈   아우.

원준   왜 또 때리게? 때려.

석훈   너 나한테 미안하지도 않냐?

원준   뭐가 미안해, 고맙지.

석훈   …

원준   연아 놔 줘서.

석훈   이 새끼가 진짜.

원준   끝맺음 제대로 하고 시작된 관계야. 너한테 왜 미안해?

석훈   너 호시탐탐 노렸잖아.

원준   억지 부리지 마. 너희 이혼하고 2년이나 지나 우연한 자리에서 만난
        거 너도 알잖아.

석훈   그렇다고 고등학교 친구 전 부인이랑 결혼해?

원준   말은 똑바로 해. 너랑 친구 하기 전부터 연아랑 난 이미 친구였고.
        굳이 따지자면 난 연아 친구지, 네 친구가 아니지.

석훈   너 나랑 더 친했잖아.

원준   중요해?

그때 들어서는 연아.

연아   정원준!

원준/석훈, 연아를 보는데.

연아   그만해.

원준   아니, 윤석훈이 먼저

연아   (말 자르며) 쓰읍.

원준   .. (석훈을 째려보다 치료실로 들어가고)

석훈, 연아를 보는데. 연아의 배가 불러있다?!!

연아의 배를 보고 놀라 충격적인 표정의 석훈이 비춰지며.

-4화 끝-

원준   아니, 윤석훈이 먼저

연아   (말 자르며) 쓰읍.

원준   .. (석훈을 째려보다 치료실로 들어가고)

5화 | 살리에르의 독백

S#1. 서영의 집 전경 (낮)

S#2. 서영의 집 마당 (낮)

4명의 여자 동창들이 '우와'를 연발하며 안으로 걸어 들어오고,

동창1   와, 이서영이 이렇게 성공했다고?

동창2   서영이 온라인 쇼핑몰이 대박 터진 건 알고 있었는데 이렇게 성공한 줄은.

동창3   (말 자르며) 이 정도 집이면 검소한 거지. BA브랜드 국내 백화점에 입점한 거 몰라? 부동산 재테크도 잘해서 강남에 있는 매장도 서영이 건물이잖아.

동창4   와.. 정말 인생 모를 일이다. 중학교 때 생각해 봐. 공부도 제일 못하고 집이 기초생활수급자에 희망도 뭣도 없는 거 같더니.

동창3   그나저나 예진이 온대?

동창1   어, 거의 도착했대.

동창2   중학교 땐 예진이가 이거 (최고, 엄지 척)였는데. 지금은 이거네. (엄
        지 거꾸로)
동창4   서영이 그렇게 무시하더니. 어떡하니.

하는데 뒤에서 황예진(여, 26세) 등장한다.

예진   (퉁명) 내가 언제 무시했어.
동창4   어, 예진아!
동창1   왔어?
동창2   무시했잖아. 기억 안 나?

예진, 기분 나쁜 듯 동창2에게 뭐라 하려는데.

동창3   들어가자, 들어가자. (하면서 예진과 동창 2의 등을 민다)

S#3. 서영의 집 안 (낮)

동창들/예진, 안으로 들어서는데,
그때 그들을 반갑게 맞아주는 이서영(여, 26세) 〈*성공한 쇼핑몰 출신 인플루
언서〉

서영   어서 와, 어서 와.
동창1   와, 서영아. 집이 왜 이렇게 좋아?!
동창2   이서영, 대단하다.
서영   아우, 일단 들어와. 음식 다 식는다. (그러다 예진을 보며) 예진이
        못 온다더니 왔네.
예진   어? 어..

서영   잘 왔어, 들어와.
예진   어..

cut to

부를 뽐내듯 고급 식탁에 온갖 고급 음식이 잘 차려져 있고.

동창3   와.. 이게 다 뭐야?!
동창4   대박.. 내가 이럴 줄 알고 오늘 점심도 안 먹었는데 역시 내 기대를
         저버리지 않는다.
서영   아우, 얼른 앉아. 배고프지?

예진, 삐죽거린다.

cut to

즐겁게 식사하는 모습. 예진이만 표정 안 좋고.

cut to

서영은 고가의 미술 작품들을 모아놓은 방으로 안내하고. 〈*그림들을 전시회
장 분위기로 전시해 놓고 몇몇 작품은 고급 천으로 덮어 두었다.〉

서영   여기, 내 보물들을 모아놓은 곳.
동창1   어머, 이거는 OO작가의 OOO작품 아니야!
서영   역시.. 알아보는구나.
동창2   여기 천으로 덮어 둔 작품들은 뭐야?
서영   어, 내가 특히 아끼는 작품들은 보전을 잘 해야 돼서.
동창2   아..
서영   요새 뜨고 있는 한국계 스타 아티스트가 있는데, 류관모 작가 알아?
동창4   어, 나 알어! 뉴스에서 봤어. 엄청 유명하잖아.

서영   어, 미국 유명 명문 미술대 나와서 마르테 갤러리에도 전시한 적 있고.

동창4   와, 마르테 갤러리면 첼시의 터줏대감이잖아. 완전 잘 나가는 아티스트만 전시하는 덴데.

서영   역시, 말이 통하는구나. 내가 그 사람 작품 정말 어렵게 구했어.

동창4   우아!

서영   'Fiesta(피에스타)'라는 그림인데 류관모 작가가 기존에 썼던 기법이랑 완전 달라. 굉장히 독창적이고 화려한 색감이 특징이지.

동창4   얼마에?

서영   3억.

동창2   3억? 와~~ 3억짜리 그림은 도대체 어떻게 생겼다니.

서영   자, 류관모의 'Fiesta(피에스타)'를 공개합니다! (하면서 덮어둔 천을 걷어내는데)

화면, 류관모의 'Fiesta'가 비춰진다. 〈*독창적인 기법의 화려한 그림〉

그림을 보자마자 예진, 갑자기 푸하하하하하 하고 웃음이 터졌다.

일동, 예진을 보는데,

예진   장난하는 거지?

서영   (당황) 뭐가?

예진   저게 얼마라고? 3억? (웃음)

서영   얘가 실성했나.. 왜 그래?

예진   야, 나 저 그림 우리 집에 있어.

서영   뭐?

예진   우리 집에도 있다고.

서영   (당황) 거짓말하지 마.

예진   거짓말? (피식, 엄마에게 비디오 콜) 어, 엄마.

엄마(화면)   어, 딸.

예진   엄마 집이야?

엄마(화면) 응.

예진　　　우리 거실에 걸린 그림 좀 비춰봐.

엄마(화면) 어? 그건 왜?

예진　　　비춰줘 봐.

엄마(화면) 어, 잠깐만. (하다 거실에 그림 비추고)

화면 속 그림, 'Fiesta(피에스타)'와 똑같은 그림. 일동, 휴대전화의 화면을 보며
놀라고, 서영, 당황한다.

예진　　　어, 엄마, 고마워. 끊어. (비디오 콜 끊고) 봤지? 거짓말은 누가 하고
　　　　　있는데.. 저걸 3억 주고 샀다고? (비웃음) 아 웃겨.. 야, 난 저거 예
　　　　　전에 벼룩시장 갔다 10만 원 주고 샀어.

일동, 웅성웅성.

서영　　　10만 원? (코웃음) 짝퉁이네. 저 그림 카피한 거.

일동, 웅성웅성.

친구1　　에이 그렇겠지. 누가 Fiesta(피에스타) 모조품을 벼룩시장에 팔았나
　　　　　보네.

예진　　　(분한 듯) 여기 밑에 봐봐. 이거 그려진 날짜 아냐? 00년 0월이면 6개
　　　　　월 전이네.

서영　　　근데?

예진　　　난 그 그림 1년 전에 샀는데?

일동, 웅성웅성.

서영	뭐?
예진	짝퉁은 네가 가지고 있는 (Fiesta(피에스타)를 가리키며) 저게 짝퉁이고. 넌 어쩜 그렇게 여전하니. 중학교 때도 짝퉁 신발 신고 와서 내가 짝퉁이라 그랬더니 아니라고 빡빡 우기다 숍 가서 물어봤더니 짝퉁이라 판정 나서 우리가 얼마나 웃었니.

몇몇 동창들, 키득거리고.
서영, 얼굴 달아오른다.

예진	넌 아직도 그 버릇 못 고쳤니? (피식) 난 시장에서 옷 떼다 라벨갈이로 돈 좀 벌었다길래 이젠 안 그럴 줄 알았는데, 본성이 어디 가니?

서영, 분해서 눈물이 날 지경이다.

서영	(분한 듯) 라벨갈이? 네가 뭘 안다고 함부로 지껄여? 그리고 네 거가 짝퉁이면 어쩔 건데?!
예진	(피식) 그럴 일 없겠지만 그렇다면 내 목 뒤에 '난 짝퉁'이라고 문신 새길게. 그 대신 네 게 짝퉁이면 네 목 뒤에 새겨. '짝퉁 매니아' 이렇게.

일동, 웅성웅성.

서영	뭐?
예진	왜, 자신 없어?
서영	(씩씩대며) 아니, 자신 있는데. 그래! 그렇게 해!!

경쾌한 음악과 함께 타이틀 In.

살리에르의 독백

S#4. 동물병원 치료실 문밖 (낮)

4화 마지막 씬에 이어.

석훈   (연아의 배를 보다 놀라고 충격적인 표정)...

연아   ..임신했어. 17주 차야.

석훈   (여전히 충격적인 표정)...

연아   ..놀랐다면 미안. 얘기할 겨를이 없었어.

석훈   너 정말..

연아   …

석훈   어떻게...

연아   어떻게 당신이랑은 아기 안 갖는다고 하고 원준 씨랑 아기 가졌냐고?

석훈   ..

연아   마음이 바뀌었어.

석훈   (연아를 원망스러운 눈빛으로 본다) 그 무거운 얘길 그 한마디로.. 그렇게 한다고?

연아   그게 사실이니까. 30대 중반 넘어가니까 아기에 대한 생각이, 내 마음이 바뀌더라. 당신이랑 연결 짓지 마. 당신이랑 아무 상관없어. 그냥 내 마음이 바뀐 거야.

석훈   나랑 상관없어?

연아   20대랑 30대 초반엔 그냥 나한테 집중하고 싶었을 뿐이야.

석훈   …

연아   ..당신도 좋은 아빠가 될 수 있었다고 생각해.. 만약 내 옆에 아직 당신이 있었다면.. 당신 아이를 가졌겠지.

석훈   …

연아   해쉬 좀 보고 올게.

석훈   …

연아, 가려다가 멈칫. 석훈, 의자에 앉은 채 힘없이 고개 떨구고 있고. 연아, 마음에 걸리는 듯, 석훈에게 다가가.

| 연아 | 여전히 미안해하고 있어. 일방적으로 당신이 아빠 될 기회를 박탈한 거. |

연아 여전히 미안해하고 있어. 일방적으로 당신이 아빠 될 기회를 박탈
한 거.

석훈 …

연아 그리고 향수..

석훈 (연아를 보는데) ..

연아 아기가 그 향이 싫은가 봐. 입덧이 심해서. 6개월 치 향수 한 번에
만들어 보냈어.

석훈 …

연아 아기 낳고, 또 만들어 줄게.

석훈, 차가운 표정으로 일어선다. 연아, 그런 석훈을 본다.

S#5. 리앤서 회의실 (낮)

성찬과 민소라가 한쪽에 앉아 있고 류관모(남, 34세, 유명 미술작가)가 다른
쪽에 앉아 있다.

성찬 네, 정리하자면, 이서영 씨가 작가님 작품, Fiesta(피에스타)를 3억
원에 구매했는데, 황예진 씨가 Fiesta(피에스타)와 똑같은 그림을
Fiesta(피에스타)가 그려지기 전 시점에 10만 원 주고 샀다. 그래서
이서영 씨가 작가님을 상대로 사기와 저작권법 위반 등으로 소를
제기했고, 이서영 씨가 Fiesta(피에스타)가 원작이고 황예진 씨가
산 그림이 위작이라는 판결만 받으면 모든 소를 취하하겠다고 한
거죠?

관모   네, 내 살다 살다 이런 모욕적인 일은 처음 겪습니다. 어떻게 카피한
         것도 모자라 갤러리도 아닌 벼룩시장에, 그것도 고작 10만 원에 팔
         수 있죠?
성찬   네..
관모   이런 치욕적인 모욕감을 안겨준 그 파렴치한 도둑놈 매장시켜 버릴
         겁니다. 법으로 할 수 있는 모든 조치는 다 취해주세요.

S#6. 세연 병원 복도 (낮)

청각장애인 두 명이 수어를 사용해 대화하고 있다. "여기가 본관 같은데?" "신
관이 아니고?" "우리는 신관으로 가야 하잖아". 그때 의사 가운을 입고 앞으로
지나가던 설아, 둘의 대화 내용을 보다 그들에게 다가간다.
설아가 수어로 "여기 신관 맞아요. 어디 가세요?" 하자 그 중 한 명이 "원무팀
이요" 하자 "왼쪽 코너로 돌아가면 있어요" 하자 설아에게 고맙다고 인사. 그런
설아를 보게 된 현소정(여, 27세, 설아의 의사 동기), 설아에게 다가가며.

소정   오올, 수어는 언제 배웠대? 혹시 교회 다녀?
설아   (의아하게) 엉?
소정   보통 수어는 교회에서 많이 배우잖아.
설아   아니. (살짝 미소 지으며) 얘기가 좀 길어.
소정   왜? 어디서 배웠는데?

#-1. 설아 방 안 (낮) - 설아 회상

〈자막: 9년 전〉
효민, 수어 관련 책 7권을 설아 앞에 "탁"하고 내려놓는다. 설아, 놀란 표정으
로 책들을 바라보고, 지은은 엎드려 만화책을 보고 있다.

설아   그러니까 내가 이 책을 다 읽고 수어를 배워서 너를 가르쳐라?

효민   응!

설아   내가 왜?

효민   나는 난독증 걸려서 책을 못 읽으니까.

설아   그런데?

효민   그러니까 너가 읽고 가르쳐 달라고.

설아   나 고3인데?

효민   응, 나도 고3이야. 세 번째 고3이긴 하지만.

설아   아니, 수어는 왜 갑자기 배우려는 건데?

지은   (만화책 보며) 쌍둥이 언니 만나겠다잖아. 언니랑 대화하고 싶어서
         그렇지.

설아   아 그래, 지은이도 있잖아.

효민   지은이는 책 읽는 거 싫어해.

설아   쟤가 지금 보고 있는 건 뭔데?

효민   저건

지은/효민 (동시에) 만화책.

설아   아 그럼 수어 과외 선생님을 구하든, 학원을 다니든.

효민   (말 자르며) 엄마 몰래? 그게 가능하다고 봐?

지은   엄마가 질색팔색 한다잖아. 쟤 수어 배우는 거.

설아   아니, 어릴 때 이후로 안 보던 언니를 왜 새삼스럽게 만나려는 건
         데?

지은   (만화책을 내려놓고 효민에게 다가가며) 그러게. 너 사춘기 때도 안
         생기던 반항심이 지금 와서 생기는 거야? 얘가 사춘기가 늦게 오나?

효민   아니, 보고 싶었어. 오래 전부터. 그냥.. 언니를 만나면.. 마법이 풀
         릴 것 같아서.

설아/지은, 효민을 보는데.

| 효민 | 난독증 말이야. |

설아/지은, 효민을 히잉.. 하는 표정으로 본다. 그러다 지은, 설아에게 히잉 하는 표정으로 보자, 설아, 귀찮다는 듯.

설아	아 정말.. 알았어 알았어.
효민	(활짝 웃고) ..
설아	그 대신, 조건이 있어.
효민	뭔데?
설아	살면서 딱 한 번, 내가 하는 부탁 무조건 들어주기.
효민	(피식 웃으며) 그래.
설아	약속?
효민	응, 약속.
설아	(지은에게) 증인 서.
지은	(귀찮다는 듯) 어어.

#-2. 효주 집 앞 마당 (낮) – 설아 회상

효민, 수어로 '언니, 반가워. 많이 보고 싶었는데 이제야 보네. 나 기억나?'라고 하는데,
효주, 그런 효민을 멀뚱멀뚱 본다.

효민	(설아에게) 너 맞게 가르쳐준 거 맞아?
설아	어, 당연하지.
지은	언니가 못 알아듣는 것 같은데. 혹시 너희 배운 게 영어 수어 아니야? 한국어 수어 말고?
효주	그냥 말해. 나 구화도 해.

효민/설아/지은, 놀라 효주를 보는데.

<*회상 끝>

소정   (재밌다는 듯 웃으며) 아, 정말?
설아   응, 나도 그때 알았어. 청각장애인이라고 해서 꼭 수어만 쓰는 건 아
           니란 걸. 효민이 언니는 수어, 구화 둘 다 할 줄 알았거든.
소정   구화가 뭔데?
설아   입술의 움직임을 읽어서 상대방의 말을 이해하는 방법이야.
소정   아 그렇구나.

S#7. 율림 내부 전경 (오전)

S#8. 율림 사무공간 (오전)

효민, 업무에 집중하고 있는데, PC 카톡 알림이 뜬다. "울언니"라는 발신자 이
름이 보이고, 효민은 얼른 창을 연다. 효주가 소장을 사진으로 찍어 보내온 것
을 보고, 효민은 소장(사진)을 화면에 띄운 채 의아해한다.

효민문자   "언니, 이게 뭐야?"
효주문자   "아는 동생이 받은 소장인데, 좀 심상치 않아 보여서.. 내 동생이 유
           능한 변호사라서 보여주면 좋겠다 했어."

효민, "유능한"이라는 말이 유독 크게 보이고, 효민은 배시시 미소를 짓는다.

효민문자   "아, 알겠어. 읽어보고 문자 할게."

효민, 화면에 소장을 띄워놓고 읽어보는데, 효민의 표정, 점점 어두워지고.
화면, 준비서면이 비춰지는데 "준비서면" "사건 2022가합558663 저작권 침해"
"원고 류관모" "피고 최정혜" "원고 소송대리인/법무법인 리앤서/담당 변호사
한성찬/ 담당 변호사 민소라".
효민, 성찬 이름을 보자 눈 커지고.

효민문자   "원고가 류관모 씨인데, 그 사람, 유명한 작가잖아. 그리고 원고 소
            송대리인이 리앤서잖아. 심각해 보이는데.. 송달받은 지 꽤 됐을 텐
            데 왜 이제야 보내?"
효주문자   "아, 이 친구가 아직 어리고, 이런 걸 처음 받아봐서 그냥 책상에 놔
            둔 거야. 내가 오늘 발견하고 너한테 급하게 보내는 거지."
효민문자   "판결 선고기일이 오늘 2시인데?"
효주문자   "그게 뭔데?"
효민문자   "소장이 송달됐는데도 30일 내에 답변서 제출도 안 하고 법정 출석
            도 안 해서 판결 선고기일이 정해진 거야. 그게 오늘이고."
효주문자   "그래서? 안 좋은 거야?"
효민문자   "이대로 가면 원고의 무변론 승소 판결이 내려질 거야. 그러면 피
            고, 그러니까 언니 친구 정혜 씨는 항소로만 다툴 수밖에 없어."
효주문자   "자세히는 모르겠지만, 불리한 상황이네."
효민문자   "응, 지금 당장 법원 가서 무변론 판결 선고기일 취소 요청해야 돼."
효주문자   "정말 그렇게 해줄 수 있어?"
효민문자   "그럼. 언니 친구인데 해줘야지."
효주문자   "흠, 고마워!"

S#9. 법원 민원실 (낮)

효민, 법원 민원실에서 다급하게 들어가고.

효민   (민원실에) 오늘 오후 2시 판결 선고기일이 잡혀 있는데요. 변호사
          선임 되었으니 이 위임장 좀 빨리 접수해 주시고, 판사님께 바로 좀
          알려 주세요.

S#10. 법정 안 (낮)

판사   위임장 제출한 거 확인했고, 일단 선고기일은 취소하죠.
효민   네 감사합니다.
판사   다만 이 사건의 원고인 류관모 씨와 관련해서 동일한 쟁점의 형사
          사건이 진행 중이라 시간을 많이 드릴 수는 없어요.
효민   ..네.
판사   1주일 내에 서면 제출하시고 기한 준수해 주세요.
효민   1주일이요?

판사, 날카롭게 본다.

효민   아, 네, 잘 알겠습니다.
효민(E)   하.. 1주일?

S#11. 율림 내부 전경 (낮)

S#12. 율림 진우 사무실 (낮)

노크.

진우   네.

효민, 진우의 사무실 안으로 들어온다.

효민   선배..

진우, 효민을 보는데.

cut to

진우   (소장을 살펴보다 효민을 보며) 강 변호사, 선임들한테 물어도 안
            보고 수임하면 어떡해.
효민   너무 급박해서. 친언니 친구여가지고.. (하는데)
진우   여하간 입사하자마자 선배들이랑 상의도 없이 도시가스 절도 조사
            한다고 무단결근까지 해서 시끄럽게 하더니.
효민   그래도 그건 잘 마무리가.. (하다 진우의 표정을 살피다) ..면목 없
            습니다.
진우   ...수임료는?
효민   ..프로보노*로.. 안 될까요?
진우   그건 특별 승인 사항인데.. 설사 승인받는다 해도 일주일 만에 어떻
            게 준비할래? 법정에 서 보긴 했어?
효민   지난번에 비접촉 교통사고 건에서 변론 준비 기일에
진우   (말 자르며) 그건 변론 계획을 판사 앞에서 말하는 정도지, 법정에
            서 본격적으로 공방 벌여본 건 아니잖아.
효민   네, 그 경험은 없죠.
진우   가만.. 프로보노면 홍도윤 변호사님이 멘토링 하는 구조인데.
효민   네?!

* 프로보노: 변호사를 선임할 여유가 없는 개인 혹은 단체에 대해 보수를 받지 않고 법률서비스를
제공하는 것을 말한다.

진우   지난번에 강 변호사가 자기한테 들이받았다고 잔뜩 벼르고 있을 텐
        데..

효민   ...

진우   일단 윤 변호사님이랑 상의해보자.

효민   네...

S#13. 석훈 사무실 (낮)

진우/효민, 앞에 서 있고.

석훈   그래서 기일이 언젭니까?

진우   다음 주 수요일이요. 준비 기간이 1주일도 안 남아서 심히 걱정되네요.

석훈   (효민을 보며) 오자마자 자꾸 왜 이렇게 튑니까?

효민   ..죄송합니다.

석훈   또 죄송.

효민   ...

석훈   변론은 어떻게 할 겁니까? 자신 있어요?

효민   ..아니요.. 없습니다.

석훈   .. (어이없는 듯 보다) 원고 대리인은?

효민   (기어들어 가는 목소리로) 리앤서입니다.

석훈   리앤서?

진우   원고가 류관모라고 세계적으로 유명한 작가니, 리앤서 붙였겠죠.

석훈   전관도 붙었나요?

효민   아니요. 그냥 파트너 한 명에 어쏘 3명.. (말끝 흐리며)

석훈   이렇게 일 치고 와서, 내가 해줄 게 없네요. 행정 처리는 해줄 테니
        변론 준비는 알아서 하고, 결과에 대한 책임도 지고.

효민   (우울한 표정) ..

                                        에스콰이어

| 석훈 | 나가보세요. |
| 효민 | 네... |

효민, 꾸벅 인사하고 나가고.

진우	트레이닝 세션에 변론 연습이라도 시킬까요?
석훈	(진우를 본다) ..
진우	프로보노라 홍도윤 변호사님 담당으로 돼서 법정에서 강변 옆에 앉아 있을 텐데, 강변 조금이라도 실수하면 꼬투리 잡아 쫓아낼 기세예요. (몸을 떨며) 으으 생각만 해도 골치 아파.
석훈	...
진우	변론 연습 진행할까요?
석훈	네, 그렇게 하세요.
진우	네, 알겠습니다.

S#14. 율림 회의실 (낮)

진우/호연/상철/국현/효민, 둘러앉아 있다.

| 진우 | 자. (하면서 유치원생용 "참 잘했어요"가 쓰인 칭찬 스티커판을 각 국현/호연/상철/효민에게 나눠주고) |

신입들, 어리둥절.

| 진우 | 칭찬 스티커판 오래간만에 보죠? 칭찬 스티커판에 스티커가 제일 먼저 채워진 사람은 실무 수습 평가에서 가점을 받게 됩니다. 그럼 그 스티커를 누가 가지고 있냐.. 움빠 둠빠 두비두밤〈*비호감송〉 그 |

효민	건 나야. 움빠 둠빠 두비두밤. (자기도 모르게 비호감송 부르고) 그건 너얌빠 둠빠 두비두밤…
진우	(효민을 보다) 자! 오늘은 트레이닝 세션에선 변론 연습을 해보려 합니다. 다들 조만간 법정에서 변론하게 될 테니 유익한 시간이 될 겁니다.
신입들	네!
진우	그리고 토너먼트로 우승자에게 짜잔. ("참 잘했어요" 칭찬 스티커판의 스티커를 꺼내며) 스티커 3장!

신입들, 눈 반짝반짝, 의지를 불태우고.
그때 석훈이 들어오고.
석훈이 들어오자, 일동 일어선다.

진우	(석훈에게) 토너먼트 설명하고 있었습니다.
석훈	네, 계속하세요.
진우	자! 그럼 토너먼트의 대결 차트! 지금 공개합니다!

Insert-
대결 차트 비춰진다. 〈*아래와 같은 차트〉

1차 - 호연 vs. 상철
2차 - 효민 vs. 국현
3차 - 최종 우승자를 가리기 위한 우승자 vs. 우승자

cut to
교차 편집, 짧은 cut, cut으로 보여지는 씬.

| 호연 | 피고는 원고 회사의 대표이사로서 재무구조가 상당히 불량한 상태 |

에 있었음에도 불구하고 만연히 관계 회사의 신주 인수에 참여함으
로써 회사에 손해를 야기하였습니다.

진우/석훈, 채점 중.
진우/석훈의 표정을 살피는 국현,
여유만만한 상철.

상철　　피고는 원고 회사 및 그룹 전체의 이익을 위하여 신주 인수에 참여
　　　　한 것으로, 피고의 행위는 경영 판단의 재량 범위 내에 있어 손해배
　　　　상 책임이 성립될 수 없습니다.

국현　　(효민에게 속삭이며) 와우, 오변님 서면(오른손으로 글 쓰는 제스
　　　　처)보단 (오른손으로 말하는 제스처 표현) 터는 거 잘하네.

효민, 끄덕.

상철　　결과적으로 원고 회사에 손해가 발생하였다 하더라도 피고는 이사
　　　　회를 소집하고 전문가의 자문도 구하는 등, 당시 제반 사정을 고려
　　　　하여 합리적인 의사 결정을 하였습니다.

cut to

진우/석훈, 속닥속닥.

진우　　자, 승자는..

국현　　두구두구두구두구..

마치 중대 발표를 기다리는 듯 간절한 표정의 호연/상철.

진우　　오상철!

상철, 기쁨을 온몸으로 표현. 축구 선수처럼 회의실 한 바퀴 뛰며 세리머니.
호연, 실망한 표정.

진우　　둘 다 잘했는데, 오 변호사가 귀에 꽂히는 딕션과 여유로운 제스처를 잘 보여준 거 같습니다. 자, 다음 대결은 지국현, 강효민.

효민/국현, 비장한 표정.

국현　　행정처분에 하자가 있는 경우 처분청은 별도의 법적 근거가 없더라도 스스로 이를 취소할 수 있습니다.

석훈/진우, 국현을 보며 평가 중.

효민　　이 사건 행정행위는 수익적 행정처분이므로, 이를 취소할 때에는 그 공익상의 필요와 그 취소로 인하여 당사자가 입게 될 기득권과 신뢰 보호 및 법률생활 안정의 침해 등 불이익을 비교·교량하여야 합니다.

석훈, 효민을 본다. 만족스러운 듯 고개 끄덕끄덕.

cut to
진우/석훈, 속닥속닥.

진우　　둘 다 기대 이상으로 잘해줬는데 지변은 말이 점점 빨라져서 중간에 전달력이 조금 떨어진 측면이 있었습니다.

국현, 실망.

진우   그래서 이번 대결의 승자는 강효민!

효민, 기쁜 표정.
호연, 효민에게 엄지 척.
상철, 국현의 어깨 토닥토닥.

진우   자 그럼 이번 대결은 각 대결의 승자인 강효민, 오상철 변호사의 대
         결이고, 이번에는 두 분한테 같은 서면이 제공됩니다. 이 서면은 윤
         변호사님이 직접 쓰신 서면으로, 그 서면을 바탕으로 변론하시면
         됩니다. 자, 여기 서면. (하면서 효민과 상철에게 서면을 전달한다)

서면을 받은 상철, 쭉 읽어보고 자신 있다는 듯 씨익 웃는다.
효민도 서면을 받고 읽어보는데 표정.. 의아. 갸우뚱..

cut to

상철   이 사건 계약 제9조 제2항은 지체상금이 계약금의 배액에 달하는 경
         우 계약을 해지할 수 있다고 하고 있습니다. 따라서 지체상금이 계
         약금의 배액에 달하기 전까지는 계약을 해지할 수 없는 것입니다.

석훈, 상철을 보며 고개 끄덕. 진우 역시 고개 끄덕끄덕.

호연   (국현에게 속삭이며) 뭐야. 왜 이렇게 잘해.
국현   오.. 오변님의 새로운 발견이다.

효민, 여전히 서면을 보며 고개를 갸우뚱.

cut to

효민   (머뭇거리며 말하는) 피고는.. 이행지체에 관하여 자신에게 귀책사

유가 없다고 주장하나.. 이행지체가 발생한 이상.. 피고에게 과실이
존재한다고 볼 수밖에 없습니다.

석훈, 효민을 본다. 진우, 흠..

호연　　(국현에게 속삭이며) 말렸다. 왜 이렇게 저냐..
국현　　아까는 잘했는데..
호연　　오상철이 우승하겠네.

cut to
진우, 석훈에게 속닥속닥,
석훈, *끄덕끄덕.*

진우　　자, 피드백은 건너뛰고 오늘의 최종 우승자는.
국현/호연　두구두구두구..
진우　　오상철!
상철　　와! (하면서 기쁨의 제스처)

효민, 고개 숙인다.

석훈　　수고했어요. (하고 나간다)
진우　　네, 수고하셨습니다. (하고 석훈에게 인사)

일동, 일어나 정중히 석훈에게 인사.

진우　　자, 정리하자. (오 변호사에게) 자, 우승자 오상철 변호사는 여기 스
　　　　　티커 3장 받아 가시구요.

상철, 아주 공손히 스티커 3장을 받으며 기뻐하는 표정!
효민/국현/호연, 부러운 눈빛으로 상철을 보고.

진우   수고들 했어~!

진우가 나가자 효민/국현/호연, 상철에게 우르르 몰려가 스티커 구경.
상철, 스티커를 소중히 감싸며 보호. 그러다 히죽.

S#15. 리앤서 한성찬 사무실 안 (낮)

성찬   피고 소송대리인으로 율림에서 1년 차 혼자 붙었던 말야?
소라   네.
성찬   뭐야..
소라   피고가 변호사 붙일 돈이나 있겠어요. 율림에서도 그냥 1년 차 트레
         이닝 시킨다 생각하고 던져준 거겠죠.
성찬   그래? 그럼 트레이닝 제대로 시켜줘야지. 이 소송, 민 변호사가 해.
소라   제가요?
성찬   그럼 1년 차 상대를 내가 해?
소라   아, 네.
성찬   대차게 밟아줘.
소라   네. 알겠습니다.
성찬   나가봐.
소라   네.
성찬   (소라가 나가려 하자 갑자기 떠올린 듯) 아, 근데 그 율림 1년 차는
         누구?
소라   강효민입니다.
성찬   (표정 굳으며) 강효민?

소라   네.

성찬   … (잠시 생각하다 소라에게 단호하게) 준비 철저히 해. 실수만 안

              하면 무조건 이길 수 있는 건이야. 아니, 실수해도 이길 건이야. 무

              조건 승소해.

소라   네!

소라, 나가자, 성찬, 생각에 잠긴 듯.

S#16. 몽타주 - (낮)

#-1. 소라, 리앤서 자신의 사무실 안에서 열심히 사건 준비 중.

#-2. 효민, 율림 사무공간에서 열심히 일하고 있다.

#-3. 소라, 리앤서 자신의 사무실 안에서 소리 내어 읽어보며 변론 준비 중.

#-4. 효민, 빈 회의실에서 소리 내어 읽어보며 변론 준비 중.

#-5. 소라, 어느 정도 준비가 끝난 듯, 페이퍼를 탁자에 탁 던지고 소파에 기대
어 차 한 모금..

#-6. 효민, 탕비실에서 커피 만들면서도 서면을 보는데, 믹스 커피에 뜨거운
물이 아닌 차가운 물 붓고, 마시고는 인상.

#-7. 효민, 사무공간에서 저녁으로 김밥 먹으며 열심히 일하고 있다.

S#17. 사무공간 (밤)

모두가 퇴근한 고요한 사무공간. 불이 다 꺼져 있는 상태. 효민의 책상에 조그마한 전등이 켜져 있고. 전등 아래서 중얼거리며 열심히 무언가를 읽고 있는 효민.

효민   (하품이 나오려다 멈추며) 지금 하품할 때야? 상대가 리앤서, 그것
           도 한성찬 팀이라고. 강효민, 한성찬 앞에서 절지 마라.. 제발. (양
           볼을 손으로 두드리며) 정신 차려.

그때 퇴근하려 사무공간을 거쳐 엘리베이터로 향하는 석훈.
석훈, 불이 꺼져 있어 다들 퇴근했다고 생각하고 앞으로 걸어가려는데.

효민   (큰소리로) 변호사님!!

석훈, 깜짝.

석훈   아, 깜짝이야. (하고 효민 쪽을 보는데) 아직 퇴근 안 했어요?
효민   네. (가까이 다가가며) 변호사님, 저 좀 살려주세요.
석훈   ?

S#18. 석훈 사무실 (밤)

석훈, 효민이 쓴 서면 검토 중.
그런 석훈을 긴장한 모습으로 보고 있고.

석훈   잘 썼네요. 주장도 부드럽게 잘 읽히고요.

효민   (표정 밝아지다, 이내 어두워지며) 문제는 이걸 어떻게 법원에서 프
         레젠트를 하느냐죠.

석훈   잘 쓰인 서면 있겠다, 뭐가 문제죠?

효민   ...그냥 제가 잘할 수 있을지..

석훈   그럼 여기서 해보세요.

효민   네?

석훈   봐줄 테니까 해보라구요.

효민   그게.. (망설임)

석훈   재판 내일 아녜요?

효민   네.

석훈   내 앞에서도 못 할 거면 법정엔 어떻게 서려구요?

효민   ...

석훈   해보세요.

효민, 끄덕.

cut to

효민, 열심히 변론하는 모습 비춰지고. 석훈, 경청. 효민, 변론 중. 석훈, 멈추
라는 손짓.

효민   ...

석훈   자신이 내는 소리, 녹음해서 들어본 적 있어요?

효민   아니요.

석훈   누가 들어도 거짓말 잘 못하는 사람이 거짓말하는 거 같아요.

효민   ..

석훈   어제 토너먼트 때 강효민 씨가 왜 오상철 씨한테 진 줄 알아요?

효민   ...

석훈   그 서면 내용 어땠는지 말해봐요.

                                              에스콰이어

효민	..
석훈	괜찮아요. 말해보세요.
효민	여러 logical fallacy(로지컬 펠러시)가 있었습니다.
석훈	어떤?
효민	전건 부정의 오류, 매개념 부주연의 오류 그리고,
석훈	순환논법도 있었죠.
효민	네, 그렇습니다. 그중 전건 부정이 여러 번 나왔던 거 같습니다.
석훈	맞아요. 필요조건과 충분조건을 혼동해서 언뜻 듣기에는 논리적이지만 오류였죠.
효민	네.
석훈	그리고 그걸 강효민 씨는 읽자마자 파악했고 오상철 씨는 그렇지 못했어요. 오상철 씨는 내가 썼다는 걸 듣고 그 서면이 아주 잘 쓰였을 거로 생각했겠죠. 그래서 아주 자신 있게 변론할 수 있었던 거예요. 그런 오상철 씨의 자신감이 그 오류 가득한 주장이 꽤 합리적이고 논리적으로 들리게 만들었고.
효민	…
석훈	하지만 강효민 씨는 자기 스스로 납득이 안 되는 주장을 해야 했기 때문에 누가 들어도 거짓말 잘 못하는 사람이 거짓말하는 것처럼 들렸고, 설득력이라곤 없었어요.
효민	..
석훈	지금도 마찬가지예요. 강효민 씨는 이미 의뢰인이 그 그림을 카피했다고 생각하는 거예요. 류관모는 미국 명문대 출신의 세계적으로 주목받고 있는 유망한 아티스트고 의뢰인은 그저 초라한 아마추어니까.

효민, 고개 숙인다.

| 석훈 | 선입견을 걷어내고 본질을 봐요. |

효민, 무언가 깨달음이 있는 듯..

S#19. 법정 안 (낮)

〈자막: '피에스타' 저작권 침해에 기한 손해배상 사건 1차 재판〉
성찬/소라/관모는 원고석에 앉아 있고. 도윤/효민/정혜는 피고석에 앉아 있다.
성찬, 효민을 의식한 듯, 쳐다보고.
효민, 성찬과 눈이 마주치자 차갑게 고개 돌린다.
방청석 앞자리에는 상철/국현/호연이 앉아 있다.
그때 조심스럽게 들어서는 영은(여, 45세, 정혜 엄마).
영은, 긴장된 모습.
판사, 법원 안으로 들어서자, 일동, 기립.
영은, 두리번대다 사람들 따라 기립.

cut to

판사 재판부가 보기에도 원고의 작품 "Fiesta(피에스타)"와 피고의 작품 "놀이동산"의 저작물 사이에 '실질적 유사성'이 인정된다는 점은 다툼이 없을 것 같고, '의거성'에 대한 다툼만 있는 것 같습니다.

화면, 류관모의 "피에스타"와 정혜의 "놀이동산" 그림을 나란히 비추는데. 그림 거의 100%로 동일하다. 〈*그림 위에 크게 그림 제목 "Fiesta(피에스타) - 작가 류관모"가 쓰여있고 옆의 그림에는 제목 "놀이동산 - 작가 문정혜" 쓰여 있다. 시청자가 그림이 똑같다는 걸 시각적으로 볼 수 있게〉

그때 방청석 뒷자리에 조용히 착석하는 석훈.

소라 원고 작품, "Fiesta(피에스타)"는 (화면, 피에스타 그림 비춰진다)

2021년 5월에 발표되어 같은 해 6월에 전시되었고 여러 매스컴에도 노출되어 왔습니다. 그렇다면 피고가 전시회 방문 및 이러한 보도 자료를 통해 "Fiesta(피에스타)"를 모방하여 "놀이동산" (화면, 놀이 동산 그림 비춰진다)을 그렸다고 넉넉히 추정할 수 있습니다.

화면, 고개를 끄덕이는 성찬 비춰진다.

효민   만약 피고 작품 "놀이동산"이 원고 작품 "Fiesta(피에스타)" 이전에 그려졌다면, 오히려 원고가 피고 작품을 모방한 게 됩니다. "놀이동산"은 "Fiesta(피에스타)"가 발표되기 전 2020년 4월에 그려졌습니다.

소라   피고 측의 주장은 자의적 주장에 불과합니다. 피고는 "놀이동산"이 그려진 시점에 대해 객관적 증거를 제출하지 못하고 있습니다.

효민   그렇지 않습니다. 피고는 피에스타가 발표되기 전 "놀이동산"을 벼룩시장에서 판매한 사실이 있습니다.

소라   피고의 작품을 샀다고 주장하는 사람은 황예진 씨로 황예진 씨의 증언은 신빙성이 없습니다. 그 이유는 서면에 상세히 서술하였습니다.

판사   네, 황예진 씨와 원고 작품을 구매한 이서영 씨의 관계를 이유로 증언의 신빙성이 없다고 주장한 부분 잘 보았고, 이를 뒷받침하는 주변인들의 진술서도 잘 읽어보았습니다.

피고 측, 황예진 씨가 "놀이동산"을 벼룩시장에서 2020년 5월에 샀다는 증언 외 다른 객관적 증거는 없나요?

효민   있습니다. 피고는 "Fiesta(피에스타)"가 발표되기 전부터 동일한 기법으로 다수의 작품을 그려 온 반면, 원고는 이 기법을 "Fiesta(피에스타)"에 처음이자 마지막으로 적용하였습니다.

소라   피고가 다수의 그림을 동일한 기법으로 그렸다는 점은 인정하나 그 그림들이 "Fiesta(피에스타)"가 발표되기 전에 그려졌다는 객관적인 증거는 여전히 제시하지 못하고 있습니다.

효민   증거 제시를 위해 서면에서 요청드린 대로 원고와 피고에 대한 당사자 신문을 허락하여 주시기 바랍니다.

석훈, 효민을 본다.

cut to

효민은 관모를 증인석에 앉혀 심문하는데.

효민   기존 그림에서 볼 수 없었던 새로운 기법으로 '피에스타'를 그리셨
    는데 어떻게 새로운 기법을 시도하게 됐는지 설명해 주시죠.

관모   제가 SAIC(사익)에서 공부할 때.. 아시죠? 에스, 에이, 아이, 씨, 시
    카고 예술 대학.

효민   ..

관모   모르세요? 천재 아티스트들을 대거 양산한 세계적으로 유명한 미술
    전문대인데, 이건 상식 아닌가? 뭐 아트에 문외한이면 그럴 수 있긴
    하죠. 뭐 그랬으니 (고개로 정혜를 가리키며) 저~기 저런 사람을 대
    리하겠죠.

화면, 피고석에 앉아 있는 도윤을 비추며.
성찬, 비열하게 미소.

도윤   (혼잣말) 잡소리 못 하게 빨리빨리 커트해야지, 으휴.

화면, 방청석에 있는 석훈을 비추는데, 심각한 표정.

효민   증인, 묻는 말에만 답변해 주시고, 피고 측을 모욕하는 말은 삼가 주
    시길 바랍니다.

판사   증인, 대리인이 묻는 말에만 답변해 주세요.

효민   다시 묻겠습니다. 어떻게 새로운 기법을 시도하게 됐는지 설명해

                에스콰이어

주시죠.

관모　　네, 그러죠. 예술 하는 사람들은 개인적인 일에 의한 심경 변화가 작품에 큰 영향을 미쳐요. 피에스타를 그리기 얼마 전 제 아이가 태어났습니다. 아이를 처음 제 손에 안았을 때 그 기쁨, 환희, 인류애, 이 모든 새로운 감정이 제 작품에 영향을 미쳤습니다. 제 예전 작품들의 특징은 여백의 미, 흑백의 조화가 도드라졌다면, 제 작품 피에스타는 드리핑 기법과 제가 개발한 마티에르 기법을 동시에 사용해 화려한 색채를 기반으로 한 유희적인 매력을 뽐내고 있죠. 피에스타, 스페인어로 축제입니다. 그야말로 축제죠, 아이의 탄생은.

판사, 고개 *끄덕끄덕*. 성찬/소라, 고개 *끄덕끄덕*. 방청석 사람들도 고개 *끄덕끄덕*.
효민, 당황.. 석훈, 심각.. 성찬, 회심의 미소.

효민　　드리핑 기법과 마티에르 기법이 무엇인가요?
관모　　드리핑은 물감을 캔버스에 부어 작품을 만드는 기법이고, 마티에르는 시각적인 질감을 표현하기 위한 독특한 기법입니다.
효민　　네, 알겠습니다.

하고 끝내려는데,

관모　　제 작품 피에스타의 경우, 드리핑 기법을 통해 물의 농도와 물감의 양을 조절해 번지는 값을 정확하게 예측한 후 캔버스에 부어 색감이 퍼져나가 번지며 화려한 색의 조화가 자연스럽게 이루어지게 한 후, 질감과 입체감을 살리기 위해 제가 개발한 독특한 마티에르 기법으로 한 번 또는 반복되는 두껍고 또는 얇은 붓질을 통해..
효민　　(말 자르며) 네, 알겠습니다.

관모, 비웃듯 피식. 도윤, 표정 안 좋고.. 방청석 비춰지며,

상철   (속삭이듯) 와우..
호연   망했다...
국현   누가 봐도 류관모가 이 새로운 기법의 창시자네..
상철   역시 배운 사람.

방청석 뒷자리에 앉아 있는 석훈, 비춰지고. 걱정되는 표정.

cut to

정혜, 증인석에 앉아 있고.

효민   작가님이..

하는데 관모, 티 나게 콧방귀.

관모   개나 소나 말이나 다 작가야 요새.

판사, 주의 주는 표정으로 관모를 보고. 효민, 거슬리는 표정. 하지만 다시 집중.

효민   작가님이 그린 모든 작품..
관모   작품? (콧방귀)
판사   원고, 자중하세요. (한숨) 피고 대리인, 계속하세요.
효민   작가님이 그린 모든 작품의 기법이 동일한 기법으로 그려졌는데 어
           떻게 이러한 기법을 적용하게 되었는지 설명 부탁드립니다.
정혜   그게.. 어.. 그러니까.. 그냥.. 그렸어요.
효민   (당황) 지난번에 저한테 말씀하실 때 어릴 때 아빠와 함께 간 놀이
           동산에서 봤던 화려한 퍼레이드를..

소라　　재판장님, 피고 대리인은 지금 유도신문을 하고 있습니다.
판사　　피고 대리인, 피고 측이 신청한 증인에 대한 유도신문은 금지되어
　　　　있습니다. 그런 기본적인 것도 모릅니까?

피고석에 앉아 있는 도윤 비춰지고. 성찬, 피식. 그런 성찬을 의식하는 듯, 성
찬을 힐끗 보는 효민. 그런 효민을 보는 석훈.

도윤　　(혼잣말. 불만 가득) 으휴..

방청석에 앉아 있는 국현 비춰지고.

국현　　(혼잣말 하듯) 아구..

다시 효민 비춰지고.

효민　　작가님이 지난번에 저한테 해주셨던 설명 그대로 해주시면 됩니다.
정혜　　...몰라요..

효민, 당황. 방청석 일동, 웅성웅성.

상철　　왜 저러지?

다시 효민 비춰지고.

효민　　정혜 씨, 정혜 씨가 그린 모든 그림은 색감이 화려한데, 어떻게 시각
　　　　적으로 보이는 것보다 더 다양한 색의 표현을 하셨는지 얘기해 주
　　　　실 수 있을까요?
정혜　　(사람들의 눈치 보며) 몰라요. 집에 갈래요. (울먹거리고)

효민, 당황.

관모   (콧방귀) 뭘 물어. 베껴 그린 사람이 뭘 안다고.

판사, 관모에게 눈빛. 정혜, 관모가 무서운 듯.. 울먹울먹.
효민, 당황..

판사   피고, 괜찮습니까?
정혜   그게 아니고.. 내가 그런 게 아니고... 잘못했습니다..
관모   이제야 잘못했다네. 아주 이번에 혼구녕이 나야 다신 남의 작품 도
            둑질 못 하지! 어?!
정혜   잘못했습니다, 잘못했습니다!

효민, 당황.

정혜   엄..엄마.. (하고 울어버린다) 엄마~~

방청석에 앉아 있던 영은, 일어서며.

영은   정혜야~ (하자)
정혜   엄마!!! (하고 방청석에 있는 영은에게 뛰어가 아기처럼 안기는데)
국현   에??
호연   왜 저래?
도윤   뭐야?

일동, 웅성웅성. 효민, 당황. 국현/호연/상철, 당황.

도윤   엉망이구만. 개망신도 가지가지다.

 ———————————————————————————

성찬   (피식) ..
석훈   ...
판사   (방청인들에게) 정숙해 주시기 바랍니다.

일동, 여전히 웅성웅성.

판사   조용!

일동, 조용해진다.

판사   증인신문을 진행하기 어려운 상황이므로 10분간 휴정하겠습니다.

석훈, 심각.

S#20. 법원 면담실 (낮)

석훈, 서 있고. 효민, 한쪽에 앉아 있고, 영은은 반대쪽에 앉아 있다. 영은은 정
혜를 아이처럼 꼭 끌어안고 있다.

효민   네? 지적 장애인이요?
석훈   ...
영은   네.. 몸은 21살이지만 지적 능력은 13세 수준인데.. 일상생활도 다
           가능하고.. 제가 (울먹) 장애인으로 살게 하는 게 싫어서.. 등록도
           안 하고. (하면서 정혜를 쓰담쓰담)
효민   ...
영은   그만할 수 없을까요?
효민   여기서 그만하시면 패소하게 될 거예요. 그러면 손해배상이랑..

영은   (한숨) 애가 감당할 수 있을지.. 그리고 지적 장애인 거 알려지는 거
         싫습니다.

효민   …

cut to

석훈/도윤/효민/상철/호연/국현, 서 있다.

도윤   아우 모지리 모지리.. 얼마나 모자라면 지 의뢰인이 정신지체인 것
         도 모르고 그따위 전략을 세워? 이 분야 최고 전문가랑 정신지체아
         앉혀놓고 기법에 대해 설명하라 그럼 누가 더 잘해 어?!

석훈   (차갑고, 차분하고 조용한 목소리) 그만하시죠.

도윤   (석훈 눈치 한번 쓱 보다, 한숨. 효민에게) 어떻게 할 거야 그래서.

석훈   (차갑고, 차분하고 조용한 목소리로 도윤에게) 나가세요.

도윤   프로보노 담당은 납니다. 왜 나한테 나가라 마랍니까?

석훈   (도윤을 보며 날카롭게) 제 어쏘니 제 관할입니다.

효민, 석훈을 보는데.

도윤   (석훈에게 꼬리 내리며 나가려다 효민을 보며) 잘 좀 합시다.

효민   …

도윤, 방에서 나가고.

상철   (효민을 보며) 전혀 몰랐어요?

효민   네, 정혜 씨 대신해서 사건 의뢰한 분이 청각장애인이라, 몰랐던 것
         같아요.

호연   그럴 수 있지. 청각장애인이랑 건청인과의 소통에 한계가 있으니
         그저 소통의 오류라고 생각했을 수 있지.

국현	준비 기간도 너무 짧았잖아요.
효민	어떡하죠? 알았으면 증인석에 앉히지 않았을 텐데.
석훈	이미 벌어졌고, 개정하면 건강 문제로 신문이 어려울 거 같다 하세요.
효민	..네.

호연, 효민의 어깨를 툭 치며 파이팅 하라는 제스처.

상철도 효민을 응원하는 제스처.

S#21. 법원 복도 (낮)

성찬	뭐? 지적 장애인?
소라	네.
성찬	(피식) 재밌게 돌아가네.
소라	그러게요.
성찬	피고 반드시 증인석에 앉히고 압박 신문해.
소라	네.

S#22. 법원 (낮)

개정.

효민	재판장님, 피고가 몸이 안 좋아서 신문이 어려울 것 같습..
소라	(말 자르며) 재판장님, 당사자 신문을 신청한 것은 피고 측입니다. 그리고 현재 피고 작품이 그려진 시기를 입증할 수 있는 방법은 피고 본인에 대한 당사자 신문밖에 없습니다.
효민	피고가 기존에 그린 여러 작품의 연관성을 통하여 입증할 수 있습..

소라	(말 자르며) 피고가 그렸다는 여러 작품을 피고가 직접 그린 것인
	지, 혹시 사건이 발생한 후 최근에 그린 것이 아닌지 확인하려면 피
	고 본인에 대한 당사자 신문이 필요합니다.
효민	그렇지만..

효민, 말을 더 하지 못하자.

판사	일단 피고 본인이 출석했으니 당사자 신문을 진행해 보는 게 좋겠
	습니다. 진행 중 몸이 안 좋다고 판단되면 재판부가 직권으로 중단
	하겠습니다.

도윤, 못마땅한 표정.

cut to

정혜, 불안한 듯 자꾸 엄마 쪽을 바라보는데. 엄마, 고개 끄덕이며 다독이고.

소라	피고, 피고는 미술을 배워 본 적이 있나요?

정혜, 끄덕인다.

소라	증언을 녹취하고 있으니 소리 내서 답변해 주세요.
정혜	네.
소라	어디서 배웠죠?
정혜	(우물거리며) 주미 미술 학원.
소라	크게 말씀해 주세요.
정혜	주미 미술 학원입니다!
소라	네, 판사님, 주미 미술 학원은 비전문가가 가르치는 동네 미술 학원
	입니다.

판사   네.

소라   그 학원 다니는 유성은 씨라고 아시죠?

정혜, 끄덕.

소라   소리 내서 답변해 주세요!

정혜   (말 자르며) 네!! 네!

영은, 안절부절.

효민, 표정 안 좋고.

소라   유성은 씨 말에 의하면 학원생들과 종종 미술 박람회, 전시회를 다
        녔고 거기서 본 작품들을 그대로 그려보는 연습을 했다고 하던데,
        맞나요?

정혜   네.

소라   (관모의 피에스타가 아닌 예전 그림을 보여주며) 이 그림 보신 적
        있나요?

정혜   네.

소라   따라 그려본 적 있나요?

정혜   네.

일동, 웅성웅성.

정혜, 뭐가 잘못됐나 싶어 불안한 표정. 엄마 영은을 보는데.

영은, 괜찮아 괜찮아, 속삭이듯 정혜를 달래고.

소라   미술 학원에서 확보한 피고의 스케치북입니다. 그 안의 그림 중 류
        관모 작가의 그림을 똑같이 따라 그린 그림이 몇 점 발견되었습니
        다. 증거로 제출합니다.

효민　　　　이의 있습니다. 피고가 다른 그림을 따라 그린 적이 있다고 해서 피
　　　　　고가 피에스타를 복제했다는 증거는 될 수 없습니다.
판사　　　　의거성과 관련이 있는 내용이라고 생각됩니다. 원고, 계속하세요.
소라　　　　저기 앉아 계신 류관모 작가의 작품 전시회도 다녀온 걸로 알고 있
　　　　　는데 맞나요?
정혜　　　　네.
소라　　　　어떤 전시회였죠?
정혜　　　　그게.. 어..
소라　　　　유성은의 진술서를 제출합니다. 유성은의 진술에 의하면 피고를 포
　　　　　함한 여러 학원생들이 함께 2021년 6월 7일에 열린 류관모 작가의
　　　　　전시회에 다녀왔고 피에스타가 전시 작품 중 하나였습니다.

일동, 웅성웅성.
성찬, 미소, 끄덕끄덕.

성찬　　　　게임 오버.
호연　　　　아우..
도윤　　　　쯧..
석훈　　　　…
판사　　　　네, 진술서 잘 받았습니다.
소라　　　　피고는 전시회에서 피에스타를 본 후 똑같이 따라 그린 뒤 벼룩시
　　　　　장에 10만 원 받고 팔았죠?
정혜　　　　아, 아니, 그게..
소라　　　　남의 작품을 똑같이 그리는 것은 범죄입니다! 그리고 법정에서 허
　　　　　위 사실을 증언해서도 안 되고요!

정혜, 당황, 울먹.
효민, 당황해서 어쩔 줄 모르고..

 ──────────────────────────────── 에스콰이어

도윤	(속삭이듯 소리 지르며) 뭐 하는 거야! 가만히 두고 볼 거야?!
소라	다시 한번 묻겠습니다. 피고는 6월 7일에 열린 류관모 작가의 전시회에 다녀왔고 거기 전시된 피에스타를 본 후 똑같이 따라 그린 다음에 금전적 이득을 취했죠!
정혜	(울먹) 집에 갈래요!
소라	대답하시라구요!
정혜	네! 네! (울어버린다)

사람들, 웅성웅성.
그러한 정혜의 반응에 효민, 당황.
효민, 당황해서 어찌할 바를 모르고.

| 도윤 | (효민에게 속삭이지만 호통치는) 뭐해! |

효민, 숨이 가빠지면서 호흡 곤란..
효민의 숨소리만 들리는데.
그 모습에 걱정스러운 표정의 호연/국현/상철.
효민, 과호흡에 어질. 앞이 뿌예지고.

| 도윤 | (효민을 보며 혼잣말) 그래 니가 잘난 척해봐야 신입이지. 딱 걸렸어. 내가 제대로 밟아줄게. |

효민, 어지러운 상태에서 꿈을 꾸는 듯, 생각을 하는 듯. 〈*생각/회상도 뒤죽박죽, 어지러운 장면으로 짧게 cut, cut으로 연출〉

| 석훈(E) | 선입견을 걷어내고 본질을 봐요. |

#-1. 율림 회의실 (낮) – 회상

정혜/효민, 면담 중.

정혜   아빠랑 놀이동산 갔을 때 동화 속 사람들이 나와서 행진했어요.

효민   아, 퍼레이드요? 그거 그런 거군요.

정혜   네.. 아.. 아니요.

효민   ?

정혜, 주변을 두리번거리며,

효민, 의아.

정혜   (속삭이듯) 엄마한테 말하면 안 돼요. 쉬..

효민, 미소 지으며 *끄덕.*

정혜   아빠예요.

효민   네?

정혜   아빠 그랬어요.

효민   아, 여기 사람들 중 하나가 아빠구나.

정혜   아니에요. 아빠 그랬어요. 근데 비밀.

효민   …

정혜   엄마가 불 꺼주면 보여요. 아빠 얼굴.. 좋아.. 그래서 정혜 행복해요.

효민   …

정혜   정혜는 아빠 그림 그릴 때도 행복하고 아빠 그림 볼 때도 행복해.

        〈*회상 끝〉

판사   괜찮습니까?

효민   (겨우 호흡 가라앉히며) 재판장님, 잠시 휴정해도 될까요?

판사   네, 그러시죠.

                                            에스콰이어

석훈, 걱정스러운 듯 효민을 보고.

도윤   (효민에게) 쯧쯧.. 율림 명성에 똥칠을 해도 유분수지.

S#23. 법원 복도 (낮)

효민/도윤, 법정에서 나오며.

도윤   (효민에게) 잘난 척은 혼자 다 하더니.. 어떻게 지금이라도 내가 수
           습해줘?
효민   …
도윤   도와주세요, 선배님 해봐. 그럼 도와줄게.
효민   …아니요, 제가 합니다.
도윤   끝까지 잘난 척이네. 최악의 상황은 막아야 될 것 아냐. 그냥 카피
           했다고 인정하고.
효민   (말 자르며) 제 의뢰인입니다. 제가 알아서 합니다. (하고 앞으로 걸
           어가려 하는데)
도윤   이게 보자 보자 하니까. (하면서 앞으로 가는 효민의 팔을 낚아채려
           는데)

그런 도윤의 손목을 탁, 쳐내는 석훈. 도윤, 석훈을 놀라 쳐다보는데. 석훈, 도
윤에게 뭐라 뭐라 속삭이고.. 도윤, 겁에 질린 표정.

S#24. 면담실 (낮)

정혜/효민, 둘이 앉아 있다.

효민	정혜 씨.
정혜	(긴장) 네! 잘못했습니다!
효민	…

정혜, 효민의 눈치를 본다.

효민	(최대한 부드러운 목소리) 나는 정혜 씨 변호사예요.
정혜	…
효민	그게 무슨 뜻이냐면 나는 완벽한 정혜 씨 편이란 얘기예요. 그리고 정혜 씨가 나한테 어떤 말을 해도 누구한테 얘기 못 해요.

정혜, 효민 눈치를 보며 끄덕.

| 효민 | 나한테 그림 얘기 다시 해줄 수 있어요? |

정혜, 끄덕.

효민	이 그림, 아빠 그림이라 그랬잖아요. 여기 아빠가 어디 있어요?
정혜	…
효민	괜찮아요. 나만 알고 있을게요. 이 그림 아빠 그린 거예요?
정혜	네.
효민	내 눈에는 안 보이는데?

정혜, 얘기하는 중.
효민, 얘기하는 정혜를 보며.. 내레이션.

#-1. 몽타주

<자막: 1년 전>
효민(N)　　　정혜는 세상에서 엄마를 제일 사랑하고 엄마 중심으로 지구가 돈다.

정혜/정혜의 엄마 영은, 꺄르르르, 집에서 같이 요리하고 밥 먹고, 집안일을 함께 하며 행복한 시간을 보낸다.

효민(N)　　　정혜는 특별한 사람이다. 지적 능력이 낮다기보단 모든 텔런트가 한쪽으로 몰려 다른 쪽에 분배가 덜 된 사람이라고 해야 하나.

열심히 그림을 그리는 정혜.

효민(N)　　　정혜는 테트라크로맷이다. 일반인의 경우 보통 100만 가지 색을 볼 수 있는 반면, 테트라크로맷은 1억 가지의 색을 볼 수 있는 절대 색감의 능력자다.

다양한 색감을 이용해 그림에 빠져있는 정혜.

효민(N)　　　그 천재적인 능력으로 그가 그리고 싶었던 그림은 오로지 하나.. 그리운 아빠..

정혜, 옆에 아빠의 사진을 두고 그림을 그린다.
그때 엄마가 들어오자, 황급히 아빠의 사진을 숨기는 정혜.

효민(N)　　　정혜의 아빠는 정혜가 12살이 되던 해 정혜와 엄마를 버리고 떠났다. 아빠가 떠난 후 엄마는 아빠 사진을 다 태워 버렸고.

영은, 사진을 태우는 중.
정혜, 그 모습을 멀리서 몰래 보고 있다.

잠시 후.

정혜, 남은 재에서 발견한 아빠 사진. 황급히 몰래 그 사진을 챙기는 정혜.

효민(N)　　아빠가 그리워 아빠 얘기를 할 때마다 화를 내는 엄마의 모습에..
　　　　　　정혜는 더 이상 아빠 얘기를 할 수 없었다.

영은, 정혜에게 큰소리를 치는 듯. 정혜, 울음이 터진다. 영은, 정혜를 달래며
미안하다고 말하고.

효민(N)　　정혜는 아빠에 대한 그리움을 표현할 수 없자 대신 그림을 그리기
　　　　　　로 한다. 하지만 엄마를 너무도 사랑한 정혜는 엄마가 아빠 그림을
　　　　　　보면 슬퍼할까 봐 엄마 모르게 그림을 그리기로 한다. 미술 천재에
　　　　　　테트라크로맷이었던 정혜에게는 가능한 일이었다.

정혜의 그림들이 하나하나 비춰지는데. 세워져 있는 그림을 앞에서 보면 색감
이 화려한 풍경 그림이지만 어두운 곳에서 수평의 각도로 보면 사진 속 아빠의
이미지가 들어있다. 정혜, 그림을 다 그리고는 아빠가 그리운 듯 그림판을 꼭
껴안는다.

효민(N)　　그의 모든 그림은 앞에서 볼 때 색감이 화려한 풍경 그림이지만 어
　　　　　　두운 곳에서 수평 각도로 그림을 보면 그가 고이 간직한 아빠의 사
　　　　　　진 속 이미지가 들어있다. 미술 천재에 테트라크로맷이었던 정혜는
　　　　　　오로지 타고난 감으로 한 치의 오차 없이 붓 덧칠의 횟수로 시각적
　　　　　　질감과 다양한 색채의 강약과 명도, 형광색으로 비밀스럽게 아빠를
　　　　　　그릴 수 있었다.

S#25. 법원 면담실 앞 (낮)

　　　　　　　　　　　　　　　　　　　　　　　　에스콰이어

효민, 영은과 뭐라 뭐라 얘기 중. 영은, 울먹인다.
그 모습을 조금 떨어진 곳에서 지켜보고 있는 석훈.

S#26. 법원 면담실 안 (낮)

급히 정혜의 다른 그림들을 들고 들어오는 영은.

영은 마침 차 안에 있던 그림이 두 개 있어서 들고 왔어요.

효민, 영은에게 그림을 건네받고 그 그림들을 책상에 눕혀놓는다. 그때 국현, 법원 내부에 있던 '놀이동산'을 들고 들어온다. 효민, 커튼을 치고, 불을 끈다. 효민, 책상과 눈높이를 맞춘 후 '놀이동산'을 수평으로 바라본다. 놀라는 효민. 그리고 두 번째 그림 역시 그렇게 바라보고. 세 번째 그림 역시 그렇게 바라본다. 놀라는 효민.. 영은 역시 효민을 따라 그림을 그렇게 바라보는데.. 영은, 입을 막으며 놀란다. 그러더니 이내 울 것 같은 표정.
화면, 정혜의 그림들을 수평으로 바라보니 모두 다 하나의 같은 이미지가 보이고. 그 이미지는 어느 중년의 남자 모습, 정혜의 아빠다.

cut to
효민/영은/정혜, 앉아 있다.

영은 (정혜를 쓰다듬으며) 우리 아가.. 엄마가 미안해. 엄마 정말 몰랐어. 정혜가 아빠 그렇게 그리워하는지. 그래서 그렇게 그림 다 그리고 그림을 꼭 껴안아 줬구나.

 Insert-
 정혜가 그림을 완성하고 아빠를 껴안듯 그림을 꼭 껴안는 장면.

정혜, 울먹울먹.

영은   괜찮아, 정혜야. 아빠를 그리워하는 것도, 아빠 그림 그리는 것도,
엄마랑 아빠 얘기하는 것도. 다 괜찮아. 엄마, 다시는 정혜한테 화
안 낼게. 엄마가 미안해.

정혜   정말 괜찮아?

영은   그럼~

효민   정혜 씨, 법원에서 내가 그림에 대해 물어보면 다 얘기해 줄 수 있어
요?

정혜, 영은을 본다.

영은   정혜야, 아빠 그림 그린 거 다 얘기해도 돼. 엄마 괜찮아.

정혜, 끄덕끄덕.

S#27. 법원 안 (낮)

개정.
관모, 증인석에 앉아 있다.

효민   피에스타는 뭘 그린 그림인가요?

관모   제가 유럽 여행을 종종 갔는데 스페인에서 축제를 즐긴 적이 있는
데 그때의 기억을 살려 그 풍경을 그린 그림입니다.

효민   풍경 그림이란 말씀이시죠?

관모   네.

효민   그 그림 안에 다른 숨겨진 이미지는 없나요?

       에스콰이어

관모   ..아니요. 그런 건 왜 물으시죠?

효민   없단 말씀이시죠?

관모   네..

효민   이상입니다.

관모, 짜증 나는 듯한 표정.

cut to

증인석에 앉아 있는 정혜.

효민   정혜 씨, (놀이동산 그림을 가리키며) 저 그림, 뭐 그린 거예요?

정혜   ... (영은을 보는데)

영은, 괜찮다는 표정.

정혜   아빠 얼굴이요.

일동, 웅성웅성.

효민   (다정다감하게) 아, 아빠 얼굴? 아빠 얼굴 기억해요?

정혜   (끄덕거리며) 사진 있어요.

효민   사진 잠깐 보여줄 수 있어요?

정혜   네.

효민   (사진을 받은 후) 피고 부친의 사진을 증거로 제출합니다.

관모, 의아. 일동, 집중. 소라, 긴장.

효민   (정혜에게 다정하게) 근데 내 눈엔 아빠 얼굴이 안 보이네요?

정혜   엄마가.. 아빠 그림 그리면 슬퍼할까 봐.. 숨겨놨어요.

관모, 당황.

효민   어떻게요?
정혜   어두운 데서.. 그림을 눕혀서 보면.. 보여요.

일동, 웅성웅성.

판사   정숙해 주시기 바랍니다.
효민   제가 한번 해볼까요? (하면서 그림을 드는데)

옆에 법원 경위가 함께 들어준다. 효민과 법원 경위, 수평으로 그림을 눕히는데.

효민   법원 안 조명을 어둡게 해주시길 요청드립니다.

판사, 법원 경위에게 끄덕. 법원 경위, 불을 끈다. 그러자, 수평의 그림에 정혜
아빠의 이미지가 보인다. 일동, 웅성웅성. 판사/소라/성찬, 놀라고 관모, 얼굴
하얗게 질린다.

효민   그럼 피에스타도 수평으로 눕혀 볼까요?

법원 경위와 함께 피에스타를 수평으로 눕히는데, 피에스타 역시 정혜 아빠의
이미지가 보인다.

효민   원고를 다시 증인으로 신청합니다.

관모, 얼굴 하얗게 질린 채, 증인석으로 걸어 나오고,

방청석에 있는 사람들, 웅성웅성.

효민　　어떻게 작가님의 작품에 피고 아빠의 이미지가 들어가 있죠?
관모　　…그게..
효민　　아까 숨겨진 이미지가 없다고 하셨죠?
관모　　..네..
효민　　모르셨겠죠. 저 그림을 처음 그린 사람은 작가님이 아니니까요.

관모, 고개 숙인다.
소라, 한숨..
성찬, 고개 젓는다.

효민　　피고가 원고의 그림을 복제한 것이 아니라 원고가 피고의 그림을
　　　　　복제한 거죠?

일동, 웅성웅성.
관모, 얼굴 하얗게 질린다.

효민　　대답하시죠! 저작권 침해 행위를 한 것은 오히려 원고지 않습니까?!
　　　　　그래놓고 이런 그림의 비밀이 있는 줄 모르고 피고에게 뒤집어씌우
　　　　　려 소송을 제기한 거 아닙니까?
관모　　..
효민　　남의 작품을 도둑질한 건 피고 아니고 원고입니다. 아닙니까?
관모　　…
효민　　원고, 대답하세요!
관모　　…네.. 맞아요..

일동, 웅성웅성.

관모   (혼잣말하듯) 당신 말이 맞아..

일동, 웅성웅성.

효민   사과하세요.

방청석, 고요...
관모, 효민을 본다.

효민   편견을 악용해 문정혜 작가를 무고한 점! 자신의 도둑질을 덮기 위
          해 신성한 법정에서 문정혜 작가를 조롱하고 무시한 점, 사과하라
          고요!

성찬, 효민의 카리스마틱한 모습에 놀란 듯 효민을 본다. 석훈도 흥미롭게 효
민을 보는데..
관모, 눈빛 흔들린다.

소라   이의 있습니다. 피고의 변호인은..
관모   (말 자르며) 사과? 미쳤어? 내가 왜? 사과는 신이 나한테 해야지. 저
          런 미친 재능을 내가 아닌 저런 애송이한테 준 걸 사과해야지!! 그
          리고 당신! (정혜에게) 당신은 나한테 고맙다고 하시구요. 자기 작
          품이 얼마나 대단한지도 모르는 문외한이 한순간에 스타가 되게 생
          겼잖아. 내가 뼈를 갈아 넣고 고름 짜내면서 쌓아 올린 공든 탑에 무
          임승차하는 거라고.
효민   (관모에게 다가가며 조용하고 힘 있는 목소리로) 모방은 가장 절실
          한 형태의 찬사죠. 동경과 선망의 대상에게 예의도 못 갖추는 당신
          이야말로 예술의 예 자도 모르는 문외한입니다. 정식으로, 합당하
          게, 충분히 사과하셔야 할 겁니다. 물론 보상도 하셔야 할 거구요.

                                                            에스콰이어

법은 당신 같은 사람들 상대하라고 있는 겁니다.

관모　　(분한 듯 책상을 내려치며) 아아 아악!!

하자 효민, 냉정하게 돌아서고.

판사　　원고! 조용히 하세요.
관모　　나! 나 SAIC(사익)에서 학사 석사 취득하고 졸업 작품! 마르테 갤러
　　　　리에서 전시한 사람이야!! (하고 소리 지르자)
판사　　원고!! 자중하세요!

관모, 난동 부리는 모습 슬로우 걸리고.
효민, 당당하게 앞으로 걸어가는 모습, 슬로우 걸리고.
효민, 석훈과 눈 마주치고. 석훈, 효민을 본다.
성찬, 효민을 보는데.. 효민, 성찬을 차가운 눈빛으로 한번 보고 앞으로 걸어간다.

S#28. 법정 복도 앞 (낮)

효민/국현/상철/호연, 앞으로 걸어가고 있고
석훈, 약간 뒤에서 걷고 있다.

국현　　강효민 내가 본 모습 중에 제일 멋있었다.
효민　　진짜?
상철　　데뷔 축하해요.
호연　　부럽다..
국현　　근데 홍도윤 변호사님이 안 보이네.
상철　　아까 휴정 후에 개정할 때부터 안 보이시던데.
호연　　그러니까. 한 방 날리는 걸 보셨어야 하는데.. 어디로 사라지셨대?

효민   …

그때 효민의 가방에서 키링이 떨어져 석훈 발밑에 떨어지고.

석훈   (키링을 주우며) 강효민 씨. (하고 불러보는데)

효민, 듣지 못하고.

석훈   강효.. (하다) 강효민 변호사! (하고 부르자)
효민   (잘못 들었나.. 멈칫) ..
석훈   …
효민   (석훈에게 천천히 돌아서는데) ..저.. 부르셨어요?
석훈   네, 키링 떨어졌습니다.
효민   …아.. 네.
석훈   (키링을 건네며) 사무실에서 봅시다.
효민   아.. 네.
석훈   (앞으로 걸어가려는데) ..
효민   (갑자기 석훈에게 90도로 꾸벅 인사하며) 열심히 하겠습니다. 선배
            님!
석훈   (앞으로 걸어가며 피식)

석훈이 사라지자,

상철   방금 윤 변호사님이 강효민 변호사라고 한 거 맞지?
국현   (효민에게 어깨동무를 하며) 이야.. 강효민!
효민   (기분 좋은 듯 싱글벙글) ..
호연   아니 변호사를 변호사라고 불렀는데 왜 뭉클하지.
효민   (싱글벙글) …

S#29. 효민 방안 (밤)

효민, 누워서 석훈이 '강효민 변호사!'라고 불렀던 순간을 떠올리며 싱글벙글 미소 짓는다. 효민 귀에 메아리 울리듯 퍼지는 석훈의 강강효효민민변변호호사사~. 효민, 좋은 듯, 이불 안에 얼굴을 파묻는다. 그때 문자 알람이 울리고, 핸드폰을 보니 '울언니'다.

효주문자   "고마워 효민아."
효민문자   "잘 돼서 다행이야."
효주문자   "응, 정혜 그림에는 늘 행복이 배어 있어서 그런 그리움을 품고 사는
            줄 몰랐네."
효민문자   "응, 언니는 정혜 씨가 미술 천재라는 거 알고 있었어?"
효주문자   "아니."

효민, 문자를 적으려는데.

효주문자   "나도 정혜처럼 천재였다면.. 장애가 있더라도 이모가 키워줬을까?"

효민은 문자를 보내려다 멈칫하며 '미안해, 언니…'라고 적었다가 지우고, '엄마도 언니를 보낸 걸 후회해…'라고 쓰다 지운다. 잠시 고민하고 있는데.

효주문자   "이모 근래 사진 있어?"
효민문자   "왜? 엄마 보고 싶어?"
효주문자   "응, 보고 싶지. 낳아 주신 분이니까."
효민문자   "근데 왜 보러 안 와? 나주에서 서울까지 그렇게 먼 거리도 아니잖아."
효주문자   "아마, 정혜가 아빠 얼굴을 그림에 숨겨 놓은 거랑 비슷한 이유겠
            지. 내가 이모 보고 싶은 것보다 우리 엄마 서운할까 봐. 그게 마음
            에 걸려서."

효민, 문자를 보며 생각 중.

효주문자   "우리 엄마, 아빠는 수어를 쓰시는데.. 나만 구화를 써."
효민문자   "그래? 왜?"
효주문자   "이모랑 이모부 만나게 되면 건청인처럼 보이라고."

효민, 문자를 보며 생각.. 효주에게 "정혜 씨 어머니도 그랬던 것 같아. 그런 게
부모 마음인가?"라고 창에 쓰다 아니야, 아니야 하듯 문자 지우고 벌러덩 눕는다.

S#30. 율림 대회의실 (아침)

100명 이상의 변호사들이 모여있고,
그때 들어오는 효민. 국현/상철 옆으로 쓱 가는데.

효민   뭔데?
국현   뭐, 오늘 중대 발표가 있다는데?
효민   오..

그때 들어서는 승철/신명진(62세, 율림 대표 변호사)/ 율성.

국현   헐, 네임드다.
효민   누구, 누구?
국현   율림이 Shin, Ko&Kim(신, 코 앤 킴)이잖아. Shin에 (명진을 가리키
           며) 신명진 대표님, Ko에 (승철을 가리키며) 고승철 대표님. 그리고
           Kim에 (율성을 가리키며) 김율성 대표님.
효민   아.. 진짜 네임드 다 모였네. 뭔가 진짜 중요한 일인가 보네요.
승철   (마이크 잡으며) 시간이 돈인 사람들이니 짧게 하죠. 오늘 중대 발

표가 있어 모이라 했습니다. 전 오늘부로 은퇴하고,

일동, 웅성웅성.
희철/태섭/도윤, 충격을 먹은 듯한 표정.

희철   (태섭에게) 형님, 이게 무슨 소립니까?
태섭   (충격) ..
승철   고문으로 남겠습니다. 그리고 새로 취임할 등기 대표 변호사는,

일동, 집중.

승철   권나연 변호사입니다.

화면, 대회의실로 들어오는 권나연(여, 47세)을 천천히 비추고.
희철/태섭/도윤, 나연을 보자 충격적인 표정으로 소스라치게 놀라고!
석훈, 덤덤히 나연을 본다.

-5화 끝-

6화 | 사랑도 심신미약

S#1. 몽타주 - 은영/한석 (낮)

〈*아름다운 전형적 신데렐라 로맨스 영화처럼 로맨틱하게 연출. cut, cut으로
짧게 내용만 이해될 수 있게〉
(저녁) 정한석(남, 26세) 〈*매력적이고 화려하게 생김. 누구나 반할만한 외모.
키 186 정도에 얼굴은 하얗고 소년 같은데 몸은 근육질. 모든 사람이 매력적이
라 생각할 수 있는 마스크〉/설은영(여, 20세), 고급 레스토랑에서 식사. 은영,
밝고 환하게 웃고. 한석도 즐거운 표정.

cut to
(낮) 한석/은영, 쇼핑하는 모습 cut, cut으로 비춰지고. 한석, 은영에게 명품 옷,
구두, 신발 선물.

cut to
(저녁) 한강, 즐겁게 데이트하는 은영/한석.

cut to

(낮) 수목원, 산책하는 은영/한석. 즐겁게 웃고 있는 은영, 그런 은영이 마냥 좋은 한석.

cut to

(낮) 봄날의 어느 날 밤, 벚꽃이 우거진 산책로. 한가히 거닐고 있는 은영/한석. 그때 눈 마주치고. 한석, 살며시 다가가 키스한다. 그러다 격렬하게 키스한다.

S#2. 길거리 (낮)

S#1과 달리 초췌한 모습의 은영이 비춰지고. 〈*외적으로 차이 크게 나도록 연출. 머리 짧게 자르고 살도 많이 빠진 상태. 전반적으로 어둡고 우울한 기운〉 고개 숙이고 앞으로 걸어가고 있는 은영. 반대편에 모델 커플 아우라를 풍기며 사람들의 시선을 한 몸에 받으며 런웨이 걷듯 걸어오는 한석과 한석의 새로운 여자친구, 미나(여, 23세).
은영, 한석/미나를 발견. 은영, 그 자리에서 얼어붙고, 원망스러운 눈빛으로 한석을 보는데.
한석, 은영을 보지 못하고 지나치자.
은영, 분노가 차오른다. 뒤돌아 한석에게 다가가 한석의 등을 세게 때리고. 한석, 아! 하고 아픈 듯 소리 지르고.

미나   (당황) 오빠~! (은영을 보며) 뭐야, 당신?

한석, 돌아서 은영을 보는데..
은영, 원망스러운 눈빛으로 한석을 보다 한석을 때리기 시작.
한석, 은영을 거만한 눈빛으로 보며 가만히 맞아주고 있다.

미나   (적극적으로 말리며) 어머, 이 여자 왜 이래. 오빠, 이 여자 누구야?

한석   (은영의 두 팔을 붙들며) 그만해. (하며 은영을 민다)

은영, 뒤로 밀리며 넘어지고.

미나   어머 뭐 저런 또라이가 있어. 오빠 아는 여자야?
한석   ...가자.
미나   아냐, 가만 있어 봐. 경찰에 신고하게.
한석   그만 가자고.

미나, 한석을 보다, 은영을 한번 노려본 후, 한석의 팔짱을 끼고 앞으로 걸어가고.
한석, 미나의 팔짱 낀 손을 다정히 꼭 잡으며 앞으로 걸어간다.
그런 미나/한석을 보다 울음이 터진 은영.

S#3. 율림 회의실 (낮)

효민, 앉아 있고. 그 앞에 앉아 있는 은영.

은영   ...
효민   ...힘든 얘기면 나중에 준비되실 때
은영   (말 자르며) 사랑하는 사람이랑 헤어졌어요.
효민   ...
은영   8개월 연애하고.. 헤어진 지.. 3개월 좀 안 됐습니다.
효민   아.. 네...
은영   그새 여자친구가 생겼더라구요.
효민   네..
은영   많이 사랑했어요.. 그래서 많이 힘드네요.
효민   네..

은영   전 남자 친구를 고소하고 싶습니다.

효민   ..이별로 상처받으신 건 알겠는데.. 형사 고소든 민사 소송이든 법
        적인 근거가 있어야 합니다. 이별의 상처는 안타깝지만, 법으로 보
        호받을 수 있는 손해가 아니어서..

은영   …

효민   제가 도와드릴 수 있는 게 없어 보이네요.

하는데, 은영, 벌떡 일어선다. 효민, 은영을 보는데.
은영, 윗옷을 걷는데 배 주변에 켈로이드 상처가 군데군데 보인다. 그리고 천
천히 뒤를 도는데, 등에도 군데군데 켈로이드 상처가 보인다.

효민, 놀라는데?!

은영   (돌아있는 상태에서) 전 남자친구가 한 짓입니다.

효민   네?

은영   (천천히 돌아 효민을 보며) 고소하고 싶습니다.

효민, 놀란 표정에서 에너제틱한 음악과 함께 타이틀 In.

사랑도 심신미약..?

S#4. 클리어스킨 피부과 (낮)

여자, 등이 비춰지고, 등 여러 군데 켈로이드 상처가 나 있고. 의사, 켈로이드
주사를 놓자 여자, 아파하는데.
화면, 점점 멀어지자, 그게 은영의 등이었음이 드러나고.
의사, 켈로이드 주사를 놔주며.

의사   상처 늘 조심하서야 해요. 은영 님은 켈로이드 살성이라 상처가 났
         다 하면 흉터가 융기되고 상처 부위가 퍼져요. 작은 상처도 민감한
         살성이에요.

주사가 고통스러운 듯, '아' 하고 아파한다.

의사   일반 살성이면 흉터도 안 남을 가벼운 상처지만 은영 님 살성은 악
         성 켈로이드라 이렇게 흉이 지는 거예요.
은영   네... 치료받으면 흉터가 없어지긴 할까요?
의사   켈로이드 흉터는 없어지기 힘들어요. 이렇게 주사로 완화하는 수밖
         에 없어요.
은영   수술하면.
의사   (말 자르며) 더 악화돼요. 수술 자국에 켈로이드가 생길 테니까요.
은영   어떻게 안 될까요.. 제가 직업이 모델인데.. 모델 일도.. 이 상처들
         때문에.. 못 하게 됐어요. (하면서 울먹)
의사   아이구 저런..

은영, 눈물 글썽.

S#5. 율림 대회의실 (아침)

5화 마지막 씬에 이어.

승철   (마이크 잡으며) 시간이 돈인 사람들이니 짧게 하죠. 오늘 중대 발
         표가 있어 모이라 했습니다. 전 오늘부로 은퇴하고,

일동, 웅성웅성. 희철/태섭/도윤, 충격을 먹은 듯한 표정.

희철   (태섭에게) 형님, 이게 무슨 소립니까?
태섭   (충격)..
승철   고문으로 남겠습니다. 그리고 새로 취임할 등기 대표 변호사는,

일동, 집중.

승철   권나연 변호사입니다.

화면, 대회의실로 들어오는 나연(여, 47세)을 천천히 비추고. 희철/태섭/도윤,
나연을 보자 충격적인 표정으로 소스라치게 놀라고! 석훈, 덤덤히 나연을 본다.

어쏘1   권나연? 처음 뵙는 분인데.
어쏘2   디에이솔루션으로 외부 파견 중이셨잖아.
어쏘1   디에이솔루션?
어쏘2   저 시골에 있는 중소기업 있어.
어쏘3   말이 파견이지 사내 정치에 밀려 좌천됐지. 완전 금의환향이네.

일동, 웅성웅성하다 승철의 말이 시작되니 다시 고요.

승철   취임식과 저의 이임식은 내일 오후 2시에 진행될 예정입니다. 대형
         로펌 사상 첫 비 서울대 법대 출신 40대 여성 대표 변호사가 탄생한
         역사적 순간에 많은 분들 참석하시어 자리를 빛내 주시길 바랍니
         다. 이상.

태섭, 화가 난 듯 승철이 말하는 도중에 뒤돌아 나가버리고, 그 모습에 희철/도
윤도 함께 나간다.

효민   와우.

| 호연 | 내일 법률 신문 헤드라인이 눈에 선한데.. 관행을 깬 파격적 인사. |
| | 신선한 충격. |

S#6. 율림 고승철 사무실 (낮)

태섭, 방에 급히 들어서며,

태섭	대표님, 어떻게 저랑 상의도 없이,
승철	(말 자르며) 앉아.
태섭	아니, 웬 권나연? 도대체 무슨 생각이신 거예요?
승철	흥분하지 말고 앉아.
태섭	은퇴라뇨. 5년만 더 하시다 적당할 때 저한테 넘겨주시면,
승철	(말 자르며) 넘겨주면, 누가 따른대?
태섭	네?
승철	로펌은 기업이랑 달라. 경영 승계가 안 된다고. 로펌은 파트너십이
	야. 여기 파트너들이 나를 따르듯 누가 널 따른대?
태섭	아버지!
승철	그리고 기우는 배의 선장 해서 뭐 할라고. 윤석훈도 파악하고 있는
	걸 쯧..
태섭	아버지, 윤석훈 나대지 못하게 경고해 달라고 했더니 오히려 윤석
	훈 편을 드시면 어떡해요? 힘들게 내보낸 그놈 사수를 왜,
승철	(말 자르며) 세상은 변했고 이젠 로펌도 전문성으로 승부 봐야 해.
	전문성 없이 인맥으로 수임하는 고인물들 어떻게 할 건데? 네 손에
	피 묻힐래? 우린 그냥 망나니가 칼춤 추면 뒷짐 지고 지켜보다, 칼
	춤 끝나면 망나니 목 베고 새로운 판에서 고상하게 하던 거 하면 돼.
태섭	네?
승철	그들은 그냥 우리의 도구라고. 그냥 망나니.

태섭	...권나연, 윤석훈 만만한 사람들 아니에요.
승철	만만치 않지. 그러니까 칼을 쥐어 줬지.
태섭	그럼, 일 끝나고 목은 어떻게 베시게요?
승철	저쪽 1순위 제거 대상은 몸값만 높고 수임력 없는 전관 변호사, 고문들이겠지. 그들한테 칼 휘두른 망나니를 누가 따르겠어. 로펌은 파트너십이야. 파트너들이 인정하지 않은 리더는 리더가 될 수 없어.
태섭	(끄덕)..
승철	COMO 펀드 SMR 투자건 수임해서 입지나 다지라니까.
태섭	그러니까요.. 면목이 없습니다. 최철민 대표 소식 들으셨죠?
승철	(끄덕)...
태섭	아니, 그렇게 잘나가던 사람이 하루아침에 대표 자리에서 내쳐지고, 정신도 오락가락한다는 소리도 있더라구요.
승철	됐어. 망자계치야. COMO 펀드 새 대표랑 연결해줄 테니 이번엔 잘 좀 해봐. 내실을 먼저 잘 다져놔야 할 거 아냐.
태섭	네, 대표님! 그렇게 따르겠습니다!

S#7. 율림 내부 회의실 (낮)

석훈/진우, 효민에게 브리핑을 듣고 있다. 옆에서 함께 듣고 있는 국현/상철/호연.

진우	새디스트?
석훈	...
상철	그게 뭐예요?
호연	가학적 성애자.
상철	아...
진우	그래서?

효민	공교롭게도 설은영 씨 살성이 상처에 굉장히 취약한 켈로이드 살성
	이었던 거죠. 일반 살성이라면 상처가 안 생기는 수준의 에로틱한
	성관계를 가졌던 거 같은데 설은영 씨는 그게 켈로이드가 되면서
	상처가 점점 퍼지고.. 지금은 꽤 보기 흉한 수준이더라구요.

국현	아이고..

효민	직업이.. 모델이랍니다.

국현/상철/진우/호연, '아고', '하휴' 등 안타깝다는 소리 동시에 터져 나오고.

국현	의뢰인이 가학적 행위에 대한 동의를 하지 않았다면 상해죄가 성립
	될 거 같은데요?

진우	그렇지.

효민	네, 안 그래도 물어봤는데, 관계 갖기 전에 의식 행위처럼 동의서에
	서명을 받았다고 하네요.

진우	치밀하네..

호연	술은요? 술 취해서 동의한 거면 의사능력이 없었으므로 동의가 유
	효하지 않다고 주장해 볼 수 있을 텐데.

효민	그것도 물어봤는데, 술을 전혀 못 해서 안 마셨대요.

일동, 생각..

석훈	(생각하며) 상해죄가 성립되려면 동의가 유효하지 않았다는 주장을
	할 수밖에 없는데..

호연, 고개 끄덕끄덕.

상철	(호연에게) 왜? 동의의 유효성이 상해죄와 무슨 상관이야?

일동, 상철을 본다. 진우, 상철의 이마 딱밤 때리는 시늉. 상철, 놀라 뒤로 물러
서는데.

진우   내가 지금 오 변호사 딱밤을 때렸다면 폭행일까 아닐까.

상철   폭행이죠.

진우   그럼 게임에서 지면 딱밤 맞기로 서로 동의가 이루어졌으면?

상철   그럼 폭행이 아니죠.

진우   왜?

상철   ..글쎄요.

진우   그럼 권투 시합은? 상대를 때리는 건데 폭행 아니야?

상철   아니죠.

진우   왜?

상철   그거야.. 그냥 아니죠.

진우   원칙적으로 행위 자체는 폭행에 해당하지만, 상대가 그러한 행위에
         동의하였기 때문에 죄가 성립하지 않는 거야.

상철   아...

진우   그렇다면 오 변호사가 학교 폭력 피해자고 딱밤 게임에 진정한 의
         사로 동의한 게 아니라 일진한테 맞을까 봐 무력에 의한 동의면?

상철   그건 진정한 동의가 아니니.. 폭행이죠.

진우   맞아. 피해자의 동의로 위법성이 조각되려면, 정상적인 의사 결정
         이 가능한 상태에서 동의해야 해. 가장 직관적인 예로는 최면에 걸
         렸거나, 약에 취했거나, 앞에 있는 사람이 칼을 들이댄 상태에서 계
         약서에 서명했다면 그자가 진정한 의사로 계약서에 동의한 거라 할
         수 없기 때문에

상철   (말 자르며) 유효한 동의의 의사표시라 볼 수 없죠... 그래서 폭행이
         성립되는 거고..

효민, 뭔가 생각난 듯한 표정.

                                         에스콰이어

효민   서면 동의를 받긴 했지만.. 한 가지 주장해 볼 수 있는 여지가..

일동, 효민을 본다.

진우   뭔데?
효민   설은영 씨는 사랑에 빠져있었죠.
진우   근데?
효민   고로.. 심신미약 상태였죠.

일동, 의아.

효민   사랑도 심신미약이라고 주장해 볼 수 있는 거 아닌가요?

국현/상철/진우/호연, 말도 안 된다는 듯 푸하하 웃는다.

국현   (박수치며) 역시 강효민, 아주 창의적이야! 칭찬해.
호연   근래에 들어본 말 중에 제일 웃겼다.

석훈, 무표정.

효민   들어봐요. 누구나 사랑에 빠지면 판단 능력이 상실되고 비이성적으
          로 돼요. 다들 사랑해 보셨잖아요. 겨울 바다에 놀러 갔다 사랑하는
          여자가 '나 사랑하면 뛰어 들어가 봐' 하면 그러기도 하잖아요. 한파
          에 그냥 있어도 추운데, 바다에 입수하는 게 정상적이고 이성적인
          행동은 아니잖아요.

국현/상철/진우, 끄덕끄덕.

| 국현 | 아, 내 고등학교 때 여친이 지금 생각해 보면 좀 변태스러웠는데 단 물 많이 나오는 껌을 씹으면서 단물 삼키기 싫다고 컵에다 뱉어내더니 사랑하면 이거 마셔.. 그래서 |

국현   아, 내 고등학교 때 여친이 지금 생각해 보면 좀 변태스러웠는데 단
       물 많이 나오는 껌을 씹으면서 단물 삼키기 싫다고 컵에다 뱉어내
       더니 사랑하면 이거 마셔.. 그래서
상철   그래서?!
국현   마셨죠.

진우/상철/호연, 고통스러운 표정.

국현   지금 생각하면 토 나오는데 그땐 사랑하니까 가능했죠.
효민   사랑의 감정은 심신을 미약하게 만들 수 있어요. 이성적인 판단을
       할 수 없을 만큼. 그래서 이러한 심신미약 상태에서 한 동의는 법적
       으로 유효하지 않고, 그러므로 상해죄가 성립된다는 거죠.
진우   (피식) 그 주장은 말도 안 되긴 하는데 또 어떻게 들어보면 말이 되
       네. (하다 석훈을 보는데)

석훈, 생각 중.

진우   (그런 석훈을 보며) 에이 설마, 이런 말도 안 되는 주장을 해 보자는
       건 아니죠?
석훈   상해죄가 성립되려면 동의의 유효성에 반할 만한 사정을 찾아봐야
       하니.. 지금은 강 변호사 주장을 조금 더 생각해 보는 수밖에요.
진우   아니, 안 맡으면 되잖아요. 지금 변호사님 일 잘하신다고 온 우주에
       소문이 나서 일이 넘치다 못해 폭발 지경인데 굳이 (하는데)
석훈   (바로) 흥미롭잖아요.

일동, 석훈을 본다.

석훈   영미법이 선진화된 이유가 뭐라고 생각합니까?

 ————————————————————————————— 에스콰이어

진우	글쎄요.

석훈	거긴 돌에 걸려 넘어져도 소송하고, 줄담배 피우다 암에 걸려도 담
	배 회사를 고소하죠. 그 과정에서 법원은 다양하고 창의적인 법리
	들을 고심해 볼 기회를 얻고, 판례가 쌓이며 법 해석의 불확실성이
	줄어듭니다. 결과적으로 법의 예측 가능성과 판결의 신뢰도가 높아
	지고, 사람들은 법을 더욱 신뢰하며 억울한 일을 참지 않고 법에 호
	소하게 되죠. 그렇게 선순환이 이루어지는 겁니다.

효민, 석훈을 반짝거리는 눈으로 본다.

진우	(끄덕끄덕) 네..

호연	저도 해 볼 만하다고 생각합니다.

일동, 호연을 본다.

호연	진정한 동의는 자발성이 전제되어야 하는데 만약 어떠한 심리적 압
	박에 의한 동의였다면 유효하다 볼 수 없죠,
	동의 당시 심리적 압박이 있었는지.. 살펴볼 수 있지 않을까요?

석훈, 끄덕.

효민	네, 미국 판례 중에 상호 동의 하에 관계를 가졌지만, 여자의 동의가
	남자의 경제적, 심리적 압박에 의한 동의여서 유효하지 않다고 주
	장하며 강간죄를 성립시키려 한 사례도 있었습니다.

일동, 끄덕.

석훈	진행해 보죠.

효민   네, 변호사님.

S#8. 율림 탕비실 (낮)

구석에서 생각에 빠져 커피를 젓고 있는 민정.

#-1. 율림 3번 회의실 안 - 민정 회상

4화 S#7에 이어
〈*통유리로 되어 있어 방음은 잘 되어 있으나 블라인드를 치지 않는 한 밖에서
안이 보인다.〉
율성, 회의실에서 상담 중. 율성 앞에 앉아 있는 자현. 그때 회의실로 들어서는
민정.
자현을 보자 놀라는 민정. 자현은 덤덤하게 민정을 본다.

율성   어, 어서 와. 이번에 이혼소송 의뢰하신
민정   (말 자르며, 자현을 보며) 네가 왜..
율성   어? 아는 분이서?
민정   ..
자현   오래간만이에요.
민정   네가 왜 여기 있냐고.
율성   왜.. 왜 그래? 무슨 일이야.
민정   (율성에게) 죄송하지만 잠시 자리 좀 피해주시겠어요?
율성   어? .. (자현과 민정을 보다) 어..

하고는 나가는데. 율성이 나가자,

자현	몰라보겠어요. 우연히 마주쳤다면 모르고 지나쳤을 거예요.
민정	용건만 말해.
자현	그 사람이랑 이혼해요.
민정	근데.
자현	소송할 거 같아요.
민정	그래서.
자현	맡아주세요.
민정	(콧방귀) 미친..
자현	언니가
민정	(말 자르며) 누가 언니야.
자현	변호사님이 적임자라고 생각해요. 맘카페에서 변호사님이 이혼소송에 최고라는 명성 들었을 때 프로필 찾아봤는데.. 그때까지만 해도 소현 엄마일 거라곤 상상도 못 했어요. 외모도 이름도 바뀌었으니까요.
민정	...
자현	알고 나서 의뢰할 생각 접었는데.. 다시 생각해 보니 제 입장을 누구보다 더 잘 아실 거라.
민정	(말 자르며) 내가 상간녀 입장을 어떻게 알지?
자현	당하셨잖아요. 그 집에. 그 사람한테. 저도 똑같이 당했어요.
민정	자업자득, 사필귀정.
자현	...
민정	다신 찾아오지 마. 과거 흔적 모두 없앤 사람한테 흙탕물 튀기지 마.
자현	...

〈*회상 끝〉

민정, 한숨 쉰다.. 그러다 과거의 생각으로 또 빠지는데..

#-2. 몽타주 - 민정 회상

〈*짧게 cut, cut으로 비춰지는 장면. 지금의 민정보다 2, 30kg 정도 찐 상태의 7~8년 전 과거의 모습〉
과거 민정, 식탁에서 살찌는 음식들을 잔뜩 먹고 있다.

시어머니   쯧쯧쯧, 저러니 살이 찌지. 애! 살림 거덜 나겠다 그만 좀 먹어.

과거 민정, 시어머니 눈치 보며.

과거민정   아, 네 어머니. (하면서 황급히 치우려는데)

cut to

시어머니   너 같은 게 들어와서 애비가 저렇게 밖으로 나도는 거 아냐. 아이고 불쌍한 우리 아들. 저런 거한테 잘못 걸려서 임신 핑계로 우리 아들 발에 족쇄 채워서는.

죄지은 사람처럼 고개 숙이고 있는 민정. 민정의 딸, 소현(13~14세 정도)이 방문 열고 나온다.
시어머니, 말하다 소현을 보고는 움찔. 소현, 집 문을 쾅 닫고 나가버린다. 민정, 눈물 글썽.

cut to

남편   찍으라고.

과거 민정, 눈물 고인 채 도리도리.

남편   찍든 말든 난 그 여자랑 이 집에서 같이 살 거니까 있으려면 있어.

과거민정   내가 더 잘할게요. 소현 아빠, 소현이 생각해서라도.

그때 어디선가 나타나는 소현.

소현   내 핑계 대지 마! 그냥 이혼해! 나도 원하는 바고 그게 날 위하는 길
          이라고!

남편, 의기양양. 민정, 서러운 표정.
〈*회상 끝〉

민정, 생각에 빠진 채 스푼을 쥔 손에 힘을 주고. 부들부들 떠는데, 힘이 가해
지자, 컵이 옆으로 쏟아진다. 커피가 쏟아지자 그제야 정신 돌아오고.

진우   (민정에게 다가가며) 에헤이. (하면서 쏟아진 커피를 닦으려는데)
민정   (쏟아진 커피를 닦으며) 내가 할게.
진우   무슨 생각을 그렇게 해. 불러도 대답도 없고.
민정   아.. 왜?
진우   대회의실로 모이래. 권나연 대표님 취임식 있잖아.
민정   아.. 맞다.

S#9. 율림 대회의실 (낮)

나연의 취임식과 고승철의 이임식이 열리고, 관련 현수막이 걸려 있다. 대회의
실에는 율림의 대부분의 변호사들이 참석했다. 석훈, 진우, 민정, 효민, 호연,
국현, 상철, 도윤, 연수, 지웅, 율성, 태섭, 희철도 그 자리에 있다. 나연, 단상에
서서 취임사를 이어간다.

나연　　　율림은 지금 길을 잃고 방황하고 있습니다.

일동, 놀란 표정을 짓는다.

나연　　　하지만 괜찮습니다. 대문호 괴테는 이렇게 말했습니다. '인간은 지향하는 한 방황한다.' 방황한다는 건 목표가 있다는 뜻입니다. 도달하려는 지향점이 있다는 증거입니다. 오히려 방황하지 않고 자족과 정체, 안주만이 남아 있다면, 그 조직은 이미 죽은 것이나 다름없습니다.

석훈, 나연을 따뜻한 눈빛으로 보고. 국현/효민/호연/상철/민정/진우는 나연을 존경 어린 시선으로 본다.

나연　　　우리의 지향점은 명확합니다. 전문성으로 신뢰를 얻고, 실력으로 승리를 이루는 로펌. 율림은 이제 전문성을 기반으로 지속 가능한 성장을 이루어야 합니다. 유흥이 아닌 실력, 인맥 장사가 아닌 전문성.

도윤/희철/태섭, 움찔하며 못마땅한 표정. 승철, 무표정. 진우, 속 시원하다는 듯 피식.

나연　　　이것이 율림이 나아가야 할 지향점입니다. 이제 다 함께 나아갑시다. 율림의 새로운 미래를 향해.

회의실 안, 박수가 터져 나온다. 석훈, 고개 끄덕. 강렬한 눈빛의 나연이 비춰지고. 그 모습 그대로 법률 신문에 크게 실리고,

"대형 로펌 첫 40대 여성 대표, 법무법인 율림 권나연 대표"
"대형 로펌 사상 첫 비(非)서울대 법대 출신의 40대 여성 대표 변호사 탄생"

　　　　　　　　　　　　　　　　　　　에스콰이어

"기존 관행들을 모두 깬 파격적인 인사. 대형 로펌 세대교체의 신호탄"

S#10. 율림 대회의실 앞 (낮)

나연/석훈, 대화를 하며 앞으로 걸어가는데. 그때 맞은편에서 걸어오는 태섭/
희철.

태섭   (능청맞게) 아이고, 오랜만이네요. 취임 연설 잘 들었습니다.

나연   그렇습니까? 유흥, 인맥 장사는 고 변호사 들으라고 한 말은 아니었
         어요.

태섭   (표정이 굳어지지만 이내 표정 관리하며) 네, 압니다. 금의환향하신
         기분이 어떠신가?

나연   덕분에 좋은 경험하고 돌아왔습니다.

태섭   너무 짧았죠? 거기서 한 2년 더 계셨으면 좋았을 텐데.

나연   좋은 자리는 고 변호사님한테 양보하는 게 맞죠.

태섭   (코웃음) 전 괜찮습니다.

나연   고 변호사님 덕에 제가 많이 배웠어요. 그 노력, 꼭 갚아드려야죠.

태섭   (코웃음) 아, 그래요? 기대하고 있겠습니다.

나연   네, 그럼.

하고 서로를 지나치자.

태섭   (혼잣말하듯) 기고만장이구만. 그래봐야 너넨 망나니야.

나연   (혼잣말하듯) 망할 놈. 뒷골이 다 당기네.

석훈   …

#-1. 율림 대회의실 (낮) - 나연 회상

<자막: 3년 전>

나연/승철/태섭/희철/지웅/연수, 파트너 회의 중.

승철　　(나연에게) 아마추어도 아니고 자기 의뢰인이 누군지도 모릅니까? 권 변호사의 의뢰인은 주식회사 하이닉코어입니다. 하이닉코어 대표이사 이성빈 개인이 아니란 말입니다. 회사 대표가 회사와 자신을 혼동하는 건 법에 무지해서라 칠 수 있겠지만, 변호사가 법적으로 회사와 대표가 분리된 법인격체라는 것도 모릅니까?

나연　　알고 있습니다. 하지만 이성빈 대표가 살아야 하이닉코어도 살아남습니다.

승철　　그 판단을 왜 권 변호사가 합니까?

비열하게 웃고 있는 태섭.

나연　　꼭 이렇게까지 하셔야겠습니까? 이건 기술적인 횡령이지, 진짜로 이성빈 대표가 돈을 빼돌린 게 아니잖아요. 제가 자문만 잘 하면.

태섭　　(말 자르며) 그러니까 그 자문이 이해상충 행위라고요. 그렇게 이성빈 개인을 대리하고 싶으시면 율림 나가서 서초동에 사무실 하나 차려 놓고 대리하심 되겠네. 그건 아무도 안 말립니다. 요새 서초동 변호사들도 몸집 키운다고 별산제 한 명 한 명 영끌로 모~아 모~아 합동 사무소 만들어 놓고 로펌이라고 우기던데. 거기 가시면 되겠다~

하자 희철 키득키득 웃고. 나연/지웅/연수, 표정 안 좋다.
<*회상 끝>

나연　　(석훈에게) 나 하나 밀어내려고 멀쩡한 회사를 망가뜨린 사람들이

야. 뭐든 할 수 있는 사람들이라고.

석훈   네.

나연   눈눈이이로 가자.

석훈   네. 저쪽에서 먼저 움직일 겁니다. 우선 율림이 먼저 살아야죠. 구조조정 먼저 하시죠.

나연   그래야지.

S#11. 율림 내부 전경 (낮)

S#12. 율림 회의실 (낮)

은영과 효민/석훈/진우, 상담 중.

은영   심신미약이요?

효민   네.

은영   사랑도.. 심신미약이 되나요?

석훈   …

효민   은영 씨의 동의가 유효하지 않다는 주장밖에는 할 수 있는 게 없는데, 그 주장을 하려면 의사능력이 없었다는 주장을 해야 합니다.

은영   ..네..

효민   그래서 몇 가지 여쭤봐야 할 거 같아요.

은영   네.

효민   ..은영 씨는 메소키스트 성향이신가요?

은영   메소키스트? 그게 무슨 뜻인가요?

효민   피학성애자.. 학대나 고통을 당할 때 성적 쾌감을.

은영   (말 자르며) 아뇨, 전혀요! 그런 걸 좋아하는 사람도 있나요? (남자

인 진우와 석훈에게 부끄러운 듯 진우/석훈을 힐끗 본다)

효민　..그런데 왜 동의하셨죠?

은영　...처음엔 거절했어요.. 그랬더니 헤어지자고 하더군요.

효민　...

은영　그래서 헤어졌는데.. 보고 싶었어요, 많이.. 1주일도 못 버티고 제가
먼저 연락했어요. 근데..

효민　...

은영　받아주질 않더라구요. 한 달을 미친 사람처럼 전화하고 찾아가고
울고불고 난리를 쳤어요.

효민　네..

은영　그렇게 다정다감하고 나밖에 모르던 사람이 그런 차가운 모습이 있
을 줄 몰랐어요. 상실감과 공허함에 제대로 생활도 못 했죠. 그렇게
한 달이 흐르고.. 그 사람한테 연락이 왔어요.

효민　...

은영　그리고 다시 만났는데.. 세상을 다 가진 거 같았죠.

효민　..다시 가학적 성관계를 요구했겠네요.

은영　네..

효민　본인이 상처에 취약한 켈로이드 살성이라는 거 알고 있었나요?

은영　네, 그럼요. 어릴 때부터 꿈이 모델이어서 종이에 빈 상처마저도 덧
날까 조심하며 살았습니다.

효민　그걸 알고도 동의하신 건가요?

은영　이상하게 들리겠지만.. 그땐 어쩔 수 없었어요. 그 사람이 다시 떠
난다면.. 생각만으로도 죽을 거 같았으니까요.

효민　네.

석훈　...강 변호사가 앞서 말한 것처럼 본건은 승소 가능성이 희박합니
다. 그래도 진행하겠다 하면 설은영 씨를 철저한 피해자로 만들어
야 합니다. 나약하고 무능해서 법적 효력이 있는 동의조차 할 수 없
는 사람으로.. 이 자체로 상처가 될 수 있어요.

　　　　　　　　　　　　　　　　　　　　　　　에스콰이어

은영	절 그렇게 생각하시나요?

석훈	죄송하지만, 은영 씨 이야기를 들어보면 그렇습니다.

은영, 고개 숙인다. 효민/진우, 석훈을 본다.

석훈	사랑이 설은영 씨를 그렇게 만들었을 거라 생각해요. 설은영 씨는 누구나 겪는 사랑이라는 심신미약 상태였고, 운 나쁘게 그걸 악용한 사람을 만난 것뿐이에요.

은영	변호사님도.. 변호사님 같은 분도.. 그런가요?

석훈	(피식) 네.. 당연히 저도 사랑의 크기만큼 약자가 되죠. 누구나 사랑 앞에선 비이성적이고 약해져요. 그러니 사랑과 미약은 떼어놓을 수 없죠.

효민, 석훈을 본다. 은영, 끄덕끄덕.

S#13. 클럽 라운지 (밤)

효민/설아/지은, 칵테일 마시는 중.

지은	(잔을 들어 올리며) 짠!

설아	(잔을 들며) 생일이나 되니 이런데 온다이.

효민	(잔을 부딪치며) 설, 생일 축하!

지은	(저쪽을 보며) 우아..

설아	왜? (하며 지은의 시선을 따라 저쪽을 보는데)

효민도 따라 본다.

정한석이 여자들에게 둘러싸여 있고.

지은   뭐야, 배우야, 모델이야. 겁내 잘생겼네.

설아   오 진짜.. 여자들 몰려있는 거 봐.

효민, 쓱 보다, 별 관심 없다는 듯, 술 한 모금.

지은   에으, 내가 10년만 어렸어도..

설아   아니야, 우리 지은이 정도면 아직 현역이지. 가거라. 가서 싹 다 발
         라버려.

지은   (피식) 됐어. 내 스타일 아님. 지나치게 잘생기면 너무 위협적이라
         딱히 정이 안 가.

설아   오, 그래 그러고 보니 너보단 효민이 과인데?

효민   에?

설아   너 저런 느낌 좋아하잖아.

효민   전혀. (심드렁)

cut to

효민, Bar에서 칵테일 사고 돌아서는 앞 사람과 부딪히고. 앞 사람에게 술을
쏟는데. 앞 사람 운동 신경 좋은 듯, 확 피하지만 살짝 옷에 묻었다.

효민   아, 죄송합니다. (하고 앞을 보는데 한석이다. 당황)

한석   (여유 있고 매너 좋게) 아니에요. (하면서 고급 수건을 꺼내 쓱쓱 닦
         는다. 그리고는 효민을 보는데) 아고, 술이 쏟아졌네요. 제가 같은
         걸로 한 잔 사드릴게요.

효민   아, 아니에요. 괜찮습니다.

한석   아니에요, 제 잘못도 있는데요. (바텐더에게) 같은 걸로 한 잔 주시
         고 저는 진토닉 한 잔 주세요.

cut to

한석, 잔 두 개를 들고, 효민은 나머지 잔 두 개를 들고, 지은/설아가 앉아 있는
테이블로 다가오고.

지은   (속삭이듯) 옴마이갓. 저건 무슨 그림이냐.

설아   헐..

한석   여기다 놓을까요?

효민   아, 네 감사합니다.

지은/설아, '무슨 일이야?' 하는 표정으로 효민을 보고.

효민   아, 내가 잔을 쏟아서. 또 쏟아질까 봐 들어주신다고.

설아   아.. 이렇게 고마울 데가. (한석에게) 좀 앉으세요.

효민/지은, 놀라 설아를 보는데.

한석   (미소) 아.. 그럴까요?

설아   혼자 오셨어요?

한석   네..

설아   오? 아까 주변에 사람이 많으시던데.

한석   (피식) 그냥 Bar에 있음 뭐 (여자가 늘 꼬이죠 라는 말을 하고 싶은
              듯) 그렇죠.

설아   (무슨 말 하는 줄 알아들었다는 듯) 아..

cut to

한석, 무언가 열심히 얘기하고 있고.

지은/설아, 즐거운 듯 깔깔 웃고. 효민도 즐거운 듯 웃으며 한석을 보는데.

설아   아니, 그런데 뭐 하시는 분인데 이런 외모에, 콘텐츠도 풍부하고, 이

렇게나 매력적이세요?

한석   모바일 게임 만들어요.

효민, 한석을 본다.

지은   프로그래머세요?

한석   아뇨, 대표예요.

설아   오.. 대표님이시구나. 알고 보니 업계 1위 대표고 뭐 이런 거 아니죠?

한석   (미소) 업계 1위가 어딘데요?

설아   뭐, 마블 소프트, 호라이존, 루마 엔터?

한석   감사합니다. 제 회사를 제일 먼저 언급하셔서.

효민/설아/지은, 한석을 보는데.

한석   마블 소프트예요. 제 회사.

효민/설아/지은, 놀라고.

효민   (당황한 듯) 성함이..

한석   정한석입니다.

효민, 당황..

Insert- 효민 회상

S#3에 이어.

효민 그럼 상대방은?

은영 마블 소프트 회사 대표, 정한석입니다.

효민(E)   저 사람이 설은영의 전 남자 친구? 뭐 이런 일이..

설아   오모나 오모나, 예사롭지 않다 했어..

지은   예전에 기사 본 것 같은데. 대단한 분이셨네요.

한석   아고, 감사합니다. 저도 여쭤봐도 될까요?

설아   아, 그럼요. 저는 한설아, 의사고.

한석   우아~

설아   나이는 스물여덟.

한석   아 저보다 두 살 누나시네요.

설아   우린 다 동갑이에요. 초등학교 때부터 친구.

한석   오래된 사이구나.

설아   네, 대학 때부턴 같이 살아서 룸메이트기도 하죠.

한석   아..

설아   그리고 (지은을 가리키며) 이 친구는 이지은. 작사가예요.

한석   와, 그렇구나. 무슨 곡 하셨어요?

지은   뭐 유명한 건 아니고..

설아   요샌 겸손한 거 미덕 아냐. 유명한 곡 많이 썼어요.

한석   와.. 그렇구나. (효민을 손바닥으로 예의 있게 가리키며) 제일 궁금
        한데요? 동갑이라 하셨으니 저보다 두 살 많으실 테고.. 이름은..

효민   강효민입니다.

한석   아, 강효민.. 효민 씨는 뭐 하세요.

효민   ...그냥.. 〈*상대방 의뢰인이라 자기 신분을 밝히기 꺼리는〉

설아   변호사예요.

한석   정말이요?

설아   것도 대형 로펌 핫 샷~!

한석   와우.. 얼굴은 변호사 얼굴이 아닌데 아우라는 변호사 같은데요.

효민(E)   하.. 뭐 이런 우연이.. 일어서야 하나.. 뭐 일부러 만난 것도 아니고.
        서면에 뭐라도 쓰려면 성격 파악해 보는 것도 도움이 되겠지.. 그러
        면 변호사 윤리 위반이 되나.. 아.. 몰라.

한석   무슨 생각을 그렇게 하세요?

효민   네? 아.. 전 변호사 시작한 지 몇 개월 안 돼서.. 그런 아우라가 있는
        지 모르겠어요.

한석   아, 1년 차? 나이 생각하니 그렇겠네요.

효민   네..

한석   효민 씨는 머리 풀면 예쁠 거 같은데. 〈*효민이는 평소 늘 머리를 단
        정히 묶고 다니는 설정〉

효민, 한석을 본다. 지은/설아, 묘한 분위기에 재밌다는 듯 지켜보고.

한석   머리 함 풀어 봐요.

효민   ?

한석   나 믿고 풀어 봐요.

효민   ...

한석   잠깐만요.

하면서 효민의 의자를 자기한테 당긴다. 효민, 놀람. 한석, 천천히 한 손을 효
민에게 뻗어 묶은 머리끈을 살며시 천천히 아래로 당겨 내린다. 효민의 머리가
찰랑찰랑거리며 풀리고. 한석, 그런 효민을 보다 '와...' 한다.

효민   ...

한석   너무 예쁘다..

효민   ...

설아, 입 모양으로 '옴마나..' 지은, 배시시.

S#14. 율림 나연 사무실 (낮)

　　　　　　　　　　　　　　　　　　　　　　　에스콰이어

노크 소리.

나연   네.

석훈, 들어오고.

나연   어, 어서 와.

그때 빼꼼 얼굴 보이는 지웅(공정거래팀장).

지웅   저도 왔습니다.
나연   어, 들어와요.
지웅   이야~~~ 방 좋다. 짐이 없어서 그런가, 더 넓어 보이네요. 어떠십니
           까?
나연   얼떨떨하죠. 파견 나갔던 곳은 방도 없었는데.
지웅   그렇죠. 중견 기업 사내 변호사가 뭔 방이 있겠습니까.
나연   앉으시죠.

cut to

지웅   자 이거. (하면서 표가 담긴 문서를 나연과 석훈에게 준다)
나연   이게 뭐예요?
지웅   구조조정에 필요한 자료예요. 5년간 개인 매출 또는 성과 기준으로
           구조조정 대상자들 표시해 둔 겁니다.

나연/석훈, 지웅이 준 문서를 보는데.

석훈   대부분 연로하신 전관 변호사, 고문들이네요.
지웅   일단은 구조조정을 해야,

석훈	(말 자르며) 로펌 순위, 매출과 변호사들 머릿수로 정해지잖아요. 그분들이 로펌에 있어서 문제가 아니라, 페이 밸런스가 안 맞는 게 문제 아닌가요? 그럼 맞추면 되죠. 성과급 제도를 바꾸면 됩니다.
나연	그렇지. 나가느냐 낮추느냐 선택지가 있다면 낮추시겠지. 그분들이 지키고 싶은 건 사회적 지위와 소속감일 테니.
석훈	나갈 사람들은 (지웅이 건넨 종이를 들며) 이 사람들이 아니에요. 따로 있습니다.

나연/지웅, 석훈을 본다.

S#15. 율성 사무실 (낮)

나연이 율성의 사무실 문을 노크한다.

율성	네.
나연	(살짝 고개를 들이밀며) 선배 (하자)
율성	오, 오, 들어와, 들어와. 아니지. 이제 대표님이시니 격식을 좀 차려야 하나?
나연	하던 대로 하세요. 전 선배 눈에 여전히 1년 차일 텐데요.
율성	(미소) 아니야, 아니야. 앉으시죠.

cut to

율성	그러니까, 승철이 형이 왜 사변으로 밀려났던 사람을 대표 자리에 앉혔는지 그게 궁금하다?
나연	네. 고 대표님을 오래 보셨으니, 뭔가 아실 것 같아서..
율성	그렇지 뭐, 나야 대학 때부터 따라다녔으니까. 그래도 형 생각을 다 읽진 못하지. 근데 형은 사람만 보지 않아. 그 사람이 만들어내는

파장을 보지.

나연　파장이요?

율성　권변을 대표 자리에 앉힌 건 그 파장이 만들어낼 흐름, 그리고 그 흐름이 무너뜨릴 낡은 구조까지 계산해서 둔 수일 거야. 형은 직접 칼을 들지 않거든. 칼이 어디로 향할지만 계산하지.

나연　그런 거면 위험한데요? 저보다 정치적이고 통제 가능한 사람이 나을 텐데요?

율성　그런 사람은 틀을 바꾸지 못해. 유연해서 틀에 자신을 맞춰 버리거든. 내가 보는 권변은 칼이 아니라 검객이야. 자신의 방식으로 칼을 휘두르는 검객. 그러니 권나연 스타일대로 휘둘러 봐.

나연　(작게 웃으며) 그래요? 고마워요, 선배.

율성　(미소) …

S#16. 리앤서 내부 전경 (낮)

S#17. 리앤서 회의실 (낮)

성찬/한석/마블의 법무팀장이 앉아 있다. 성찬, 서면을 보며 피식 웃는다.

성찬　그러니까 동의가 유효하지 않으니, 상해죄가 성립된다? 아 정말. (헛웃음)

한석　대응할 가치가 있나요?

성찬　법적으론 승소 가능성이 낮아 보이지만 내용 자체가 자극적이라 노이즈가 될 수 있어서..

한석　네, 제 개인적 취향이 사람들 안줏거리가 되는 건 용서 할 수 없어요.

성찬　일단 변호사들끼리 만나 협의해 보고, 웬만하면 거기서 마무리해

보죠.

한석　네, 그래 주세요. 이런 개인적인 일까지 부탁드려 면목 없습니다.

성찬　뭘 그런 말씀을. 마블 소프트가 대표님이고 대표님이 마블 소프트
예요. 이런 개인 송무라 해도 지극히 개인적이지 않습니다. IPO 앞
두고 어떤 노이즈도 있어서는 안 되니까요.

한석, *끄덕끄덕*.

성찬　(법무팀장을 보며) 원고 대리인은 누구죠?

법무팀장　율림의 윤석훈, 강효민 변호사입니다.

한석/성찬　(동시에) 강효민?

하다 한석/성찬, 서로 본다.

한석　(그러다 법무팀장에게) 지금 강효민이라고 하셨어요?

법무팀장　네.

한석　(법무팀장에게) 고소장 줘보세요.

법무팀장, 고소장을 한석에게 건네고. 한석, 고소장을 보는데. 성찬도 옆에서
고소장을 함께 보는데.

Insert-

화면에 서면 속 고소인의 대리인 '법무법인 율림' '담당 변호사 윤석
훈, 강효민' 비춰지면서, '강효민' 이름에 클로즈업.

법무팀장　왜.. 그러세요?

한석　(혼잣말하듯) 재밌네.

성찬　？

　　　　　　　　　　　　　　　에스콰이어

S#18. 율림 내부 전경 (낮)

S#19. 율림 회의실 안 (낮)

석훈/진우/효민/국현/호연/상철, 회의 중. 효민, 회의에 집중하지 못하고 생각에 잠겨있는데.

효민(E)	정한석을 우연히 만난 걸 말해야 하나, 말아야 하나... 상대방 대리인이라는 걸 숨긴 채 떠봤다고 하면..
석훈	강 변호사.
효민	(생각에 빠져) ...
국현	(효민을 툭 치며) 뭐해?
효민	어? (하면서 국현을 보다 석훈을 보며) 아, 네.
석훈	사랑도 심신미약이라는 주장 잘 만들어보고 있냐고요.
효민	아.. 네.
석훈	잘 한번 만들어 보세요.
효민	네, 알겠습니다.
석훈	안건 더 없으면 이걸로 (마무리하겠습니다 하려는데)
국현	(조심스럽게 손을 들며) 저..

진우/효민/호연/상철/석훈 모두 국현을 주목한다.

국현	(석훈을 보며) 다른 팀과 비교하려는 건 절대 아니고요... 공정거래팀이랑 금융팀은 벌써 회식을 세 번이나 했다는데.. 저희는 회식.. 안 하나요?

모두 기대 어린 눈빛으로 석훈을 보는데.

석훈   ... (조용히 법인 카드를 꺼내고) ..

진우/효민/호연/상철/국현, 환호성.

석훈   저는 오늘 중요한 업무가 있어서, 카드만..
진우   그래도 첫 회식인데 가시죠!
석훈   업무 상황 봐서, 가능하면 참석하도록 하죠.
진우   네, 알겠습니다. 그렇다면 한도가..
석훈   그런 게 있을 리가.

모두 다시 한번 환호성.

S#20. 석훈 사무실 (저녁~밤)

석훈, 집중해서 일하는 중. 그때 문자 알람이 울린다. 8시 53분에 결제된 한우 오마카세 76만 원 문자가 온다. 무표정으로 문자를 확인하고 다시 일에 집중한다.

cut to

석훈, 여전히 일하는 중. 이번엔 10시 22분 결제된 이자카야 43만 원 문자가 울린다. 석훈, 다시 일에 몰두한다.

cut to

석훈, 계속 일 하다가 시계를 보니 어느덧 11시 55분. 퇴근 준비를 하며 황 비서에게 전화를 건다.

석훈   네, 앞으로 와주세요.

S#21. 율림 로비 앞/석훈 차 안 (밤)

황 비서가 운전하는 차가 석훈 앞에 멈춰 서고, 석훈이 뒷좌석에 오른다. 그때 효민에게서 문자가 온다.

효민문자   "안웃ㅔ요?"
석훈   (무표정) ?

다시 문자가 온다.

효민문자   "안오새어?"

석훈, 무표정으로 문자 확인.

효민문자   "안오셍ㄱ?"

석훈, 무표정으로 문자를 다시 확인하고는 한숨을 쉰다. 그리고 문자를 보며 "얼마나 마신 거야.." 하고 중얼거린다. 잠시 후, 또 다른 결제 문자 알람. 12시 13분 호프집에서 26만 원 결제된 문자다.

석훈   (혼잣말처럼) 많이도 먹네... (잠시 생각하다가) 황 비서님, 이 근처
            에 베어호프집 있나요?
황비서   곧 지나갈 예정입니다.
석훈   앞으로 가죠.
황비서   예.

S#22. 몽타주 – 베어호프집 앞/석훈 차 안/효민 침실 (밤)

상철/호연, 만취 상태에서 이마를 맞대고 서로를 감싸며 춤인지 싸움인지 모를 몸짓을 한다.

국현, 구석에서 구토하고 있다.

진우, 구석에 걸터앉아 계속 민정에게 전화 중.

진우　　허민정! 왜 전화를 안 받아! 아무리 바빠도 회식엔 나와야지! 전화 받아! 허민정!

효민, 비틀거리며 휴대폰으로 택시를 부르려 하는데, 화면이 겹쳐 보여 잘 되지 않는다. 그냥 지나가는 택시를 잡으려는 듯, 앞에 몇 걸음 걷다

효민　　(취한 말투로) 저... 저 먼저 가보겠습니다! (하면서 허공에다 두어 번 꾸벅꾸벅 인사) 안녕히 가세 아니 계세요!

효민, 앞을 보는데, 앞에 서 있는 석훈의 차를 발견한다.

효민　　(석훈의 차를 두드리며) 기사님, 가시나요?

석훈, 차 창문 내리는데.

효민　　어? (눈 비비며) 윤 변호사님?

석훈　　(한숨) 택시 잡아요?

효민　　(눈 비비며 석훈에게 가까이 가는데, 취한 말투) 윤석훈 변호사님? 맞아요?

석훈　　아, 술 냄새. 네 맞아요. 타세요. 집에 데려다 드릴게요.

효민　　앗, 윤석훈 변호사님이시네. 왜 이제야 오세요. (비틀비틀)

석훈　　휴.. (황 비서에게) 앞 좌석에 좀 태워주세요.

황비서　　아, 예. (서둘러 벨트를 풀고 밖으로 나간다)

　　　　　　　　　　　　　　　　　　　　　　　　에스콰이어

황 비서, 효민을 부축해 앞자리에 태우려 하는데.

효민   아, 황 비서님. (하면서 꾸벅 인사)
황비서   타세요. (하면서 앞자리에 태우려는데)

효민, 앞문에 이마 꽝. 석훈, '아프겠다'하는 찡긋 표정.

황비서   (놀라며) 괜찮으세요?
효민   아 괜찮습니다.

하면서 효민, 다시 타려다가 또 한 번 이마 '꽝'하고 부딪친다.

황비서   아이고!
석훈   (혼잣말) 저 이마는 정말 남아나질 않겠네...
효민   아엠 오케이. 아이엠 파인.

황 비서, 효민을 조심스럽게 태우고 운전석으로 돌아간다.

석훈   술 냄새. 문 좀 다 열어주세요.
황비서   예.

cut to

효민   (정신을 차리려고 혼자 고군분투하며 애쓰는 중) ..
석훈   (그런 효민을 보다 옆에 있는 생수를 건네며) 이거 마셔요.
효민   (인사하며) 감사(딸꾹)합니다.
석훈   조금씩 마셔요. 한 번에 마시면 쏠리니까.
효민   네. (하면서 생수를 마시려는 순간, 신호에 걸려 차가 살짝 멈추며
           물을 얼굴에 쏟는다)

황비서	앗.. 괜찮으세요?
효민	(귀엽게 얼굴을 세수하듯 닦아내며) 네, 네, 괜찮습니다.
석훈	(주머니에서 손수건을 건네며) 여기요.
효민	앗, 감사합니다. 두 번째 손수(딸꾹)건이네요. (손수건 냄새를 맡으며) 향수 뭐(딸꾹) 쓰세요?
석훈	...
효민	변호사님, 향이 좋(딸꾹)아서..
석훈	(황 비서에게) 약국 보이면 멈춰 주세요.
황비서	예.

효민이 꾸벅꾸벅 졸기 시작한다. 화면은 점점 클로즈업되며 효민의 차 안에서 자는 얼굴, 점차 zoom out 되면서 효민의 침실로 전환된다. 효민, 침대에 잠들어 있고 이마에는 혹이 나 있다.
잠에서 깬 효민이 깜짝 놀란 듯 벌떡 일어나 이마를 만진다. 아픈 듯 "아..." 하며 신음을 내뱉고, 숙취로 인한 속쓰림이 밀려오다... 어젯밤의 일을 떠올리다..

| 효민 | 아... 아... 아아아아아악! (이불을 걷어차며) 아 부적절해, 부적절해 강효민! (이불을 다시 혹 덮어쓰더니, 문득 어젯밤의 장면이 떠오른다) |

Insert-
짧게 cut, cut으로 〈*취한 효민의 시선으로 눈 깜빡임과 함께 장면 전환〉
석훈, 약국에서 약을 사서 차로 돌아오고 있다.

cut to
효민이 숙취해소 약을 삼키자 "물 더 마셔요"라고 말한다.

효민, 이불 안에서 다시 몸부림.

S#23. 민정 집 전경 (아침)

S#24. 민정 집 침실 (아침)

진우, 머리가 아픈 듯 인상을 찡그리며 천천히 눈을 뜬다. 정신을 차리려 애쓰다가 문득 여기가 자신의 집이 아님을 깨닫고 벌떡 일어난다. 주변을 두리번거리던 그는 탁자 위에 놓인 몇 장의 사진을 발견한다. 그 사진 속에 낯선 여자가 있다. 몸무게가 대략 90kg 정도로 보이는, 40대 여자의 모습이다. 〈*과거 민정의 모습. S#8-2의 민정의 모습과 동일〉
진우는 눈을 비비며 사진을 뚫어지게 바라본다.

진우(E)　　허억.. 뭐.. 뭐지? 저.. 여잔 누구지? 하.. 기억이 안 나네. 설마.. 원
　　　　　　나잇? (하면서 이불 속 자기 몸을 보는데.. 옷이 벗겨져 있다)
진우　　　꺄아아아아악!

소리에 놀라 들어오는 민정. 〈*몸매가 예쁘게 잘 드러나는 요가복 차림〉

민정　　　왜 그래?

진우, 민정을 보자.

진우　　　누.. 누나.
민정　　　왜, 왜 그래? 무슨 일이야?
진우　　　누나가 왜 여깄어?

민정	하.. 내 저거 저럴 줄 알았어. 모르쇠 할 줄 알았다니까. 어제 그렇게 개고생을 시켜 놓고.
진우	어?
민정	아 빨리 씻어. 나도 운동하고 씻게.
진우	어? 어.. 옷.. 옷은?
민정	저기 개어놨잖아.
진우	아.. 어.. 어.

S#25. 민정 집 거실/부엌

진우, 씻고 나와보니, 민정은 한창 요가 중이다. 땀을 흘리며 요가에 집중한 모습이 슬로우 모션으로 보인다. 진우는 약간 반한 듯한 표정으로 민정을 바라본다. 민정이 진우를 힐끗 쳐다본다.

| 민정 | 뭐냐 그 눈빛. |
| 진우 | 내가 뭐. |

민정, 요가 동작 마무리하고는 진우에게 다가가, 손가락 하나로 진우 머리를 가볍게 퉁 밀며.

민정	이 신성하고 건전한 동료 사이에 어서 남자 냄샐 풍겨.
진우	뭐래.
민정	나 씻고 올 테니까 국 데워서 먹어.
진우	차려줘.
민정	쓰읍.
진우	알겠쏘..

cut to

출근 준비하고 나온 민정. 진우, 맛있게 먹고 있는 중.

진우   누난 안 먹어?

민정   아침 안 먹어 난.

진우   아, 글쿠나. 와, 근데 때마침 북엇국이 있었네?

민정   때마침이겠니? 어젯밤에 끓여놓고 잤지. 너 먹일라고.

진우   (민정을 보다) 아, 이런 블링 블링 러블링.

진우, 음식을 한 입 먹으며.

진우   근데 어떻게 된 거야?

민정   너가 어제 회식 오라고~ 오라고 쌩 난리를 쳐서 갔더니 그냥 취해가

        지곤.. 너 왜 집 비밀번호 바꿨어?

진우, 어젯밤의 장면이 머릿속에 스쳐 지나간다.

        Insert-

        술에 취한 진우가 전화로 민정에게 오라고 재촉하는 모습.

        진우 (전화기에 대고) 아 드디어 전화 받네. 허민정 왜 안 오냐고.

              빨리 오라고.

진우   아..

민정   (머리 콩 때리는 시늉) 아우, 바꿨으면 얘길 해야지.

진우   미안.. 그러고 보니 맨날 내가 먼저 취해서 누나가 늘 나를 집에 데

        려다줬지. 그래서 누나 집은 처음 와보네.

민정   으이그..

진우   아, 근데 방에 있는 사진은 뭐야?

민정   뭐?

진우   좀 헤비(heavy)해 보이는 여성분 사진이 있던데.

하면서 진우, 국 한술 떠서 먹으며.

민정   아~ 그거 나야.

진우, 깜짝 놀라 국이 사레들려 캑캑거리자, 민정, 물 따라 주고.
진우, 물 한 모금 마시고.

진우   뭐라고?

민정   나라고.

진우   언제 적?

민정   음, 7년쯤 전이니 30대 중반?

진우   진짜? 와.. 지금이 훨씬 어려 보인다.

민정   그게 바로 관리의 중요성이지.

진우   와우.. (밥 한술 뜨면서) 아 맞다, 그나저나 지난번에 찾아온 그 여
         자 누구야?

민정   누구?

진우   이혼하겠다고 찾아왔는데 누나가 그냥 돌려보냈잖아. 김율성 변호
         사님이 누나가 그랬다고 막 궁시렁대더라고. 누나가 아는 사람인
         거 같던데?

민정   아.. 내 남편 상간녀.

진우, 풋.. 하고 입에 있던 음식을 뿜어낸다.

민정   아으, 증말. (하면서 휴지를 건넨다)

364 ————————————————————————————————

진우, 놀라 민정을 보는데.

민정   전남편이지. 그 상간녀가 내 전남편이랑 이혼하겠다고 찾아왔어.

진우   헐...

민정   ..

진우   나 너무 놀라서 심장이 굉장히 빨리 뛰어. (하면서 민정의 손을 자
        기 가슴에 갖다 댄다)

민정   (손을 빼며) 뭐에 놀란 거야? 내가 이혼녀인 거? 남편이 바람피운
        거? 아님 상간녀가 뻔뻔시럽게 찾아온 거?

진우   셋 다. 굳이 순서를 매기자면.. 누나가 결혼했던 여자라는 거?

민정   (피식) 애도 있어.

진우   에에??

민정   그것도 스무 살.

진우   WHAT(와왓)?!

민정   (피식) 왜 이래? 너, 나 좋아하니?

진우   하, 무슨 전개가 그래.

민정   근데 뭘 이렇게 놀래.

진우   하... 우리가 4년을 거의 붙어 다녔잖아. 같이 먹은 밥그릇만 세어
        도 부산은 가겠다? 근데 그 긴 시간 동안..

민정   (말 자르며) 내 과거 얘긴 한 적이 없지.

진우   그런가? ..헐.. 근데 왜 난 누나를 뼛속까지 다 안다고 생각했지?

민정   맞아. 그냥 내 과거를 모를 뿐.

진우   과거라.

민정   현재 내 모습만 봤을 때, 날 가장 잘 아는 사람은 너야. 위로가 좀
        돼?

진우   아니.

민정   다 먹었음 얼른 출근하게 나와. (하면서 식탁에서 일어서는데)

진우   (따라 일어서며) 잠깐만. 다 얘기해줘. 누나 과거 속속들이 다.

| 민정 | 몇 살부터? |
| 진우 | 누나가 기억하는 순간부터. |

민정, 피식하면서 현관 쪽으로 가는데.

| 진우 | 어? 어? (아이처럼 따라가며) |

S#26. 리앤서 내부 전경 (낮)

S#27. 리앤서 회의실 (낮)

성찬/소라가 한쪽에 앉아 있고. 석훈/진우/효민, 반대쪽에 앉아 있다.

| 성찬 | 사랑에 빠진 사람들이 인구의 절반이라 치고 사랑이 심신미약이라 치면 인구의 절반이 체결한 계약은 유효하지 않다는 거네? (비웃음) 아 나 정말... |

그때 노크하고 들어오는 리셉션 직원 1.
리셉션 직원 1, 성찬에게 속삭.

| 성찬 | 어?...들어오시라고 해. |

리셉션 직원 1, 꾸벅 인사하고. 리셉션 직원 1과 함께 들어오는 한석. 리셉션 직원 1, 인사하고 나간다. 일동, 한석을 보는데.

| 성찬 | 여긴 어떻게? |

한석   일이 일찍 끝나서 와 봤어요.
성찬   아, 네, 앉으세요.

석훈/진우/효민, 한석을 보는데.

한석   계속하시죠.

한석, 앉자마자 효민을 쳐다보고. 효민, 고개 살짝 숙이고 무표정으로 있고. 한석, 그런 효민을 계속 쳐다보고 있고. 그런 한석을 보는 석훈.

성찬   아무튼 (석훈을 보며) 고소의 내용은 받아들일 수 없습니다. 제 의뢰인이 세간에 알려진 성공한 기업인이라는 걸 무기 삼아 합법을 위장한 협박을 하고 있는 거 아닙니까?

한석, 계속 효민을 쳐다보고. 그런 한석이 거슬리는 석훈. 그러다.

석훈   (성찬을 보며) 말 가려 하시죠. 협박이라뇨. 한쪽의 일방적인 성적 쾌감을 위해 다른 한쪽이 회복 불가능한 손해를 입었습니다.
성찬   그쪽 의뢰인이 요구하는 게 뭡니까?

한석, 여전히 효민을 뚫어져라 보고. 석훈, 그런 한석이 거슬린다.

진우   (사진을 건네며) 여기 사진에서 보는 것처럼 흉터가.
한석   (말 자르며) 말 길어지는 거 딱 싫습니다. 원하는 게 뭔가요?
석훈   법적 처벌과 피해 보상.

한석, 피식, 그러다 효민을 보며.

한석   이 서면 강 변호사님이 작성했어요?

효민   (석훈/진우를 보다) 네.. 피해자의 진술에 따라.

성찬   (말 자르며) 피해자? 누가 피해자죠? 변호사가 단어 선택을 그렇게
         함부로 하면 안 되죠. 고소인이죠. 고소는 누구나 할 수 있으니까.

효민   고소인의 진술에 따라.

한석   (말 자르며) 그러니까 내가 먹잇감 고르듯 설은영한테 의도적으로
         접근해 내 우월한 외모와 사회적 위치를 이용해 고도의 심리전으로
         설은영을 가스라이팅 했고 설은영은 이런 심신미약 상태에서 동의
         했으니 유효하지 않다? 그러니 상해죄로 처벌받고 보상해라?

효민   네.

한석   소설이네요, 그것도 삼류.

효민   …

한석   (효민을 뚫어지게 보며) 강효민 변호사님과 독대하고 싶은데, 다 나
         가 주시겠어요?

일동, 의아..

성찬   (한석에게 속삭이듯) 왜 무슨 일로..

석훈   (한석에게) 무슨 일이시죠?

한석   무슨 일인지는 강 변호사님한테 얘기하죠.

석훈/성찬, 표정 안 좋고.

한석   (석훈과 성찬을 보며) 뭐예요? 그 표정들. (장난스럽게) 해치지 않
         아요.

석훈, 한석을 보다 효민을 보는데.
효민, 고개를 끄덕. 성찬/소라/석훈/진우, 나가고 한석/효민만 남겨진다.

S#28. 리앤서 회의실 밖 (낮)

회의실에서 한석이 나오고, 성찬과 소라가 한석에게 다가간다. 이어서 효민도 회의실에서 나온다.

진우   (효민에게 다가가며) 뭐래?
효민   …
한석   아, 맞다.

하며 돌아서 효민을 보다, 효민에게 천천히 다가간다. 효민, 가만히 서 있다.
한석, 효민에게 가까이 다가간다. 마치 키스할 것처럼 아주 가까운 상태.
효민, 순간 당황. 일동, 한석의 돌발 행동에 당황.
한석, 키스 각도로 키스하지 않은 채 한 손으로 부드럽게 천천히 효민의 머리끈을 잡아 내린다. 그러자 효민의 머리가 찰랑찰랑 예쁘게 풀린다. 〈*slow motion〉
한석, 한 발 뒤로 물러서며, 효민을 감상하듯.

한석   와.. 너무 예쁘다..

효민, 당황한 채 한석을 보고.

한석   머리 푼 게 예쁘다니까.

석훈/성찬, 표정 안 좋다.

S#29. 리앤서 엘리베이터 안 (낮)

진우/석훈/효민, 엘리베이터 타는데.

진우   (효민에게) 정 대표랑 아는 사이야?

효민   ..얼마 전에 Bar에서 만났는데.. 어떤 사람인지 파악하면 도움이 될
       거 같아서 대화를 좀 했는데..

진우   설마 유리한 사실관계 파악하려고 의도적으로 접근한 거야?

효민   의도적인 건 아니고.

석훈   (말 자르며 효민에게) 변호사 윤리 규정도 몰라요? 윤리 규정 45조.
       대리인이 있는 상대방과 직접 교섭을 금지한다. 어디서 삼류 변호
       사가 하는 짓을 합니까?

효민   (발끈) 삼류요?

석훈   네, 삼류. 사건 상대방과 밀접한 관계를 갖는 건 품위유지 의무 위반
       입니다. 품위 없는 변호사를 삼류라 하지 뭐라 합니까?

효민   밀접한 관계? 그런 거 아닙니다.

석훈   좀 전에 그건 뭡니까?

효민   그런 거 아니라니까요. 그러는 변호사님은 윤리 규정대로 다 하십
       니까?

진우   야, 강효민!

석훈   선 넘지 말라고 했죠?

그때 엘리베이터 열리고. 석훈, 앞으로 걸어간다. 효민, 화가 난 듯. 진우, 양쪽
에서 곤란.

S#30. 리앤서 성찬 사무실 (저녁)

성찬, 업무 중인 얼굴에 불쾌감이 서려 있다. 그러다 효민에게 전화를 건다. 하
지만 전화가 차단되어 바로 음성 메시지로 넘어간다.

 ———————————————————————— 에스콰이어

성찬	(짜증스럽게) 아, 진짜.. (하다 업무를 하려는데.. 집중이 안 된다.. 잠시 생각하다 사무실 전화기를 보더니 들고 효민의 번호를 누른다)
효민(E)	네, 강효민입니다.
성찬	나야..
효민(E)	...
성찬	사무실 번호로 거는 거야. 내 휴대폰 번호는 차단된 거 같아서.
효민(E)	용건.
성찬	정한석이랑 아는 사이야?
효민(E)	그게 왜 궁금하시죠?
성찬	어떻게 아는 사이인데? 그 자식이 왜 너한테 그따위로 행동해? 왜 네 몸에 함부로 손을 대는 건데?
효민(E)	한 변호사님, 우리가 이런 대화할 사이인가요?
성찬	... (한숨) 어디야?
효민(E)	...
성찬	잠깐 보자.
효민(E)	볼 일 없습니다. 끊을게요.
성찬	...

성찬, 전화기를 내려놓으며 깊은 한숨을 쉰다. 그러다 업무 집중이 안 되는 듯 어디론가 향한다.

S#31. DL호텔 헬스장

#-1. 유산소 구역

석훈, 트레드밀 위에서 열심히 달리고 있다. 조금 떨어진 트레드밀에서 성찬도 똑같이 몰입한 모습으로 달린다.

#-2. 근력 운동 구역

석훈, 턱걸이 기구 쪽으로 다가가 준비 자세를 취하려는데, 반대편에서 성찬이 걸어오며 두 사람의 시선이 마주친다. 예상치 못한 만남에 잠시 놀란 듯 멈칫한 두 사람, 이내 어색하게 고개를 숙여 짧게 인사한다.

석훈, 턱걸이 기구에 올라 운동을 시작한다.
성찬, 그 모습을 힐끗 보더니 옆 기구로 다가가서 석훈 옆에서 턱걸이를 하기 시작한다.
성찬, 석훈을 의식하며 점점 속도를 내면서 마치 대결이라도 하듯, 빠르고 강하게 턱걸이를 한다. 성찬, 틈틈이 옆에 있는 석훈을 힐끗거리며 미묘하게 도발적인 분위기를 풍긴다.
석훈, 처음엔 개의치 않으려 했지만, 성찬의 행동이 거슬리는 듯 표정이 굳어지고, 자신도 더 힘을 내어 평소보다 강하게 턱걸이를 한다. 그렇게 두 사람 사이에 자연스럽게 묘한 신경전이 흐르며 치열한 턱걸이 대결이 시작된다.

땀이 흐르는 가운데, 온 힘을 다한 두 사람은 거의 동시에 마지막 턱걸이를 마치고 기구에서 내려온다. 잠시 숨을 고르며 서로를 의식하는 눈빛이 오가는 가운데, 석훈이 다시 기구에 올라타고 성찬도 지지 않겠다는 듯 다시 올라탄다. 서로 눈에 보이지 않는 경쟁 속에 두 번째 대결이 시작되려는 그때, 소속 트레이너가 다가온다.

트레이너   (석훈과 성찬을 보며) 회원님들, 그렇게 운동하시면 큰일 납니다!

석훈/성찬, 트레이너의 말을 아랑곳하지 않고 계속 턱걸이 대결을 벌인다.

S#32. DL호텔 헬스장 엘리베이터 앞

엘리베이터를 타는 석훈. 그 뒤로 뛰어오는 성찬이 엘리베이터에 올라탄다. 두 사람, 살짝 눈인사를 나눈다. 석훈이 1층 버튼을 누르려는데, 손이 부들부들 떨린다. 떨림을 감추려 애써 힘을 주며 누른다. 이를 본 성찬, 피식 웃으며 지하 3층 버튼을 누르려 하지만, 성찬의 손도 떨리고 있다. 성찬도 이를 들키지 않으려 애쓴다. 석훈, 그런 성찬을 보며 '너도 고생했구나' 하는 표정을 짓는다. 그때 엘리베이터 문이 반쯤 닫혔다가 다시 열리며 트레이너가 나타난다.

트레이너   아, 두 분 다 여기 계셨네요. 그렇게 운동하시면 정말 몸살 납니다. 이거 드세요.

트레이너가 둘에게 음료수를 건넨다. 석훈과 성찬, 부들부들 떨리는 손으로 음료수를 받는다.

트레이너   단백질 보충제인데, 바로 드셔야 오늘 제대로 찢어놓은 근육들 재생에 좋습니다.
성찬   네, 잘 마실게요.
석훈   감사합니다.

엘리베이터 문이 닫히고, 두 사람은 떨리는 손으로 음료수를 마신다. 그때 석훈의 전화기가 울리고 화면에 '강효민 변호사'라고 뜬다. 성찬, 석훈의 전화기를 힐끗 쳐다본다. 석훈, 성찬을 뭘 보냐는 듯 바라보며 전화를 받는다.

석훈   네, 괜찮습니다. 말씀하세요… 업무가 남아 사무실로 갈 예정입니다. ..네.. 그러시죠.

성찬, 궁금해 죽겠다는 표정.

S#33. 택시 안 (저녁)

효민, 표정 안 좋고.. 창밖을 보며 생각에 잠긴다.

#-1. 리앤서 회의실 - 효민 회상

S#27에 이어. 한석/효민만 남겨지고.

한석   왜 얘기 안 했어요?

효민   …

한석   상대 변호사인 것도 모르고 내가 그날 말을 좀 많이 했죠?

효민   …

한석   오랜만에 좋았어요. 지적인 자극과 정서적 충족감에서 오는 성적
      만족감이라 해야 되나.

효민   ..미안해요. 처음부터 은영 씨 대리한다고 말했어야 했는데.. 의도
      적으로 안 한 건 아니고.. 난 그냥

한석   (말 자르며) 그냥 뭐? 유리하게 주장할 거 없나 싶어 대화해 본 거예
      요?

효민   …

한석   문제 삼지 않을게요.

효민   …

한석   난 효민 씨 마음에 들어요.

효민   ..일 복잡하게 만들지 마시죠.

한석   어떻게 하면 돼요?

효민   뭐가요?

한석   복잡한 걸 단순하게 만들려면 어떻게 하면 되나구요.

효민   …

한석   우선 이 일 먼저 마무리 지어야겠죠? 그래야 나와의 관계에서 이해

충돌이 없어질 테니.

효민, 뭔가 말하려는데.

한석   은영이가 원하는 게 보상인가요?

효민   ..네, 그렇습니다.

한석   (지갑을 꺼내 공수표를 책상 위에 놓고는) 금액 적으세요. 적는 대로 받아들이죠.

효민   …

한석   몰랐어요. 그 친구 그런 거.

효민   ..

한석   걱정돼요.

효민   ..설은영 씨한테 그 마음을 전하시는 게.

한석   (말 자르며) 아니요. 그 친구가 걱정되는 게 아니라 효민 씨가 나에 대해 어떻게 생각할까 걱정돼요.

효민, 한석을 본다.

한석   나 변태도 새디스트도 아니에요. 그냥 평범한 연인들이 하는 그런 수준의 에로틱한 표현이었어요. 근데 그냥 그 친구 피부가 특이했던 거예요.

효민   ..

한석   효민 씨랑 데이트해 보고 싶어요.

효민   못 들은 걸로 하겠습니다.

한석   당장 뭐 어쩌자는 거 아니에요.

효민   대표님.

한석   (말 자르며) 수표에 원하는 금액 적고 비밀 유지 서약서에 서명하라 하세요. 강 변호사님 얼굴 봐서 참아주는 건 여기까지입니다. 여기

서 더 가면 진정한 동의였는지 아니었는진 사람들이 영상 보고 판
단하게 될 거예요.

효민   영상?

한석   은영이가 그건 말 안 했나 보네요. 영상 있습니다. 물론 영상 촬영
         도 동의했고.

효민, 표정 굳는다.

한석   연락드리죠. (하고 일어선다)
         〈*회상 끝〉

효민, 한숨 푹..

S#34. 석훈 사무실 안 (밤)

효민, 노크한 뒤 조심스럽게 문을 열고 고개를 살짝 내민다. 석훈, 그런 효민을
보는데.

cut to

차 한 잔씩 두고 소파에 앉아 얘기 중인 석훈/효민.

석훈   영상?

효민   네..

석훈   ..

효민   의뢰인한테 어디까지 얘기를 해야 할지.. 제가 경솔했어요.

석훈   의뢰인이 이 소송을 왜 했을 거라 생각해요?

효민   글쎄요.. 상처에 대한 보상?

석훈   몸보단 마음이겠죠.

효민   …

석훈   내가 왜 강 변호사 우리 팀에 받아줬는 줄 알아요?

효민   음.. 수석이라? 아니면.. 똑똑해 보여서?

석훈   아니요. 소송에 대한 본질을 정확히 이해하고 있어서.

Insert- 1화 S#8

효민   …사람들은 여러 다른 색의 사랑을 해요. (점점 빨리 랩 하듯)
        이성애, 동성애, 모성애, 부성애, 치사랑, 형제애, 우정, 동료
        애, 인류애, 자기애. (숨 돌리고 천천히) 그리고 그 사랑으로
        상처도 받죠. 그리고 그 상처가 극에 달하면 소송을 생각해요.
        극에 달한 상황에서 최후의 수단으로 법이 자신의 행복을, 그
        리고 행복할 권리를 지켜줄 거라 생각하죠. 전 그런 사람들,
        대변하는 일을 하고 싶어요… 재밌으니까.

석훈   강 변호사 말이 맞아요. 사람들은 상처가 극에 달하면 소송을 생각
        해요. 극에 달한 상황에서 최후의 수단으로 법이 자신의 행복을, 행
        복할 권리를 지켜줄 거라 생각하죠.

효민, 끄덕.

석훈   은영 씨도 그럴 거예요. 소송으로 상처를 치유하려는 의뢰인을 만
        나면, 상처의 내면을 보세요. 승소가, 금전적 보상만이 유일한 위로
        는 아닐 수 있어요.

효민   네..

석훈   보낸다는 비밀 유지 서약서는 일방일 겁니다.

효민   그렇겠죠.

석훈   이별도 그랬겠죠. 비밀 유지 서약이 양방향으로 적용되게 수정하고

의뢰인한테 제안해 보세요.

효민   아.. (끄덕) 양방향.. 네, 변호사님.

S#35. 율림 회의실 (낮)

은영/효민, 앉아 있다.

은영   그 사람이 진짜 그렇게 얘기했어요?

효민   ...영상 찍는 거에 동의하신 건 맞나요?

은영   그건.. 그때는.. (고개 숙인다)

효민   ...이렇게 하시는 건 어때요.

은영, 효민을 본다.

효민   저쪽에서 원하는 비밀 유지 서약서는 일방으로 적용이 되는데, 서
           로 적용시키는 걸로 수정해서 제안해 보시죠. 그렇게 되면 영상 유
           출이라든지.

은영   (말 자르며) 그런 거 유출 시킬 사람은 아니에요.

효민   그래도 법적 제어를 해놓는 게.

은영   낫겠죠.

효민   보상금은...

은영   실비만 받을게요. 치료비랑 법률 비용..

효민   아니, 왜..

은영   ..돈 받으려고 시작한 거 아니에요.. 모르겠어요. 왜 시작한 건지.

효민   ...

은영   일방적인 통보로 이별했어요. 그것 자체만으로도 받아들이기 힘든
           데.. 이별의 흔적이 나만 이렇게 깊게 남아 있는 게.. 억울하고.. 난

그 흔적 때문에 직업마저 접었는데, 그 사람은 여전히 승승장구하고 있고.. 뭐라도 해봐야 될 거 같았어요. 사귀는 내내 그 사람한테 질질 끌려 다녀서.. 그 무력감에서 벗어나고 싶기도 했고요.

효민   네..

은영   돈 이제 필요 없어요. 제일 힘들었던 게 자책이었는데... 사랑도 심신미약이라고 해 주셔서.. 내가 못나서 당한 게 아니라.. 누구나 사랑하면 그렇게 될 수 있다.. 그렇게 말해 주셔서.. 위로가 됐습니다.

효민   네... 은영 씨의 마음은 켈로이드가 아니었음 좋겠어요. 사랑이 끝날 때 마음의 상처는 피할 수 없지만 그게 아픔으로 남지 않았음 좋겠어요.

은영   ..네..

효민   서약서도 양방향으로 수정했듯, 이별도 양방향으로 하셔야죠.

은영   (미소) 네..

효민   멋있게 이별하세요. 그리고 그 마지막 모습만 기억에 남기세요.

은영   ..네.. 그럴게요.

S#36. 리앤서 내부 전경 (낮)

S#37. 리앤서 5번 회의실 (낮)

소라/한석, 한쪽에 앉아 있고. 은영/효민, 반대쪽에 앉아 있다.

소라   (한석에게) 여기다 서명하시고.

효민   (은영에게) 여기요. (하면서 서명란을 가리킨다)

소라   다 됐죠?

효민   네.

소라   그럼. (하고 일어서고)

한석도 일어서려는데.

은영   (한석에게) 잠깐 얘기 좀 해.

한석, 일어서려다 앉는다.

cut to

은영/한석, 둘만 남은 상황.

한석   꼭 이렇게까지 해야 됐어?
은영   …
한석   너 참.. 피곤해.
은영   (피식) 많이 듣던 얘기네.
한석   날 잊기 위해 날 괴물로 만들고 싶음 그렇게 해. 근데!

은영, 한석을 본다.

한석   너 혼자 그냥 집에서 조용히 해.
은영   …괴물로 안 만들어. 그리고 우리 좋았던 순간까지 왜곡하진 않을
           거야. 지금 마음이 변했다고 그때 그 순간 너의 진심까지 의심하진
           않아. 널 믿는 게 아니라 날 믿어. 난 너라는 남자가 진심으로 푹 빠
           질 만큼 매력 있는 여자니까. (하고 일어선다)
한석   ..

은영, 당당한 아우라를 풍기며 걸어 나가고.

한석   …

S#38. 리앤서 건물 앞 (낮)

효민, 택시 잡으려고 기다리는데. 그때 다가오는 한석.

한석   사무실로 가세요? 태워다 드릴까요?
효민   (한석을 보지도 않고) 아니요. 그냥 갈 길 가시죠.
한석   이제 일도 마무리됐다 우리 만나도 되는 거 아니에요?
효민   (택시 오나 보며) 그쪽 내 스타일 아닙니다.
한석   (피식) "hard to get" 놀이도 재밌죠.
효민   (냉소적으로 피식) 현실 부정이 심하시네. 사랑에도 자격증이 있었
            으면 좋겠네요. 당신처럼 사랑이라는 숭고한 감정을 쾌락 채우기로
            악용하는 사람이 없게.
한석   (피식) 효민 씨처럼 모든 걸 다 갖춘 육각형 여성이 즐길 줄 모른다
            는 건 참.. 비극이네요.
효민   (한석을 보며) 무언가 놓치고 있는 건 당신이야. 절제와 정제된 마
            음은 감정의 스펙트럼을 넓혀줘. 그 스펙트럼 맨 끝자락엔 당신이
            놓치고 있는 그게 있어. 당신은 평생 모를 그 감정. 그게 진짜 비극
            이야.
한석   (표정 굳어지고) ..

그때 도착한 택시. 효민, 택시 타고.

한석   (혼잣말) 아쉽네.

S#39. 석훈 집 안 (밤)

석훈, 부엌 식탁에 놓인 소포를 한동안 가만히 바라보고 있다.

　　　　Insert-
　　　　연아　6개월 치 향수 한 번에 만들어 보냈어.

석훈, 소포를 뜯어보니 수제로 만든 향수와 비누가 가득 들어있다. 석훈, 향을
맡아보다 회상에 잠긴다.

#-1. 5년 전, 석훈 집 화장실 (낮) - 석훈 회상

연아, 향수와 비누를 열심히 만드는 중.
그런 연아를 사랑스러운 눈빛으로 쳐다보는 석훈.

#-2. 카페 안 (낮) - 석훈 회상

석훈	(석훈의 도장이 찍힌 이혼 합의서를 연아에게 내밀며) ..
연아	..
석훈	그래 하자. 이혼.
연아	…
석훈	그 대신 해쉬는 일주일에 한 번은 내가 데리고 있을게.
연아	어..
석훈	그리고..
연아	…
석훈	수제 향수랑 비누는.. 계속 만들어줘.
연아	..응. 떨어지지 않게 만들어줄게.

　　　　〈*회상 끝〉

 ——————————————————————————— 에스콰이어

석훈, 화가 나는 듯, 소포를 들고 나간다.

S#40. 석훈 집 대문 (밤)

석훈, 화가 난 듯 소포를 쓰레기통 앞에 툭 내려놓는다. 한참 소포를 노려보다가 등을 돌리지만, 마음에 걸리는 듯 다시 발걸음을 멈춘다. 망설임 끝에 소포를 집어 들고 집 안으로 들어가려는 순간, 대문을 두드리는 소리가 들린다.
석훈, 소포를 잠시 내려놓고 대문 앞으로 천천히 걸어간다. 대문을 열자, 그 앞에는 눈물이 맺힌 채 서 있는 서혜진(여, 28세, 율림 어쏘 변호사)이 있다.
석훈을 보자 혜진, 눈물이 맺히고. 혜진, 울먹이며 무언가를 말하고, 석훈이 우는 혜진을 달래는 듯 혜진을 데리고 집 안으로 들어간다.

-6화 끝-

작가의 말

에스콰이어는 법정 드라마의 외형을 하고 있지만, 사실은 사랑이라는 감정을 탐구해 보고 싶은 마음에서 시작된 작품입니다. 가장 뜨겁고 극적인 감정인 사랑을, 가장 차갑고 이성적인 법정 위에 올려놓으면, 그 대비 속에서 사랑의 본질이 더 선명해질 것이라 생각했습니다. 그래서 매 회차마다 사랑이 가진 다양한 얼굴들을 소송이라는 틀 속에서 하나씩 풀어내고자 했습니다. 그리고 그 에피소드를 통해 사랑이 얼마나 복잡하고 다층적인지 드러내고 싶었습니다. 그 복잡함을 단정 짓지 않은 채 있는 그대로 품고, 시청자 여러분과 함께 탐구하고 싶었습니다. 그래서 마지막 장면에 다시 한번 질문을 남기며 끝을 맺었습니다. "당신에게 사랑은 무엇인가요?" 이러한 마무리가 다소 낯설게 느껴지실 수도 있지만, 사랑이라는 감정은 결국 각자의 삶 속에서 스스로 찾아야 한다고 믿기에 그 여백을 남겨두고자 했습니다.

집필하는 동안 저 역시 사랑에 대해 많은 생각을 했고, 쓰는 과정에서 스스로 위로받기도 하고, 배우기도 했습니다.

이 이야기가 세상에 나올 수 있도록 끝까지 믿고 함께해주신 BA엔터테인먼트 장원석 대표님과 서영희 EP님, 그리고 제작 전 과정에서 중심을 잡아주신 박준서 대표님과 김건홍 본부장님께 깊이 감사드립니다.

또한 대본의 가능성을 믿고 인물과 이야기를 섬세하게 완성해주신 김재홍 감독님께도 진심으로 감사드립니다.

여러분의 사랑이 어떤 모양이든, 그 사랑이 여러분을 조금 더 단단하게, 혹은 조금 더 따뜻하게 만들어주기를 응원합니다.

MihyunPark

Q. 작가님께서 생각하시는 '사랑이란?'

나는 사랑을 숭고한 감정이라기보다, 끝까지 책임지겠다고 선택하는 태도에 가깝다고 생각해요. 그래서 사랑은 감정이 아니라 결심이고, 순간이 아니라 시간 속에서 증명되는 것이라고 믿어요. 그리고 사랑은 상대를 내 세계에 가두는 게 아니라, 그 사람의 세계가 존재함을 끝까지 존중하려는 태도가 아닐지요.

감독의 말

안녕하세요. 드라마 〈에스콰이어〉의 연출을 맡았던 김재홍 감독입니다.

개인적으로 이 대본을 연출하기로 결정했던 이유는, 이 이야기는 소송을 다루고 있지만 단순히 법정 다툼을 그리는 게 아니라, 그 안에 이해와 존중이 가득했기 때문이었습니다. 도무지 이해가 가지 않는 어떤 일을 그럼에도 불구하고 다시 한번 이해해보려는 마음, 어쩌면 이 드라마의 동력과 목표는 드라마 속 인물들과 시청자들로 하여금 이 마음을 가지게 만드는 것이라는 생각이 들었습니다.

이 이상한 마음이 들게 만드는 훌륭한 대본을 써 주신 박미현 작가님.

대본의 힘을 끝까지 믿으며 〈에스콰이어〉가 세상에 나올 수 있게 해주신 BA엔터테인먼트의 장원석 대표님, SLL의 박준서 대표님, 김건홍 본부장님, 서영희 EP님.

대본 속 인물을 살아있게 그려주신 이진욱, 정채연, 이학주, 전혜빈 배우 등 로펌 율림 사람들, 그리고 매회 풍성한 감정을 표현해 주신 모든 에피소드 배우분들.

추운 겨울부터 무더운 여름까지 저와 같이 몸과 마음의 고민을 함께해준 모든 스탭 분들.
저희 드라마 〈에스콰이어〉를 사랑해주신 시청자 여러분들.

마지막으로 지금 이 대본집을 펼쳐보신 독자 여러분들께,
다시 한번 진심으로 감사드립니다.

Q. 감독님께서 생각하시는 '사랑이란?'

"글쎄요. 내가 생각하는 사랑이란.."이라는 윤석훈 변호사의 마지막 대사로 대체하겠습니다. 사랑이 구체적으로 무엇인지 한 단어로 정의해야 한다면, 아직은 잘 모르겠습니다. 모든 걸 함께하고 싶고, 모든 걸 함께해도 괜찮은 사람과 서로 진심을 다해야 완성되는 감정이 아닐까 어렴풋이 생각이 듭니다.

2025 진욱

저희 에스라이어에 보내주신 사랑 감사드립니다.
세상을 좀 더 이해하는데 도움이 되셨기를 바랍니다.
항상 행복하시고 몸도 마음도 건강하시길...

이진욱 드림

2025. 강홀.

항상 감사드립니다!
곤항해쎄요♡

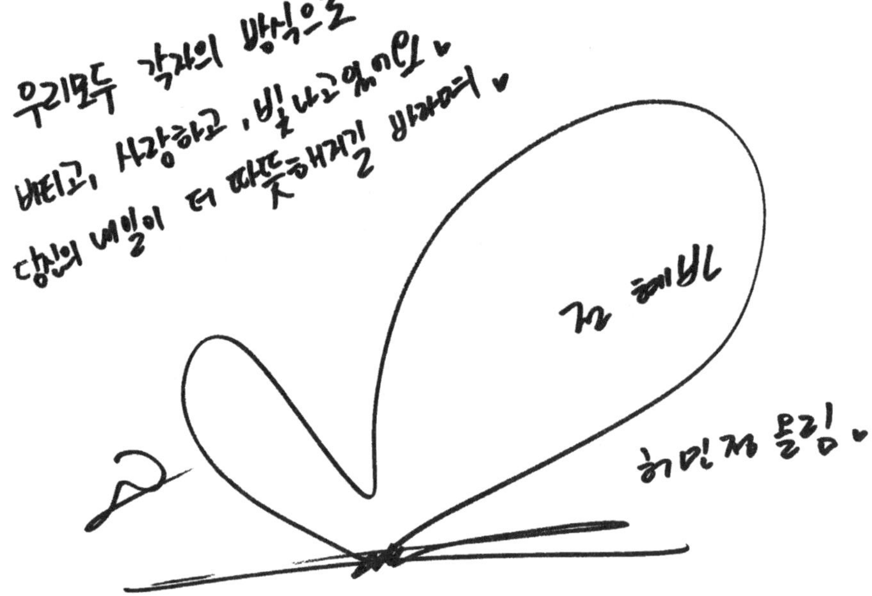
우리모두 각자의 방식으로
버티고, 사랑하고, 빛나고있어요.
당신의 내일이 더 따뜻해지길 바라며.
김혜빈
허민정 올림.

예스콰이어를
사랑해주셔서
감사합니다! (--)(__)꾸벅

- 어진우를 연기했던 이학주 드림

좋은 사람들과 좋은 시간 보낼 수 있어서
더할나위없이 행복합니다. 모두 행복하시오
함께합시다!! -지현,광민-